四十年，不凡的变革者

《中国经营报》主编

经济管理出版社
ECONOMY & MANAGEMENT PUBLISHING HOUSE

图书在版编目（CIP）数据

四十年，不凡的变革者/《中国经营报》主编 . —北京：经济管理出版社，2018.12
（2019.2 重印）

ISBN 978-7-5096-6231-1

Ⅰ.①四…　Ⅱ.①中…　Ⅲ.①企业家—访问记—中国—现代　Ⅳ.①K825.38

中国版本图书馆 CIP 数据核字（2018）第 273916 号

组稿编辑：何　蒂
责任编辑：何　蒂
责任印制：黄章平
责任校对：张晓燕

出版发行：经济管理出版社
　　　　　（北京市海淀区北蜂窝 8 号中雅大厦 A 座 11 层　100038）
网　　址：www.E-mp.com.cn
电　　话：（010）51915602
印　　刷：三河市延风印装有限公司
经　　销：新华书店
开　　本：720mm×1000mm/16
印　　张：16.25
字　　数：264 千字
版　　次：2018 年 12 月第 1 版　2019 年 2 月第 2 次印刷
书　　号：ISBN 978-7-5096-6231-1
定　　价：59.80 元

序 一

　　有些海外学者引用哈耶克的说法，把中国改革开放创造的经济增长奇迹解释为"人类行为的意外后果"。也就是说，他们认为中国改革尽管并没有朝着某个既定的方向去努力，中国经济增长却无意中达到了某个未曾预料的良好结果。虽然我不否认这些学者研究态度的严肃性，却可以断定，他们对中国改革出发点的理解是欠缺的，也少了对包括企业家在内的千千万万改革参与者创新过程的实际观察。对于我们这些作为直接的观察者甚至参与者来说，改革开放发展经验分享的过程及其成功，绝非任何意义上的"意外结果"。

　　中国经济改革从起步伊始，就秉承邓小平提出的"三个有利于"的出发点和评判标准，为农民、企业管理者和职工、城市待业者和潜在企业家打开了制度创新的广阔空间，既有自下而上的基层探索，也有自上而下的顶层设计，上下合力共同逐步完成了中国经济从计划体制向市场机制的转变，同时实现了高速经济增长和人民生活水平的显著改善。在这个过程中，企业家是一个独特的富有创造性的人群，而不是简单的淘金者或暴发户，他们在改革中的探索艰苦卓绝，他们在中国奇迹创造中做出的创新贡献功不可没，值得历史铭记。

　　按照经济学家熊彼特的定义，创新活动表现为企业家发现新产品、新市场、新的生产方式、新组织开拓以及新的原材料来源等所有提高效率、增加生产的过程。反过来说，企业家则是指从事这种创新活动的人群，而非简单的投资者或经理人员。而且，更广义地说，在各个领域（甚至非物质生产领域）从事创新活动并对社会做出贡献的杰出人士，也可以在特定意义上被称作企业家。

在纪念改革开放 40 周年之际，《中国经营报》选择了各行各业企业家，收录进《四十年，不凡的变革者》一书予以介绍。本书中列入的人物，虽然并没有穷尽中国改革开放中涌现的优秀企业家，不过绝大多数为广大读者耳熟能详。应该说，本书立意不在于为这些杰出企业家树碑立传，事实上谁也不能为他们盖棺定论，而是通过反映他们在市场经济大潮中的所思和所为，从一个重要的侧面折射改革开放本身。与此同时，记者和作者也从个性化的角度，力图表现出他们真实、接地气的一面。

值得特别指出的是，这个名单也没有局限于创办企业和从事投资的狭义企业家，而是包括了像吴敬琏这样的著名经济学家，甚至还包括了财经界之外的杰出人物。至于在狭义的企业家中，既有国有企业领导者，也有民营经济的代表性人物，无疑具有足够的代表性。了解这个特殊的改革参与者群体的艰难探索和奋斗过程、所思所想和未来展望，会带给我们启发而不是艳羡他们的运气和财富。

从滴水折射太阳，从企业家的创新行为来认识中国经济改革历程，我想本书的价值即在于此。

是为序。

中国社会科学院副院长　蔡　昉
2018 年 10 月 31 日于北京

序 二
创业时代的多彩历程

　　40 年，虽然在漫长的人类发展中只是"弹指一挥间"，但正是这短暂的历史瞬间，一个拥有十几亿人口的国度，经历了"换了人间"式的巨大变迁，史上罕见。40 年来，中国经济发展取得巨大成就，终于摆脱了纠缠中华民族二三百年的"落后"魔影。今天的中国，富足强盛已经不再是遥不可及的梦想，其中，商业成就更令世界惊叹：在体制机制不尽完善、道路障碍荆棘丛生、思想意识未去困惑的复杂现实中，改革开放艰难推进，在不到半个世纪内就使一个"一穷二白"的国家，迅速成长为世界第二大经济体，中国人的国际形象只经一代人时间居然就从"穷人"变为"有钱"，而且世界"首富"榜上多有列名！这是客观规律使然，还是人造奇迹展现？谁能说清缘由和理据？

　　中国摆脱封闭禁锢的计划经济时代，思想解放激发了改革开放，无疑是 40年巨变的直接原因。在此过程中，产生了一个被称为"企业家"的群体。"企业家"概念来源于法文"entrepreneur"，其原意本为"冒险者"，即风险事业的担当者。在中国改革开放的历史背景中，创办和经营企业，不是一般意义的商业"冒险"，而是在制度的不断变革中"探险"，并且要直接参与制度变革。40 年前，中国没有企业，更没有企业家。40 年来，企业家们不仅创造了企业，也确立了自己的历史地位。而且，有众多市场经济的弄潮儿，才可能有坚持市场经济取向的改革开放。因而可以说，中国企业家不仅是商业创新者，而且首先是制度创新的思考者和变革者。商业成就基于商业变革，商业变革发轫于商业思想。在市场经济中摸爬滚打数十年的中国企业家们，对于商业思想在商业活动中的决定性意义更有切身感受，将他们的所思、所言、所行，记录升华，可以形成中国商业思想研究的宝贵财富。

今天，我们庆祝和纪念改革开放40年，不仅看到中国经济发展所取得的巨大物质成就，其实更有价值的是，要领悟其中的伟大思想成就。因为，未来中国的进一步发展，不仅有赖于40年所奠定的物质基础，更具深刻影响的将是思想积淀所形成的精神指向：我们怎样走到今天？未来之路朝向何方？让历史告诉未来，让未来昭示今天，而"历史"却由今天的思维所"塑造"。历史、今天、未来，浑然交融。

正是基于这样的思路，我倡导开拓一个可以被称为"商域经济学"的新学科，并且在《关于开拓商域经济学新学科研究的思考》一文中特别强调："商域经济学研究和学科建设特别需要更多具有丰富实践经验和深切感悟的企业家们的参与。他们对于各商域中的经济理性张扬和文明形式特质及其演化过程，曾经亲力亲为，耳闻目睹，成败得失，铭记于心。经历沧桑变迁的企业家们，以自己一生从业经商的'酸甜苦辣'感悟，现身说法，为商域经济学的建立和发展做出特殊的贡献。"

一般的（主流）经济学思维，主要沿袭"经济理性"的一维逻辑，以"最优"为取向；而商域经济学的思维则是从经济理性、价值文化和制度形态三个维度，观察和分析经济现象即商业活动，以"真实"为取向，因而可以称为"三维经济学"。我相信，只要面对真实的经济世界和商业活动，必然采用商域经济学的三维分析框架。特别是商业实践中的企业家们，置身于纷繁复杂的世界，应对解决现实的经营管理问题，无不以三维分析思维探寻创新变革之道：经济理性为底线和引领、价值文化为基因和动能、制度形态为道轨和秩序，由此形成各企业家们变革创新、追求卓越的广阔空间和施展舞台。

如果仅从经济理性的一维视角看，每一位企业家和每一家企业似乎都是同质的，只要脱离经济理性的严格路径，就被视为"不正常""不合理"或"缺乏逻辑自洽性"；而从商域经济学的三维视角看，每一位企业家和每一家企业都是异质的和独特的，世界上没有两个完全相同的企业或企业家。因此，商业世界同生物世界一样，是极为多元复杂和丰富多彩的。其演化方向未必"优胜劣汰"，更不是极致"最优"和"赢家通吃",而是众生众相,各具特色,亦敌亦友,竞争合作,包容依存,相伴繁衍。其间,理性、文化、制度等都发挥着深刻影响和交互作用。

三维因素如同"三原色",可以调制出变化无穷的色彩。摆在读者们面前的这本书,就如同一幅五彩缤纷的画卷,展现了中国改革开放 40 年来不平凡的企业家们的不平凡作为。"不平凡"就是独特性和创新性。他们的创业史、经营史、传承史,纵横捭阖,成败得失,人生起伏,都是这幅精彩画卷中千姿百态的景物展现,或张扬、或隐忍、或宏伟、或精致,折射了鲜活的企业形象和企业家精神,真实记录下创业时代的多彩历程。

《中国经营报》社长、中国社会科学院学部委员　**金　碚**
2018 年 10 月 12 日于北京

目　录

文／于东辉

1984 年 6 月 30 日，中国最高领导人邓小平在会见一个日本代表团时谈道：现在的世界是开放的世界，中国在西方国家产业革命以后变得落后了，一个重要原因就是闭关自守。他告诉日本客人，中国决心打开国门，走上"有中国特色的社会主义道路"。

就在邓小平向日本客人阐释"有中国特色的社会主义道路"的那个仲夏，同在北京的一名科技研究者也正在重新规划自己的人生轨迹。4 个月后，"憋得不行""想改变生活状态，试试自己有多大本事"的他，决定扔掉铁饭碗，自己办公司。

这个人就是柳传志，而他创办的那家公司，就是今天的联想。

创业艰难

在接受一家人物杂志的采访时，柳传志说自己没看过奥威尔的《1984》这本书，但1984年对于柳传志来说，无疑是一个重要的转折点。

对改革开放前知识分子的状态，柳传志是这样概括的："被阶级斗争搞得心惊胆战，被无所事事的生活搞得麻木不仁。"某种程度上，这也许是柳传志对自己那段人生的描述。

1984年，中国改革开放已经进行了6年，但中国人依然生活在计划经济和票证供给的时代。柳传志这一年40岁，月工资78元，全家7口人住在一间12平方米、屋顶铺着石棉瓦的"自行车棚"里，在中科院计算所外部设备研究室搞一项叫作磁记录电路的研究。早在1980年的时候，柳传志已经接触到国外同类研究的优秀成果，这让柳传志异常苦闷，后来他总结说：他可以忍受清贫，但不能忍受自己碌碌无为、虚度时光。

1984年10月17日，柳传志和11个同事在北京中关村科学院南路2号计算所的传达室里，创办了联想公司的前身。从这一天开始，柳传志把自己投放到一个完全不可预知的人生轨道当中。

在他40岁之前，整个中国都非常穷困，没有办法让个人得到发展，实现自己的理想，这让他很痛苦。40岁以后，正赶上国家改革开放，他选择了创业，也知道会很艰难。曾作为高级知识分子的柳传志不得不放低身段去和基层工商管理人员打交道，为了一张审批报表，他得接受一个年轻办事员难看的脸色和难听的斥责。

但即便如此，柳传志也丝毫没有回头的打算。那一年的冬天，人们经常能看到柳传志在公司门口从一辆三轮车上卸货，柳传志后来回忆说，除了蔬菜，那时候公司几乎什么都卖过。创业时的生存危机让"贸工技"这个基因牢牢嵌入联想的骨髓里。

2014年深秋的一天，在靠近住所的一家酒店的会客室里，柳传志向记者回顾了30年前创业的难处："20世纪80年代初成立的公司，遇到的第一个大难关就是在社会体制发生变革的时候，法制法规跟不上，人们的思想处于一个相对来说非常混乱的时期。"

这样一个时期，对于柳传志和他的同事们最大的考验就是能辨别政策红线，尽量踩在红线里头。对红线的把握是高明的，也是高风险的：完全在红线里走，企业根本发展不起来；而走出红线，风险就无法估量。

"政策的解释权通常掌握在执行人员的手里。"

那个时候国家为了保护国内的电脑品牌，对电脑进口额度和关税实施控制。这样一来，能搞到进口批文就成了中关村电脑公司的生存之道，联想自然也是争抢批文的一员。但柳传志为公司设定的底线是"法律手续必须完备""必要的时候要割让掉一些利益"。

1988年，柳传志在香港建立香港联想，因为他发现从香港直接进口电脑要比内地便宜得多。借助各种关系，香港联想拿到了美国 AST 电脑的总代理。当时 AST 在电脑业并不是一个强势品牌，这就让联想在谈判时掌握了许多主动权。由于联想在内

2004年3月26日，联想集团在北京与国际奥委会签署合作协议，正式成为第六期国际奥委会全球合作伙伴（简称 TOP），这是奥运历史上中国企业首次获此资格

地强大的销售力量，AST 在内地市场的声势甚至超过了康柏。

"其实当时许多企业都在香港有派驻机构，做国外品牌代理，一些企业的实力比我们只强不弱，为什么他们最后做得没我们好？是因为我亲自在香港把关，避免了其他公司因为员工与外国企业串通蒙骗国内公司情况的产生。"

在联想 AST 代理做得热火朝天的时候，柳传志已经开始想做自主品牌电脑。在当时的市场环境下，国产品牌相对于国际品牌毫无竞争能力。根据凌志军《联想风云》一书提供的数据，1994年，中国电脑市场上国际品牌所占份额高达40%，而且 AST 也不支持自己在中国的合作伙伴另起炉灶。然而，这一年柳传志

硬是克服上述阻力，让时年 30 岁的杨元庆担起重担，组建微机事业部，销售联想电脑。

不久，国家放开国外电脑进口审批政策，中关村一大批靠代理电脑为生的公司关门倒闭，而已经先行拥有自主品牌的联想却站稳了脚跟。这一经历让柳传志总结出"提前动手拐大弯"的经营原则，并将这一原则运用到后来各个发展时期。"机会的存在就是要在你做好眼前业务的时候，提前开始进行环境的研究，然后提前动手，拐大弯。等到你的企业、行业里边出现问题了，再改，就来不及了。"

1984 年，石家庄造纸厂厂长马胜利成为中国企业家的标志性人物，他不但 4 次得到邓小平的接见，还上了电影、被写入课本。

那是一个对市场和现代企业管理尚且懵懂无知的时代，那是一个仅凭胆量和一点点改变冲动就能成就豪杰的时代，那是一个从国家到个人都在如饥似渴地寻求出路，但又对出路充满怀疑和畏惧的时代。正是在这样一个时代，马胜利这样的企业家被国家意志捧上神坛，又被市场力量迅速淘汰。

现在回忆起那个草根创业的年代，柳传志认为，能够站稳脚跟，最后一路走下来的，都是那些讲信誉、重承诺的企业。

他掰着指头数下去："王石、张瑞敏不也是 1984 年的吗？南存辉好像也是。鲁冠球要早一些，任正非是 1987 年的。那个年代办的企业，做统计的话，大概几千家就算很多了，最后倒的还是数量很大的。凡是能存活下来的企业，创业者能煽惑的还是少。鲁冠球是说什么就做什么的人，王石、张瑞敏也属于这种人。"

柳传志始终认为守信是联想能发展起来的根本元素之一，因此有一段故事经常被他津津乐道：

1992 年，联想从香港进口元器件，然后在内地组装成机器。当时是在香港的中国银行贷了港币，回到内地赚了人民币后，再从进出口商那里兑换成港币还给银行。那一年年初，联想跟进出口商谈好了换汇的汇率是 1：0.8，可到年底的时候，人民币暴跌，一下子变成 1：1.2，于是进出口商不肯遵守先前 1：0.8 的兑换协约。为了按时还钱，柳传志硬是按照 1：1.2 的汇率兑换了港币，按时还给中国银行。"当时我们大概亏了一百多万块钱，1992 年和 1993 年的时候，一百多万块钱的净利润对我们也不是小数目了。"

因为汇率变动，当时几乎没有一家企业按时还钱，于是当联想去银行还钱的时候，连银行都感到非常吃惊。

后来，1996 年，联想出现大亏损，股票也跌得很惨，但即便如此，由于之前良好的商誉，中国银行还是照样贷款给联想，确保了联想资金链不断，正常运行。

九死一生

2000 年 4 月，时任联想台式电脑事业部总经理的刘军将谢霆锋的照片递到柳传志手里的时候，柳传志看着照片惊诧地问："这个摩登小孩儿怎么能做联想电脑的代言人？"

多年以后柳传志还经常提起这个情节，谢霆锋当时仍显幼稚的形象与柳传志心目中的代言人形象相去甚远，但刘军给出的解释说服了柳传志：联想的战略方向是互联网，所以必须面对年轻人，而谢霆锋对年轻人有着一呼百应的效应。

不久，以谢霆锋为主角的联想巨型广告牌就竖立在各大城市的街道旁了。

事实上不只是谢霆锋，当年《流星花园》中炙手可热的 F4，也曾受邀做联想的品牌代言人。据当时到上海参加新闻发布会的记者介绍，当 F4 集体登场时，有年轻的女粉丝尖叫着昏厥过去。

对市场的尊重，让柳传志时刻保持着对"新"的兴趣。当电影《小时代》上映时，他耐着性子看完了整部片子，还让年轻员工与他交流看完《小时代》的感受。他很想通过这部电影，了解那些年轻人的想法。

让柳传志有所触动的另一个情节是：在中国企业家俱乐部，王健林与马云讨论网上购物。王健林对在场的企业家说，你们谁在网上购物请举手，举手者寥寥无几。之后，马云站起来对坐在会场后面的年轻工作人员说，你们谁在网上购物请举手，结果很多人都把手举起来，因为那些是年轻人！

柳传志说：现在社会的发展日新月异，经常会出现以前没见过的现象、以前没见过的思想。对这些不熟悉的现象和思想，不仅要包容，更要充满热情地去积极探知、不断学习。

作为"文革"的经历者，柳传志认为那场政治运动带给自己最大的教训就是：做人不能跟风、不能钻营。这一原则也自然体现在后来他做企业上，即做企业不能投机、不能跟风、不能为创新而创新。

2000 年前后，企业界流行"快鱼吃慢鱼"的思想，但柳传志觉得，事情还是看好了再做。就如自己一再强调的管理思想：确定战略时，一定要把事情想透，想透之后，就要坚决把事情做成。

2001 年，在大多数公司都在进行整合之际，柳传志却将联想一分为二，由杨元庆和郭为分别领衔联想集团和神州数码，而柳传志则带领母公司联想控股重新勾勒出了联想新的商业版图。同年，在联想充当"总参谋长"角色的朱立南带领一支队伍，白手起家，杀入风险投资领域，13 年后，作为联想控股开展投资业务先头部队的君联资本，投资了 200 多家初创期和扩展期企业，并将其中的近 30 家企业推向了上市。2012 年，朱立南就任联想控股总裁，全力推进联想控股新战略的全面实施。

"联想控股所设计的这种商业模式，没有一个可以完全对标的企业。"柳传志说。

"联想的 30 年中，我们有过无数次要死要活的坎，其中有的是早年间国家计划经济体制带来的大麻烦，有的是我们战略决策错误造成的苦果，这里面有大量的难以忘怀的痛苦；当然，在这 30 年中，我们更充满了拼命咬牙坚持，突破九死一生，登上阶段性顶峰的愉悦。"

2014 年，联想创办 30 年，在写给员工的一封内部信中，柳传志把创业的经过归纳为"九死一生"。

培养接班人

柳传志给外界的印象是严谨、严厉、爽直、干脆，这也许是和他早年受过军事训练和从事科研工作的经历有关。但在"不打领带"的场合，柳传志却显得随和、宽厚，思路天马行空，对任何新事物、新观点都抱有浓厚的好奇心。

亦严亦宽，也体现在他对接班人，尤其是杨元庆的态度上。

1994年，他倾注公司全部资源，全力支持杨元庆这个年轻人开发联想PC业务。另外，他又多次当众严厉批评杨元庆，杨元庆委屈到痛哭。这一年，柳传志给杨元庆写了一封信，吐露了自己的苦衷：

"在纯粹的商品社会，企业的创业者们把事业做大以后，交班后应该得到一份从物质到精神的回报；而在我们的社会中，由于机制的不同则不一定能保证这一点。这就使得老一辈的人把权力抓得牢牢的，宁可耽误了事情也不愿意交班。我的责任就是平和地让老同志交班，但要保证他们的利益。"

20年后，柳传志再次向记者谈起这件事情时，坦言当时当众批评杨元庆是有意为之："有时候你对下属严厉一些，其实是保护他。"

但对于杨元庆的支持并非完全放手不管，尤其是在公司遭遇巨大困难的时候。

2005年5月，联想实施了一次大胆的战略进攻：兼并国际巨头IBM的PC业务。这次进攻使联想成为真正的跨国公司，但接下来却陷入管理和业

2004年12月8日上午9时，联想正式对外宣布收购IBM全球PC业务。联想集团主席柳传志（右二）和IBM高级副总裁Mr. John. Joyce（右一）

务上的困顿。董事长杨元庆在应对这些挑战时，显得有些力不从心。

"杨元庆有学习能力，也非常努力，但他挺倔。并购IBM的PC业务之后，出了一些问题，就是因为他在业务上非常熟悉，但是在跟美国人合作上还是有些生涩。"多年以后，柳传志在一次接受记者采访时这样描述当时杨元庆的状态。

2009年9月，柳传志宣布复出，出任联想集团董事长，杨元庆转任集团CEO。像每一次公司经历重大节点一样，有媒体将联想当时的状况称作是"站在悬崖边上"，而且非常直率地指出：联想到了这一地步，国际金融风暴的影响只是次要因素，真正的因素是联想自己在管理和企业文化上出了大问题。

"在并购 IBM 的 PC 业务以前的中国联想，其领导人、团队都是经受过千锤百炼的考验的。但自从并购以后，则一切全变了，商业环境变了，团队变了，公司的治理结构变了——过去是单一大股东为主的董事会，现在是一个真正国际的董事会。过去打仗的方法要在新的环境下调整。要调整、要学习，那就会磨合、碰撞、矛盾；尤其是文化建立，这之中有大量的痛苦，要付很多学费。"

在柳传志的主抓下，联想开始重新搭建领导班子并塑造企业文化。另外，他需要外界对联想，特别是对杨元庆继续抱有信心。

"2009 年我到欧洲去宣讲的时候，下面坐着 200 多个老外，都比中国人岁数大，一个个挺绅士的。他们质疑说，公司业绩都跌成这样了，换一帮中国人就能管好吗？"

柳传志当时给他们看了 4 张照片，讲了 4 个故事，分别是联想办养猪场，为员工解决吃肉问题；办"72 家房客"，为年轻人解决住房问题；为了老员工退休以后的生活好以及在内部员工的培养、提拔上，以人为本，提供没有天花板的舞台。

"我说对国内外是一样的，这是历史事实，他们得信。一年以后，业务果然上去了，大家也拿了奖金，工资也提高了，你再说话，那劲头就不一样了。"

当时，柳传志推行的企业文化还包括以身作则、说到做到："就是讲每件事怎么去履行，我觉得推的还是挺深，后来在联想确实做到了说到做到。"

2011 年 11 月，柳传志再一次把联想集团董事长的职务交回杨元庆手中。8 个月后，他又辞去联想控股总裁一职，由他培养的另一位领军人物朱立南任总裁，杨元庆任联想控股董事长。作为一家以"投资+实业"为主的多元化投资控股公司，联想控股目前在下更大的一盘棋，包括两年内在香港上市。

柳传志对联想的未来殚精竭虑，对这个国家的未来也一直没有停止过思考。

2007 年，柳传志写了一封给 100 年后中国人的信。信中柳传志介绍了 20 世纪自己耳濡目染的中国，描绘了翻天覆地的历史变化，也分析了盘根错节的社会症结。事实上，柳传志是想以自己的判断为 20 世纪的中国做个总结。这一年，柳传志 63 岁。

在信里，这位老人真诚地问 100 年后的同胞：中国是不是世界强国了？排第几？

「斗士」吴敬琏：市场如战场

文／陈伟

　　吴敬琏第一次听到别人称呼他为"吴市场"是来自老友乌家培，1990年底的一次聊天中，乌家培告诉大家现在都称他为"吴市场"。实际上这是当时的计划派官员强加给吴敬琏的贬义词，而在支持市场经济的人看来，"吴市场"的称谓却有着特殊的符号意义——改革开放以来，持续十数年的计划和市场之争在中国从未停息，一度吸引了各方力量的参与，但多方都未取得压倒性的优势，相对而言，以吴敬琏为代表的市场派略显势单力孤。

　　博弈的转机来自于1992年，87岁高龄的邓小平年初南下视察，其间发表了中国改革史上具有里程碑意义的"南方谈话"，市场和计划之争至此尘埃落定。此前吴敬琏发表的论文《论作为资源配置方式的计划与市场》和出版的《论竞争性市场体制》，被视为这场解放思想的运动经济理论上的依据，他随之声名鹊起，成为全国知名度最高的经济学家，无人能出其右。

2018 年，吴敬琏已经 88 岁，中国的改革也进入了第 40 个年头。回望来路，历次的改革节点中都能看到他的身影，尽管似乎总是少数派，但历史正在证明他的判断，在他身上，人们看到了一位探索者的敏锐，非凡的勇气，以及已经逝去却从未磨灭过的他的老师顾准的背影。

师承

《华尔街日报》曾声言，"如果说中国有一位经济学家的意见永远值得听取的话，那就是吴敬琏"。

事实上，学经济并不是吴敬琏最初的选择，深受痴迷于科学的舅舅的影响，吴敬琏青年时就立志于做一名工程师，也颇有实业救国的雄心。但命运阴差阳错，最终吴敬琏成为了一名经济学专业的学生。1954 年，他从复旦大学经济系毕业，被分配到中国科学院经济研究所，邂逅了杰出的思想家顾准，但彼时未有太多交集。此后吴敬琏经历了那个时代多次的政治斗争洗礼，直至在"五七干校"的劳改队，他和顾准再次重逢，并结下了数年的渊源，也奠定了他此后学术研究的基础。

"五四运动"前后，胡适提出"易卜生主义"，乌托邦式的伦理道德、出走的娜拉成为中国青年自我觉醒的种子。但清醒的鲁迅却提出了让人惊醒的疑惑——娜拉出走以后怎么办？在河南息县的"五七干校"，顾准重拾这世纪之问，在吴敬琏心中震荡出巨大的涟漪——新中国成立即"娜拉出走之后"，计划经济为什么没能让中国人富起来？中国要建立怎样的经济和政治体制，才能真正实现现代化？

一代人的青春在政治的寒冬中沉沦，直到遇到顾准，吴敬琏才打开了学术的天窗，也领悟到真理的探索没有禁区。从研究希腊城邦制度伊始，在历史的沉浮中汲取理性的力量，顾准和吴敬琏超越了同时代的经济学者，找到了追溯和理解当代中国命运的钥匙。顾准究竟在多大程度上深深影响了吴敬琏，这已经难以深究。但和顾准朝夕相处的时光无疑在吴敬琏的生命中打下了深刻的烙印，让他有机会看透时代的表象，获得一种内心视力。他在后来回忆，"已经有很长时间没有参与这种能够启发人思想的自由讨论了，这种机会居然在被打成'反革命'

的情况下得到，真是一种奇缘"。

多年之后，因为对自由经济的坚守，对法治市场体系的捍卫，吴敬琏赢得了声名最响的两个称呼"吴市场"和"吴法治"，这既得自于顾准的传承，也可看作是对顾准的致敬。

纷争

2001 年元旦，中央电视台首次公布了年度经济人物的评选，在获奖的 10 人中，吴敬琏是唯一一位经济学者，他的声望一时达到了巅峰，这也让他在随后而来的几场论战中难以沉默。

2001 年 1 月，吴敬琏就当时证监会处罚庄家操纵股价的问题接受采访，直接将股市比喻成了"没有规矩的赌场"，并批评了中国资本市场定位扭曲，成为了国有企业圈钱的工具。此言论一出，就在市场中掀起了轩然大波，各种证券类媒体相继开始对他的讨伐，厉以宁、董辅礽、萧灼基、吴晓求、韩志国 5 位经济学家甚至召开了记者恳谈会要与他一辩高下，而股市也闻风而动，终止了持续上涨的行情，一时间，吴敬琏陷入了巨大的舆论旋涡中。此番论战以吴敬琏的《十年纷纭话股市》一书的出版而告终，他决定以此作为争论的总结。为此，他专门为此书写了长达 2 万字的前言《股市七题》，将 5 位教授与他的争辩论点分为 7 个，进行了逐一的反驳。

值得玩味的是，吴敬琏在"前言"的结尾部分写道："诘难有些来自我的老同事和老朋友，他们在过去为实现市场经济改革的共同目标对我提供的帮助和支持至今记忆犹新，回想起来仍然令人感动。不过我总是觉得，争取建立市场经济，并不只是为了我们自己，甚至不只是为了我们这一代人。当我们作为时代的幸运儿得以享受改革的第一批成果的时候，不应忘了还有许多平民群众，他们甚至没有得到应有的平等机会去谋求体面的生活。当看到一些生活无着的下岗职工拿着自己的微薄积蓄无奈地投身于极不规范的股市而没有别的出路的时候，我们不觉得自己有责任为他们做些什么吗？"

此时，吴敬琏已经在试图穿透民生和庙堂之间巨大的鸿沟。

由于股价操纵行为泛滥，内幕交易层出不穷，严重打击了投资者信心，加上当时时任中金公司的首席经济学家许小年的"千点论"抛出，股价由此一路走低，到 2005 年 6 月，上证指数跌至 998 点最低谷，前后历时整整 48 个月。

在投机者眼中，吴敬琏成为了"罪人"，怪责之声四起，而在投资者眼中，吴敬琏罗列的股市弊端可谓切中要害，时至今日，中国股市依旧可以从他的谏言中汲取营养。

2003 年 3 月 7 日，吴敬琏和历届两会一样举行个人专场记者招待会，百余名记者蜂拥而至现场采访

股市的辩论余波未平，另一场事关中国经济发展道路的争论却已悄然酝酿。

2003 年，亚洲金融危机后宽松的经济政策带来的经济过热正在中国各地蔓延，各省市不约而同地把汽车、钢铁、能源等重化工业当成提升 GDP、增加税收的突破口，大干快上、风起云涌。在一些研究人员和媒体的加持下，"重化工业"俨然成为中国新型工业化道路的不二之选。但各界的狂热反而让吴敬琏冷静下来，他认识到这是一场利益攸关的中国发展道路之争。

2004 年 7 月政协全国委员会的专题讨论会上，吴敬琏第一次公开发表自己的观点，他在题为《注重经济增长方式转变，谨防结构调整中片面追求重型化的倾向》的重点发言中论证了中国走重型化道路不可行，并提出警告说，"重型化"的快跑将使中国遭遇能源危机。此番观点尽管在经济界赢得认可，但是却遭到了经济学界的猛烈抨击。其中包括厉以宁、樊纲和林毅夫等一些重量级的经济学家，此外还有众多的地方官员。重型化是不是中国经济发展的必经阶段、中国经济增长的路径选择、出口导向的发展战略是否应该调整等中国经济的核心问题都在这次论战中一一涉及。

如果不厘清这些问题，中国就会跟重大的发展机遇失之交臂。认识到这一点，在此后一年多的时间内，吴敬琏不遗余力地想向各界阐述他的观点，这让他看起来像一个孤独的斗士，也像一个布道者。据一位媒体记者的回忆，在一次小型的研讨会上，吴敬琏提前十五分钟就开始不停地纠正投影仪，希望能给不多的听众以更好的演示效果，这在他往常的演讲中并不多见。

2006 年，吴敬琏提倡的"转变经济增长方式""优化产业结构""走新型工业化道路"等口号都写入了国家"十一五"规划，这场发展道路之争也暂时偃旗息鼓。但吴敬琏依旧警醒：从第九个五年计划起，中国就在"转变经济增长方式"，但是一直收效甚微。原因有两方面，一方面增长方式的转变存在着"体制性障碍"，另一方面，能够支持和鼓励创新创业活动的政经体制和经营环境还没有建起来。

在他的眼里，解决这些问题的唯一途径就是不断深化改革。

家国

吴敬琏被誉为经济学家的良心，这是公众和媒体对他关注民生的褒奖，他一直努力保持思想的独立和精神的自由，这来自于他的本真，而在遇到顾准后成为他终生的坚持。

在一次接受采访时，记者问："你对自己成为决策层智囊是否感到骄傲？"他当即回答说："智囊不智囊的，一点不重要，作为经济学家首要的职责是研究科学，发现真理，做一个有独立立场的观察者。"

吴敬琏外表儒雅温和，但骨子里的倔强，使他不可避免地卷入一些争论，例如"春运火车票该不该涨价"，这些争论看起来都是一些琐屑小事，吴敬琏完全可以避而远之，然而，他认为关注这一切都是必需的。事实上，这种情愫多年前已有发端，在当年股市争端白热化之际，针对一些经济学家对他的动机和专业能力的批判，吴敬琏专门就"专业精神"与"平民意识"发表了一番评论："经济学是一门实证科学，经济学家首先要弄清楚的是'是什么'的问题。然而，经济学涉及人们的物质利益，因而往往是现实性很强的一门学问。除了揭示事情的真相，在大多数场合还要进一步作应用性的研究，提出规范性的意见。依我看，这便是最起码的专业精神，而关注社会公正和社会中人的命运也是经济学家的本分。"

在公众眼中，吴敬琏有着中国传统的知识分子的特质，以天下为己任，对未来充满期望，理想主义和爱国主义表里交织，晚年他的焦虑和不安常常来自对国家命运的牵挂，而这些特质也从来没从他的生命中消弭。

"待机守时"，这是顾准在弥留之际送给吴敬琏的四个字。在他眼里，"时和机"就是民族和国家的命运，而历史恐怕确实并不像理性主义讲的那样富有规则、有规律可循，相反，种种的偶然、难以捉摸的情形屡见不鲜。正因为要竭力避免这种偶然，他从来不会涉足于左和右的极端，而总是希望能找到调和的道路。在他的眼中，中国的改革应该是渐进的、改良的，他认为，"在重大的社会变革中，理想的模式是政治观点分歧双方温和派的结合"。

吴敬琏 80 岁之前常年在中欧商学院授课，教材只有一本他的专著《当代中国经济改革》，他以此冀望让座下的企业家们辨识中国的走向，掌握企业的命运，甚至，在一次授课中，他对 300 多位学员说："我希望，我的生命终结在讲台上。"

而在《中国改革三部曲》再版之际，他在后记中说，"就是想尽自己的一分力，并希望它能有助于全社会凝聚共识，坚定地走市场化、法治化改革道路，为中华民族争取更加美好的未来"。

这可以看作是一个理想家和爱国者的宣言。

时间回到顾准重病的那个秋天，当时，"文革"似乎还没有任何终结的迹象。顾准自知时日无多，与 44 岁的吴敬琏在病榻前进行了最后一次长谈，身处暗夜，他却认为中国的"神武景气"一定会到来，只是不知道何时会来。"时机不到，你想报国也没有用，没有这种可能性。还是要继续我们的研究，把中国的问题研究清楚，那样才能对国家提出有用的意见"。这是顾准对吴敬琏最后的叮咛。1974 年 12 月 2 日，吴敬琏陪着顾准走完了生命的末章，据夫人周南回忆，回到家后他脸色苍白，不发一言，继而痛哭失声，流下了人生中少有的泪水。

历史会定格，时间却在幽暗中寻找光明。两年之后，肆虐十年的"文革"浩劫戛然而止，四年之后，中国共产党第十一届三中全会召开，自此，中国拉开了波澜壮阔的改革巨幕。40 年过去，吴敬琏变成了顾准想要他成为的样子，这一点，他从来没有辜负过顾准。

思想家任正非：『偏执』的开发者

文／李昆昆

有人说，当代中国从来都不缺企业家、政治家，但从来都缺乏真正的商业思想家。而任正非正是被外界看作是少有的商业思想家之一。

任正非43岁才开始创业，31年来，他一手把华为变成了名震天下的科技王国，却始终没有上市，开创了中国企业先河的企业治理大法。很多人通过华为树立的企业文化认为，任正非是一个为了观念而战斗的硬汉。

"我的不自私"

"我的不自私也是从父母身上学到的，华为今天这么成功，与我不自私有一点关系。"任正非在《我的父亲母亲》一书中写道。

1944年，任正非出生于贵州安顺地区一个贫困山区的小村庄，家中兄妹共7

人，任正非是老大。他的父母都是乡村中学老师，全家只靠父母微薄的工资生活，毫无其他来源。直到高中毕业，任正非没有穿过一件衬衣，"有同学看到很热的天，我穿着厚厚的外衣，说让我向妈妈要一件衬衣，我不敢，因为我知道做不到。我上大学时妈妈一次送我两件衬衣，我真想哭，因为，我有了，弟妹们就会更难了"。

那个时候，粮食是用瓦缸装着，虽然经常闹饥荒，但任正非的父母和弟妹都不会偷吃粮食，而是实行每餐严格分饭制，保证人人都能活下来。父母的不自私，让任正非从小耳濡目染，以至于他说华为今天这么成功，与其不自私有一点关系。

虽然每到交学费时，家里都会犯愁，但任正非的父母对教育足够重视，让他在这种条件下坚持读完了大学。1963 年，任正非考上了重庆建筑工程学院（已并入重庆大学），期间自学了电子计算机、数字技术、自动控制等专业技术以及三门外语专业。

1997 年我国的高等教育制度改革，开始向学生收费，而配套的助学贷款又没跟上，华为集团向教育部捐献了 2500 万元寒门学子基金。

创建华为

大学毕业后，任正非当上了建筑兵。1983 年随国家整建制撤销基建工程兵，任正非复员转业到深圳南海石油后勤服务基地。

1987 年，任正非 43 岁的时候，因工作不顺利，他集资了 21000 元人民币创立华为公司。创立初期，华为靠代理香港某公司的程控交换机获得第一桶金。

军人出身的任正非在企业内部有绝对的权威，据华为一位原副总裁的回忆："任正非的脾气很坏，是我见过的最为暴躁的人。我常看到一些干部被他骂得狗血喷头（高级干部尤甚）。"骂到性起，还能在办公室把鞋脱下来，光着脚，边走边骂。

如今外界对于任正非当初的选择有太多赞叹，他却称当时选择通信行业完全是偶然。"我们当时认为，通信产业很大，只要小小做一点，就能活下来。而我们却不知道通信产业这么规范，技术标准这么高。但是，我们已经走上这条路，当时如果退回去，一分钱都没有了，还要面临着还债，所以只有硬着头皮走下来。"

那时，正好碰上20世纪90年代世界电子工业在转型，从模拟电路转到数字电路。数字电路比模拟电路简单很多，全世界整个通信包括电子工业都处于落后状态。而落后也意味着有发展空间，在跟随世界发展的过程中，华为逐渐开始赚钱，慢慢成长起来。

创业初期的艰难可以想象，尤其是在那个年代，中国的民营企业家很多都是拼着命干出来的。

彼时，华为的主业还只是倒卖香港的产品，任正非在银行见了人就谦卑地递上名片，还贷不着款。"如果我们早知道通信如此之难，可能还要付出自己的生命作为代价，那时我们就不走这条路了。"公司要能入政府的法眼，得拥有自己研发的产品。

1992年，任正非孤注一掷投入C&C08机的研发。第二年年末，C&C08交换机终于研发成功，其价格比国外同类产品低2/3，为华为占领了市场。

从农村到城市

1996年3月，华为开始和国外企业合作项目。为了和南斯拉夫洽谈合资项目，任正非率领一个十多人的团队入住贝尔格莱德的香格里拉饭店，并订了一间总统套房，每天房费约2000美元。不过，房间并非任正非独享，而是大家一起打地铺休息。

也正是在这一年，华为已经是一家规模不小的公司，但是在企业界知名度还不够。当年，中关村四通公司一位名叫李玉琢的副总裁打算跳槽到华为，四通总裁段永基问："你准备到哪里去呢？"李玉琢说："去华为。"段永基惊诧地说："华为？没听说过，没什么名气吧？"

没有名气的华为在此时的电信行业却已经露出锋利的钢爪。从20世纪90年代初开始，中国的电信市场复苏。随着程控技术的推广，全国电信网络面临一次全面的更新改造，这对拥有自主程控交换技术的华为而言，是个千载难逢的机会。

在起步初期，诺基亚、爱立信等跨国公司在电信业具有绝对的竞争优势，华为则从一些偏远的城镇电信局突破，迅速抢走了一块这些大企业还没有来得及顾及的"蛋糕"。这被外界称为"从农村包围城市"战略。

但任正非最近解释说，"从农村到城市只是媒体的包装宣传。最初，我们的产品达不到高标准，卖不进去发达地区。其实我们一开始就想攻进'东京'，但是进不去，不等于我们把农村作为战略目标。如果把农村作为战略目标，即使我们把农村做好了，照样进不去'东京'"。

而在从农村进入城市的过程中，华为遭遇了强大的竞争对手，很多中心城市的电信部门不认可华为的产品。任正非由此想到了一个跨国公司想不到的办法：他游说各地电信局，由华为与电信职工集资成立合资企业。任正非在华为一份内部文件中如此解释，"通过建立利益共同体，达到巩固市场、拓展市场和占领市场之目的。利益关系代替买卖关系；以企业经营方式代替办事处直销方式；利用排他性，阻击竞争对手进入；以长远市场目标代替近期目标……"

为了组建合资公司，任正非日夜奔波于全国。他个性内向，脾气暴烈，不喜与人交流，但是与电信部门的谈判却无往不利，因为他开出的合作条件实在让人难以拒绝。"我只见给我市场的人，因为他们是我的衣食父母。"他也很直接地说，"华为的核心竞争力，就是客户选择我们的产品而不是别人的"。

华为的合资模式成功了。1997 年，四川电信管理局工会出资，与华为公司组建四川华为公司。年底，华为在该省的业务合同标的从上一年的 4000 万元猛增到 5 亿元，而四川电信也分到了 25% 的丰厚利润。

看到四川模式的成功，一年之间，华为将此模式复制到了天津、上海、山东等 9 家省市。1997 年，华为的销售额实现 41 亿元，同比增长 60%。

开启全员持股

如果仅仅依靠商业模式，华为可能不会走得太远。跟同时代的企业家相比，任正非的超人之处在于，在从事不无争议的原始积累的同时，他也在进行一场坚决的自我改革。

1997 年 3 月 27 日，华为聘用的中国人民大学教授吴春波等人参照当时的《香港基本法》，为华为起草了一个企业战略规划，被称为《华为基本法》。任正非要求起草人弄清楚三个问题：华为是谁？华为从哪里来？华为要到哪里去？日后，它被认为是改革开放以来，中国企业制定的第一部企业管理大纲。

在《华为基本法》的第一条中，任正非明确提出："华为的追求是在电子信息领域成为世界级领先企业。"最近任正非又解释了一遍，"我们要走向世界前列，但不是世界第一，'第一'是社会上给我们编造的"。

为了实现目标，任正非制定了专业化发展战略，"为了使华为成为世界一流的设备供应商，我们将永不进入信息服务业"。此外，《华为基本法》还设定了一条惊世骇俗的原则，实行员工持股制度，将不断地使最有责任心与才能的人进入公司中坚层。任正非大量稀释自己的股份，持股比例只有 1% 左右，而华为 70% 的管理层和员工都拥有华为的股份。

任正非解释，20 世纪 80 年代中期，全球走上电脑时代后发展非常快，大家都不了解电脑，但是年轻人学习能力强，如果不把他们拥抱进来，就无法完成企业人员结构的"新陈代谢"，技术就不会搞好。"那个时候，与中国台湾、日本不一样，我们是典型的穷人又没有知识和技术的创业模式。面对新的信息社会，我也算没有知识的人，我必须要去拥抱知识、拥抱资本，只能采取这个方法。"

后来大家都知道了，华为把股票分给员工，员工认为"长城"每一块砖都有他的份，所以就会留下来。华为员工年底分红的金额，在 2001 年之前有"1+1+1"之说，即股票分红所得与工资、奖金大致相当。

"当时是一个权宜性措施，没想到后来成为一个机制。"任正非也坦言，公司早期，华为有一些员工并不能干，但也得到了很多股票，"因为我没钱给他发工资，就给他发股票。"

这家最初注册资金才 2 万元的公司，在创业的两年后推行了内部股权机制。经过 20 多年的完善，如今内部股份制已经变成很有战斗力的机制。

偏执地投入技术研发

研发能力是华为被企业界尊敬的最主要原因之一。创业以来，任正非一直坚持自主研发，他计划用 10 年时间实现与国际接轨，目标分为三步，生产和管理实现接轨用 3 年时间，营销接轨用 5 年时间，科研接轨用 10 年时间。

可以说，在技术研发上，华为在近乎偏执地持续投入，而这也是《华为基本法》中的另一条原则。任正非坚持将每年销售收入的 10% 用于科研开发，这在中国企业中无人可及。

"开发可不是一件容易的事，你要做好投入几十亿元，几年不冒泡的准备。"就像任正非自己所说，为了公司，糖尿病、高血压、颈椎病都有了，后来还得了抑郁症。

"在 2000 年前，我是抑郁症患者，多次想自杀，承受不了这么大的压力。"任正非说，"直到 2006 年，服务员们请我在西贝莜面村吃饭，我们坐在大厅，有很多来自内蒙古的农民姑娘在唱歌，我请她们来唱歌，一首歌 3 块钱。我看到她们那么兴奋、乐观，那么热爱生活，贫困的农民都想活下来，为什么我不想活下来？那一天，我流了很多眼泪，从此我再也没有想过要自杀。"

也就是在那时，华为萌生了要为全人类服务的念头，每年投入研发经费 150 亿~200 亿美元。投入研发一两年不可怕，可怕的是几十年不变。华为 2017 年的财报显示，当年华为研发费用达 897 亿元，同比增长 17.4%，近十年投入研发费用超过 3940 亿元。截至 2017 年底，华为累计获得专利授权 74307 件，累计申请中国专利 64091 件，累计申请外国专利 48758 件。

欧盟委员会官网近日发布"2017 全球企业研发投入排行榜"显示，华为以104 亿欧元超过苹果（95 亿欧元），排名全球第六、中国第一。

向国际化企业看齐

华为的国际化始于 1996 年，为了让华为与全球客户有国际化的对话体系，任正非不惜对华为采取了"削足适履"式的管理变革。

1997 年西方圣诞节到来的前一周，任正非近距离地考察了休斯、朗讯和惠普 3 家世界级企业之后，将考察重点放在 IBM 这家最具美国特色的企业身上。

整整一天时间，从产品预研到项目管理、从生产流程到项目寿命终结的投资评审，IBM 高层做了极为详尽的介绍。任正非也对 IBM 这样的大型公司的管理有了新的了解，对华为在未来的成长与发展过程有了新的启发和思路。

尤其让任正非敬佩的是，CEO 郭士纳作为 IBM 的灵魂人物，为人处世极端低调，极少接受媒体的采访。正是这种务实精神，他才得以集中全部精力将 IBM 从死亡之谷带到了一个辉煌的巅峰。

这一切，让任正非怦然心动：华为要像 IBM 一样强大，不仅自己要以郭士纳为榜样，而且必须将其管理精髓移植到华为身上，这是华为成为"世界一流"企业的必经之路。"我们只有认真向这些大公司学习，才会使自己少走弯路，少交学费。IBM 是付出数十亿美元直接代价总结出来的，他们经历的痛苦是人类的宝贵财富。"

华为是 IBM 在中国的第一个管理咨询项目，根据 IBM 方面的推算，要完成这次管理变革，华为要投入 20 亿元人民币。

1998 年 8 月 29 日，随着第一期 50 多位 IBM 顾问进驻华为，任正非亲自指示，从非常拥挤的华为总部中腾出很多临海的房间，按照 IBM 风格进行布置并购买了新的办公家具，让顾问来到华为后感觉仍然在 IBM，可谓宾至如归。一场旷日持久的全面学习 IBM 的管理变革运动徐徐拉开大幕。

此后，华为又引入 Haygroup、PWC 等跨国公司进行管理咨询，对集成产品开发、集成供应链、任职资格、薪酬体系、财务流程等进行了规范化改造。任正非强势地推动了这一切。到了 1999 年，他提议孙传芳为公司董事长，而自己则专心做起内部管理。

没有面子观

在外界看来，是任正非让华为成为了中国最具狼性的公司，市场开拓能力所向披靡。其实在 10 年前的《华为基本法》中，第一条就含有"通过无依赖的市场压力传递，使内部机制永远处于激活状态"。为激活企业活力，华为过去也采取过运动式的集体辞职、内部创业等方式。

"Hay 公司曾问我如何发现企业的优秀员工，我说我永远都不知道谁是优秀员工，就像我不知道在茫茫荒原上到底谁是领头狼一样。"任正非解释说，"企业就是要发现一批狼。狼有三大特性：一是敏锐的嗅觉；二是不屈不挠、奋不顾身的进攻精神；三是群体奋斗。企业要扩张，必须具备这三个要素。市场部有一个狼狈组织计划，就是强调了组织的进攻性（狼）与管理性（狈）"。狼文化与华为缔结上不解之缘。

此外，对于股份制的华为，接班人与上市是两个最大的未解之谜。华为曾有过两次上市的努力，但均未果。到今天，任正非和华为一直没有正面回应至今未上市的个中缘由。在很长的一段时期内，上市给任正非的印象是"股票纯粹是不务正业"。他和中国人民大学的一位教授说："我的公司永远不会和股票打交道，永远也不会上市。"一个经典的故事是，2002 年，摩根士丹利首席经济学家罗奇率投资团队到华为，任正非连面都不露。事后罗奇戏称："他拒绝的可是一个 3 万亿美元的团队。"

而关于接班人方面，1999 年，有新员工问任正非光荣退休后华为将会怎样，他如是回答："我唯一的优点是自己有错能改，没有面子观，这样的人以后也好找，所以接班并不难，他只要比较民主，而且会签字就行。万不可把一个人神化，否则就是扭曲华为的价值创造体系，公司就会垮掉。"

2011 年 12 月，任正非在华为内部论坛发布了《一江春水向东流》这篇文章，透露了华为的人人股份制。任正非透露，设计这个制度受了父母不自私、节俭、忍耐与慈爱的影响。任正非还创立了华为的 CEO 轮值制度，每人轮值半年。此举为避免公司成败系于一人，亦避免一朝天子一朝臣。

2018 年 3 月 22 日，华为投资控股有限公司发布公告，任正非不再担任副董事长，转为董事会成员。

宗庆后：水战江南

文／索寒雪

宗庆后几乎和水打了一辈子交道，临近晚年，他却安顿在西湖边上，过起风平浪静的生活。

他每天坐在杭州市区的办公室里，一早就组织员工开会，工作差不多 16 个小时。下班后，他就待在办公室旁边的卧室里。有时太安静了，他就会打开视频，一边吃饭，一边看抗战电视剧。没人知道，这一刻的宁静蕴藏着宗庆后 40 年来多少惊涛骇浪。

转折之年

1978 年，在乡下的农场工作了 15 年的宗庆后回到杭州，准备接替母亲之前的工作，这一年他年满 33 岁。

很快，宗庆后失望地发现，即便在杭州城里，"还是过着吃不饱穿不暖的日子。"但巨大的转机就出现在这个时刻："1978 年 12 月，中国共产党第十一届三中全会宣布，要把工作重心放在经济建设上，停止使用'以阶级斗争为纲'的口号，开启了改革开放的新时期。"

那个时代，大家都过着一样的生活，计划经济导致商品流通困难，人们花尽心思去搞糖票、肉票、油票等各种票证，以改善拮据的生活。

"我记得我们温州当时是属于资本主义复辟的典型，打击投机倒把，但是后来也就睁一只眼闭一只眼，也没有真的去打击。"宗庆后认为，最大的变化是人的意识在悄悄地转变。

"对温州的现象为什么没打击呢？因为温州这个地方确实缺少资源，当时是沿海前线，也缺少国家的投资，就业解决不了，老百姓就去做点小生意，才能够维持生计。"

在数百公里外的杭州，宗庆后也在等待着转变命运的机会。

此前，在农场工作的 15 年，他几乎没有涨过工资，回到杭州，他的工资依旧是 31.2 元，过着比较艰苦的生活。当时他有着一份最朴实的愿望，"希望能增加点收入，生活过得更好一点。大部分的民营企业开始创业的时候都是为自己生存，为自己能过上比较富裕的生活而奋斗。"

对宗庆后而言，回到杭州最大的收获是得到了第一个创业的机会，那时他已经 42 岁，在杭州生活了 9 年。

"忽然有一天，企业宣布要开展厂长承包责任制，我就抓住了这个机会，承办校办工厂经销部。"至今在宗庆后的相册中，还能够看到他骑着平板三轮车满面笑容去送货的照片。

近 30 年过去了，宗庆后依然在他最初创业的地方办公，办公室都是当年的教室改造的。

当年校办工厂给出了 4 万元的指标，但是宗庆后的承诺是 10 万元。这一次宗庆后抓住了机遇，而且体察到了社会思想意识的变化。特别是有一件事情更增强了他对市场判断的信心。

"我们当时在浙江的丝绸生意很好，但原料不够。四川蚕丝生产量很大，但是卖不出去。四川的蚕丝大概 4 万元一吨，到了杭州就可以卖到 5 万元，这个差价就可以赚钱了。我立刻就进了 10 万元的蚕丝，事后证明这个决定非常成功。"

水战往事

虽然企业赚了钱，但是那时候的杭州商业化的热情并没有那么高。后来，宗庆后开始向市场上推广一种营养液：娃哈哈儿童营养液。他用一种狂轰滥炸式的营销方式，逐一突破了各个区域的大门。

"第一个营养液出来以后，产品供不应求，而且那时我们打开市场的方式也真的很简单：当时就只有省里和市里的电视台、省报市报，这么四大媒体。报纸只有四个版一张纸，电视台就一个频道，所以我们那个时候开始做广告，一般在城市里，省台市台做两个 30 秒的电视广告，再做四个半版的省报市报的广告，一个礼拜就把市场打开了！"

娃哈哈的工厂就设在学校的 12 间教室内，产品依旧供不应求。这个时候，一家一直靠计划经济支撑的罐头厂处于倒闭的边缘，资不抵债。

"我们去收购这家罐头厂，工人反对，感觉没面子，这么个大厂被你一个小厂一下子收购了！在社会上也掀起了很大的风波，说什么瓦解国有经济，就相当于资本主义复辟了嘛！所以当时确实也受到很大压力。领导压力也很大，找我去谈话。"可以说，宗庆后创业一开始就被这种"黑猫白猫"问题所困扰。

很快，宗庆后就把这家濒临破产的企业救活了。

"这家工厂国家投资 2000 万元，我们把这 2000 万元还给了国家，另外它还欠了 4000 多万元的贷款以及一大笔债务，我们都要还，总计花了 8000 多万元。"宗庆后算了这笔账。

8000 多万元，这在当时算是不小的一个数字，当时人均日工资也只有几十元钱。但宗庆后不仅偿还了工厂的债务，而且让工厂扭亏为盈。

宗庆后一直被认为是民族品牌的旗手，其中最能在中国商业史上留下一笔的莫过于他带领娃哈哈打了一场改革开放之后最具影响力的国际商战——达娃之战。

1996 年起达能与娃哈哈先后成立了多家合资公司，达能占合资公司 51% 的股份，娃哈哈集团占49%的股份。双方合作十多年来，公司效益非常好，达能先后从合资公司分得30多亿元人民币的利润。

虽然娃哈哈的合资公司经营非常成功，但是经营管理权始终牢牢掌握在中方管理层的手中，这却不是达能希望看到的场景。于是，达能一方面屡屡否决他提出的新建合资公司弥补产能不足的建议；另一方面又投巨资控股娃哈哈的主要竞争对手。无奈之下，娃哈哈便只能自行投资一批非合资公司来为合资公司加工产品，弥补合资公司产能不足。

2006年，形势风云突变，达能在中国控股的其他企业连年亏损，而娃哈哈的非合资公司却不断地壮大，达能提出要以净资产的低价并购这些非合资公司，被宗庆后断然拒绝。

当时在风口浪尖上的宗庆后，每天在办公室中认真阅读各种法律文书。很多人为宗庆后担忧，他对当初引进外资是否有过后悔呢？

"我认为当时引进外资在中国的经济建设发展中取得了比较好的效果，外资带来的资金跟装备，也把中国的制造业培育起来了，没有外资引进的话，我想中国制造业不可能发展得那么快。"

但实际上，达能对娃哈哈并不放心。

"他们提出要收购我们的工厂，而且是低价收购。我们后来没同意，因为在第一次合作的时候吃过亏，当时不太懂，按照净资产跟他们合作。照理讲那个时候，应该按照市盈率来跟他们合作。"

于是，达能发起了一场针对宗庆后和非合资公司的全面诉讼，但在全球范围内的数十起诉讼以达能的败诉而告终。

最终，2009年9月30日达能和娃哈哈集团宣布双方达成友好和解协议，达能同意将其在各家达能—娃哈哈合资公司的51%的股权出售给中方合资伙伴。和解协议执行完毕后，双方将终止与双方之间纠纷有关的所有法律程序。

今天，儿童营养液的时代已经过去，娃哈哈也始终在寻找下一个突破目标。

73岁的宗庆后开始为娃哈哈制定新的战略，他有一套经营哲学。"应该说我们正在转型，主要是从安全转到健康。因为企业要了解消费者的潜在需求，那才会永远领先于别人。"

宗庆后发现，"中国人的寿命在增加，但是年纪大了以后，会出现一些亚健康问题，都希望健康地活着"。为此，娃哈哈成立了生物工程研究所和中医食疗研究所。

"应该说企业必须要适应社会的不断发展，要不断创新，不断去进步才行。光看市场上谁的东西卖得好，就跟着做，可能也不行，所以我要了解消费者潜在的需求，开发出消费者所需要的产品，这样企业才会发展得更好。"

过去，宗庆后曾经不止一次地公开发言表示实体经济的重要性。但娃哈哈对网络平台的重视程度也在不断加强："保健品基本上都在网上卖，所以我们也在尝试新的渠道。"一直对其他网络平台收取利润提成的方式不满的宗庆后，也在筹划自己的网络平台。

"最近我们也准备搞一个实体经济联盟的销售平台，在这个平台上，卖的都是我们每个厂家自己的产品，给消费者以优惠，让消费者买到货真价实的优惠产品。同时也希望这些企业的员工也能成为这个平台的会员，都能够随时随地买到他们所喜欢的商品。"

网红代表

宗庆后的个人品牌对娃哈哈有着非同寻常的意义，就如同董明珠之于格力的价值。

2015年，在全国"两会"的浙江代表团全体会议上，当时担任全国人大代表的宗庆后炮轰无锡的一家媒体借着"3·15活动"索要高额赞助费，引起舆论一片哗然。

在2016年，宗庆后又对《中国经营报》记者说，企业正在面临着网络攻击。"我们每年查到的造谣事件有1.7亿次，比如喝我们的产品要得白血病、得癌症、有肉毒杆菌，再比如我们的产品可以做避孕套等很多谣言。""娃哈哈品牌基础还算好的，如果是其他品牌早就被打掉了。"

这种网络攻击一轮接一轮，宗庆后也不知道对手是谁。"我感觉奇怪，一下子所有大企业都受到攻击，而且都是国内的大企业，国外大企业就少一些。我感觉，他们就是捣乱，破坏经济，以各种名目攻击。去年和前年多一些，今年刚开年。他们的目的就是把你的企业搞乱掉。"

2016 年，恰好资本频繁对实体经济举牌。通常的做法是控制住企业之后，就进行"斩首行动"，换管理层，影响企业的战略发展，而中国的法律还存在"真空"，企业正常权利得不到很好的保护。有统计，2016 年在资本市场上"举牌"现象严重，有超过 100 次的财务投资和针对实体企业的行动。

但是，宗庆后也曾对记者表示，"我们没有对外投资的计划，同时也没有资本表示要收购我们。"

时隔一年，宗庆后再次遇到记者时，公布了答案：在对网络谣言调查的时候，也有人告诉他，谣言背后与资本收购等问题相关。"我听说，在企业被收购之前，都会受到各种谣言的攻击，这样可以被打压价格。"随着他的呼吁，网络攻击行为已经减少很多。

其实，在对宗庆后长达 4 年的采访中，他虽然语出惊人，但也一直保持着清醒的思维，通过媒体的呼吁，解决了很多实际问题。他既懂得成就媒体，也懂得利用舆论。

最近一次的语出惊人来自于宗庆后对降低个税的呼吁。他认为减税可以增加老百姓的收入，扩大内需，从而减少美国全球贸易战带来的影响。

"我认为现在的当务之急，就是要解决老百姓的收入分配问题。我们中国有 14 亿人，有人说有 3 亿中产阶级，有人说有 4 亿中产阶级，但这批人的消费已经是很难再拉动了，因为他们已经有房有车了。那么现在没有真正富裕起来的至少还有 10 亿人，这 10 亿人的消费也需要升级，他的衣食住行需求提高了。"在宗庆后的办公室内，他对记者娓娓道来。

"我认为，如果国家能够把老百姓收入再提高一些，降低点税收，把内需拉动起来，就根本不用怕什么美国的全球贸易战。在我国不出口有什么关系？因为经济最根本就是分工协作，相互交换而已。你打猎我种田，我拿大米换你的猪肉，就是这个道理。尽管现在社会发展了，但是现在这个道理依旧有用。"

娃哈哈的员工对记者透露，宗庆后对员工要求非常严格，但是对基层员工又非常关爱。"老百姓"是他在采访中经常用到的一个词汇。"住房问题、教育问题、看病问题，我觉得迟早还是要解决的。习总书记说要精准扶贫，让全国老百姓都过上小康生活，我们确实要考虑怎么样去增加老百姓收入，让老百姓生活更幸福。"在他这个年龄的创业者中，更多的是家国情怀。

师者马云：攻守江湖十九年

文／李立

"我想回归教育，做我热爱的事情会让我无比兴奋和幸福。"2018年9月10日，马云宣布：一年之后的教师节，他将卸任阿里巴巴董事局主席。

这一天是他54岁的生日，也是他创建阿里巴巴集团以来第18个纪念日。

马云退休不仅是阿里巴巴的大事，也是中国甚至全球的大事。在公众眼里，马云的身上有着亦师亦侠的性格：一方面布道理想、遍树桃李；另一方面又心藏剑锋，呼啸江湖。但马云为自己最终选择的角色是老师。

从西子湖畔苦练英文的懵懂少年到华尔街侧目的疯狂杰克，马云将阿里巴巴从无到有打造成全球最大的线上销售平台，而这一过程看起来就是一群少年侠客仗剑天涯的武林传说。

马云之后再无马云。

湖畔少年

1964 年 9 月 10 日，马云出生在浙江杭州。9 月 10 日这一天后来被定为教师节，教师这个身份也与马云如影随形。

马云出生在西子湖畔一个普通家庭。那是私营经济销声匿迹的年代，中国经济正努力从"大跃进"造成的衰退中恢复。不过马云一家的生活艰辛却快乐。他的父母都很喜欢评弹，这种起源于苏州的民间艺术形式，集说唱为一体，内容多为金戈铁马的历史演义和叱咤风云的侠义豪杰。后来人们认为，马云善言辞、极具社交才能多少受评弹的影响，江湖侠义梦也在那时隐约种进他的心里。

马云真正开始探索世界也是从西子湖畔开始。1978 年，中国开始实行改革开放，这一年马云 14 岁。热爱英语的马云每天早上起床就骑上自行车，赶到杭州饭店找外国游客聊天练习口语。后来马云回忆，常常每天早晨 5 点开始就在宾馆门前读英语，整整 9 年，风雨无阻。

后来在马云生命中扮演过重要角色的澳大利亚人 Ken Morley 一家人，也是他在西子湖畔结识的。Ken Morley 回忆起第一次见到马云，说他非常想练习口语，很友善，孩子们都被他打动了。

对英语超乎寻常的热爱成为马云打开世界的钥匙。1985 年，Ken Morley 邀请马云去澳大利亚看一看。"那次澳大利亚之行真正改变了我"，马云说，在纽卡斯尔的 29 天，在他的生命中至关重要。"回到中国，在那接下来的 10 年里，我都在想中国需要改变。"

1988 年马云大学毕业，开始在杭州电子工业学院教授英文和国际贸易，同时也在夜校教英文。为了让夜校学生更好地练口语，马云在西湖边创办了一个周三晚上的英语角，因为他发现晚上比较昏暗，大家也更放得开。夜校学生成为马云最早一批追随者，有的日后跟随他开始创业。

1992 年邓小平发表了著名的南方谈话，中国开始大步迈向"市场经济"，而商业的感召也在深深鼓动从小就不安于现状的马云。1994 年马云开始了第一次兼职创业，成立了杭州海博翻译社。海博社最主要的业务是帮人做翻译。翻译社的生存艰难，但马云英文好已经声名在外，受桐庐县委托调节一起高速公路的涉外合同纠纷，使马云有了第一次美国之行。

在西雅图马云第一次上网，这次经历给了他极大震撼，下决心回国要辞职办公司。马云也同时看到了一个新业务，帮助中国企业在网上寻找出口渠道。这些都成为他日后创立中国黄页和阿里巴巴 B2B 业务的源头。

中国黄页最终以被收购告终，这是中国互联网发展史上第一次并购交易。对于马云来说，海博社和中国黄页都是创业初期必不可少的试炼。为了推广中国黄页，马云闯荡北京，成为中国第一批为互联网鼓与呼的人。彼时他坚定地相信互联网将改变一切。

芝麻开门

1999 年杭州湖畔花园，马云创立了阿里巴巴。马云和 18 罗汉的创业故事由此成为中国当代商业史上最值得记录的一笔，也成为坊间最津津乐道的创业传奇。马云说，公司之所以取名阿里巴巴，是被"芝麻开门"的寓意迷住了，希望借此为中小企业打开一扇机会之门。

阿里巴巴最初的业务有中国黄页的影子，马云将最初的业务圈定在 B2B 业务上，但和美国类似的网站不同，他不是寻找大公司而是圈定了"虾米"，想帮中国的中小企业拓展海外生意。彼时阿里巴巴刚起步，新浪、搜狐和网易却已经在互联网浪潮中各立山头。

不过 B2B 业务注定只是马云撬开互联网商业世界的一个通道。在蔡崇信的协助下，阿里巴巴先后拿到了高盛和软银孙正义的投资，这两笔融资让阿里巴巴挺过了互联网第一次泡沫破裂。伴随早期业务扩张和与资本市场的接触，马云开始释放独特的感染力。孙正义后来被问到为何在 2000 年互联网最为危险的时刻把赌注压到马云身上，他说马云眼神里有一种光彩，表现出一种"动物的气息"，两个人第一次见面只谈了 6 分钟，就认定了彼此。

阿里巴巴的传奇故事才刚刚开始。2003 年淘宝正式上线，阿里巴巴开始进入面向 C 端的消费者电子商务市场。淘宝一上线就对阵 eBay 这样的巨头公司，不过马云的打法颇为巧妙，他有效地利用了 eBay 在中国的僵硬和低效率，以更灵活多变的本地化打法与 eBay 开战。对商户进驻的免费策略与支付宝的创建，有效地在短期内吸引了大批商户和消费者涌入。2003 年淘宝上线时，eBay 在中国的市场占有率超过 90%，两年之后形势就发生了逆转，淘宝的份额接近 60%，2006 年 eBay 退出中国市场。

eBay 和淘宝之战，成为马云创业史上重要的里程碑，他后来在接受采访时将 eBay 比喻成海里的鲨鱼，马云说自己是长江里的扬子鳄，如果在海上打我会输，如果到河里，他就输定了。

淘宝和 eBay 的中国之战，还带来了一些深远影响。和互联网巨头的对垒开始将阿里巴巴带向世

2014 年 9 月 19 日，美国纽约，阿里巴巴集团在纽交所正式挂牌交易，马云携 8 位敲钟人亮相。截至收盘时，阿里巴巴总市值约为 2400 亿美元，成为当时仅次于谷歌公司的全球第二大互联网公司

界舞台，也为它赢得了日后雅虎 10 亿美元的投资。2007 年阿里巴巴 B2B 业务在香港上市，引发了资本市场对中国互联网市场的极大关注。在阿里巴巴身后，初战告捷的淘宝和支付宝成为阿里巴巴更具想象力的故事。

疯狂杰克

马云的英文名是 Jack Ma，Jack 的英文名还是当年在西子湖畔练英文时，一个美国游客帮起的，不过马云日后就是凭这个名字闯荡世界。2014 年 9 月，阿里巴巴集团在纽约证券交易所上市，马云的事业如日中天。时代周刊给马云起了个绰号——"疯狂杰克"。

彼时的阿里巴巴已经不再是当初在香港上市的单一的业务群，阿里巴巴构建

了包括淘宝、天猫和 B2B 业务在内的电子商务综合业务体系。支付宝为代表互联网金融服务和菜鸟网络搭建的物流体系与核心的电子商务平台共同构成阿里巴巴电子商务生态的雏形。

这正是马云的疯狂之处，他的心中藏着一个无边界的商业版图。他有效地捕捉到互联网进化史上每一次微妙的变化，果断地衍生出新的版图。从 B2B 业务起步，与 eBay 一战，淘宝占据了个人线上消费市场的绝对优势，从淘宝孵化出的天猫帮助阿里巴巴拿下了 B2C 市场的主导地位。在大力推进线上生意的同时，马云和他的团队围绕线上消费的痛点，又开辟了支付宝和菜鸟的物流网络。

"疯狂杰克"的扩张看似没有界限，每一次业务扩张的边界其实都是针对如何有效提高线上交易的效率和优化消费者体验。马云开始成为阿里巴巴最行之有效的代言人和宣传工具。年少时苦练英文的经历帮到了他，他可以游刃有余地在中英文之间切换，最直接地和西方世界对话。在美国上市，让阿里巴巴真正成为一家在全球资本市场上起舞的中国互联网公司。

马云超凡的口才和感召能力让他成为明星，而不仅仅是阿里巴巴的代言人。他开始出现在各种场合，金句频出。这些金句来自于他个人的创业经历总结和对形势的大胆预言与直接判断，他的演讲最打动人心的部分在于接近真实的梦想色彩。比如他最喜欢说的，"今天很残酷，明天更残酷，后天很美好，绝大多数人死在明天晚上看不到后天的太阳"，他鼓励创业者要坚持"看到后天的太阳"，他也说，"梦想还是要有的，万一实现了呢"。

马云和他的团队被记入商业史的另一个创新是天猫"双 11"，已经确认接棒马云的阿里巴巴现任 CEO 张勇创造了"双 11"。这个从无到有的消费节日，现在已经演变成一年一度全球性的狂欢节。从 2009 年首届"双 11"，27 个品牌参加，最终销售额 5200 万元，到 2018 年"双 11"最终 2135 亿元交易额，背后恰好印证了阿里巴巴的成长。

业务快速扩张背后是马云创造了独特的阿里巴巴。他身体里某种为梦想竭尽全力的疯狂色彩，成就了阿里巴巴。儿时心中种下的江湖梦投射到公司身上，马云希望公司更像一个吸纳各方高手，紧密相连却气氛自由的侠义江湖。这种独特的公司文化与硅谷如此不同，带着浓厚的中国味道。每个进入公司的员工会给自己取一个花名，彼此以花名称呼。马云给自己选的名字是风清扬——金庸小说《笑傲江湖》里的绝世高手，无招胜有招。

"我总觉得对很多东西充满好奇，充满想象"，作为一个处女座马云说自己总是求完美，想改变。改变的另一面，是疯狂杰克一直在尝试让自己慢下来。马云喜欢太极，曾经跑到河南陈家沟，师从陈式太极第十九代代表人物王西安学习太极。他也在公司里推广太极，尝试让员工体会阴阳与合、动静快慢的深意。

在电影《功守道》中，马云和李连杰、甄子丹等一众高手过招，一圆儿时梦想。在这部风波不止的江湖片中，主题曲里马云却有一句，"沧海一声笑，万籁俱寂，风萧萧日落潮退去"。

看见世界

如果说儿时苦练英语的经历帮助马云比同龄人更早地打开了世界的大门，卸任阿里巴巴 CEO 之后，马云开始更频繁地周游世界。他开始从管理公司的琐碎事务中抽身，真正把阿里巴巴放到更广阔的世界里思考未来。

据马云身边的工作人员统计，2016 年，马云飞行 870 小时，到访 33 个国家和地区，与超过 40 个国家政府的高级官员见面，2017 年马云的飞行时间超过 1000 小时。密集飞行的背后，是马云向全世界不遗余力地推广 e-WTP 和互联网新经济。伴随他的环球之旅，更多的全球中小企业想搭上阿里巴巴的快车到中国市场一探究竟。

俄罗斯总统普京、美国前总统奥巴马、新西兰前总理约翰·基、比利时国王菲利普、哈萨克斯坦总统纳扎尔巴耶夫等国领导人都曾是马云的座上宾。同时，他们也是 Jack Ma 的朋友，和他一起热烈探讨全球中小企业的发展问题。墨西哥总统恩里克·培尼亚·涅托也是马云的老朋友，在中国参加金砖国家领导人会晤期间特意绕道杭州和马云叙旧，两个人已经是两年内三次见面。同样和马云保持高频率会面的还有泰国总理巴育、意大利史上最年轻的总理伦齐，在伦齐看来，马云是真正好的企业家，有着创造未来的能力，而不是默默等待。

密集的全球旅行使马云遍交天下好友，这与他积极推动的 e-WTP（全球电子贸易平台）相关。每到一地马云总会给他的新老朋友宣讲他的 e-WTP 梦想，通过互联网创造的新实体经济，促进普惠贸易发展，支持全球 80% 的中小企业进入全球市场并让消费者受益。在这个过程中，中国和阿里巴巴扮演着至关重要的角色。马云总是一针见血地指出中国代表的巨大机会。"没有任何一个国家像中国一样拥有 3 亿人口的中产阶级，未来 5 年内这个人数将超过 5 亿，他们对高质量的产品有旺盛的需求，这对企业来说意味着巨大的机会。"

2000 年 9 月 10 日杭州西子湖畔将举办一场别开生面的网络峰会，参加者有新浪 CEO 王志东、搜狐 CEO 张朝阳、网易董事长丁磊、8848 董事长王峻涛和阿里巴巴总裁马云（右一），主持人则是金庸

在马云频繁的全球之旅行背后，不仅是阿里巴巴快速推进的全球化。跳出琐碎的日常管理工作，马云也开始更宏观地为公司设计未来。2016 年 10 月，马云提出了新零售、新制造、新金融、新技术、新资源的"五新战略"。这是中国企业家第一次提出"新零售"概念，新零售是中国目前最流行的公共概念之一，线上线下重新整合的商业变革运动正在进行。

在熟悉马云的人士看来，这个阶段的马云已经跳脱创业早期单纯地为阿里巴巴宣讲，开始自然而然地流露出家国情怀，站在一个更开阔的视野上为中国、为中小企业鼓与呼。

在接受央视采访谈到支付宝上市时，马云说，我们确实努力了，但努力不可能让我们变成这样的规模。没有国家高速的经济发展，没有改革开放的政策，就没有今天的阿里。"这不是套话，我自己觉得我是邓小平改革开放政策最大的受益者"。

"有家国情怀和世界担当，阿里才会赢得尊重"，马云说。

马云是马云　我是我

回到"退休计划"，马云表示十年前他就开始准备这一天的到来。

"我还有很多美好的梦想。大家知道我是闲不住的人，除了继续担任阿里巴巴合伙人和为合伙人组织机制做努力和贡献外，我想回归教育，做我热爱的事情会让我无比兴奋和幸福。再说了，世界那么大，趁我还年轻，很多事想试试，万一实现了呢?!"在马云的设计中，阿里巴巴以外值得尝试的事情还有那么多：教育、扶贫、环保、公益……都会是他希望从事的。

发出公开信的五天前，马云在 XIN 公益大会的教育分论坛上谈到了归隐之意。"我进入商界完全是误打误撞，本来就想玩两年，没想到一搞搞了 20 年"，马云说，"最后还是会回到当老师这一行，我能够得心应手"。

在一场小范围的演讲上，马云有一个看似不经意的举动，他突然指了指旁边，"马云是马云，我是我。那个马云是你们想象中的人"。此刻的舞台上，仿佛还站着另外一个马云。那是身经百战的马云在无数次演讲中，少有突然抽离的瞬间。几分钟后演讲结束，掌声潮水般响起，马云走下舞台，和身边的人微笑握手，快速消失在门口。

刘永好：新希望的希望

文／党鹏

"埋头拉车、抬头看路、仰头看天。"谈起自己创业 36 年的感悟，新希望集团董事长刘永好接受《中国经营报》采访时，用这 12 个字做了分享。

自从 1982 年被三哥刘永美（即陈育新）动员，放弃铁饭碗投身于养殖业至今，67 岁的刘永好已然在中国农业产业的发展道路上摸爬滚打了 36 年。在 2017 年，新希望集团营收超过千亿元。

"言行美好"，加上妹妹的"红"，刘氏兄妹五人的名字明显打上了 20 世纪四五十年代的烙印，也寄托着父母美好的期望。刘永好曾解释说，他们兄妹几个出生前，父母就把名字定下来了，无非是期望他们会说话，能做事，心灵美。

"我四弟刘永好的名字最好，永好嘛！"陈育新此前在接受《中国经营报》采访时，曾如此感慨着说。回顾 30 多年来兄弟们拼打出的这一番事业，总结的要诀是八个字：兄弟有情，平稳发展。

《中国经营报》记者第一次采访刘永好，则是在 1998 年举行的"首届四川省大学生创业大赛"上。当时，作为"80 后"的刘畅留着短发跟在父亲的身后，略显腼腆。如今，刘永好已经将自己的事业交棒刘畅，一个多元化的大型民营企业集团在改革开放的大路上，基业长青。

打破"铁饭碗"创业

1978 年，中国改革开放的序幕就此拉开，农村家庭副业、集贸市场等得到恢复。此时，刘永好兄弟四人陆续从大学和大专毕业后，被分配在学校、政府机关等单位工作，捧上了"铁饭碗"。

1979 年，刘氏兄妹的父亲刘大墉，临终前反复叮嘱儿女要好好把握机会，这让兄弟四人时刻想着"如何自己做点事情"，创业激情与日俱增。

刘氏兄弟的第一次尝试是与之前下乡插队时待过的顺江公社七大队三中队合作开办电子厂，生产无线电设备和音响。但由于公社书记认为这是走资本主义道路，第一次创业计划被迫终止。

1982 年底，从四川农学院毕业，分配在新津县农业局工作的陈育新（因刘家儿女多、家贫，刘永美幼时过继给一陈姓木匠家庭），看到同县"番茄大王""养殖大王"等专业户迅速发家，按捺不住内心的冲动，给县里和农业局领导写了一份"申请停薪留职发展专业户"的报告，回到当年还未通公路、没有电灯的顺江乡，创办育新良种场，搞起鹌鹑养殖。此时，距离他端上"铁饭碗"刚刚半年时间。

很快，他又动员均有公职在身的其他三兄弟（刘永言在成都 906 厂计算机所、刘永行在新津县教育局，刘永好在四川省机械工业管理干部学校）"下海"，希望集团由此起步。

与此同时，后来崛起的四川其他民营企业家，诸如福布斯富豪、通威集团董事局主席刘汉元，还默默地在四川眉山县一个水库里养鱼，苦苦思索规模化生产之路。直到 1984 他才赚取了人生的第一桶金——1950 元，当时他年满 20 岁。号称中国鸡精行业创始人的严俊波，那时只是四川大凉山深处不为人知的普格县一家小农机厂的厂长，1985 年年方 27 岁的他有机会出国考察，第一次知道何为"鸡精"，回来后才踏上了创业之路。

改革开放之初，任何新鲜事物几乎都势不可挡。刘氏兄弟的鹌鹑生意火爆异常，引起连锁反应，据希望集团老员工回忆，"不少政府干部都在自家阳台上养鹌鹑，整个新津都是鹌鹑的味道"。没过多久，新津县成为全国最大的鹌鹑养殖基地。

刘氏兄弟当初投入的 1000 元，像滚雪球一样，第一年就变成了 3000 元，第二年变成 1 万元，到 1987 年，他们靠养鹌鹑总共赚到了 1000 万元。

随着养殖规模的扩大，新津成了全国闻名的鹌鹑养殖基地，鹌鹑蛋销往全国及周边国家和地区，最远销售到俄罗斯。刘氏兄弟建立起从培育鹌鹑良种、研制饲料配方、养殖技术、孵化保温、鹌鹑蛋采集、包装、运输等一整套鹌鹑产业链，同时探索出了"公司+农户"的现代农业发展雏形。

回忆起这段创业时光，刘永好感叹说，虽然经历了各种酸甜苦辣，但改革开放的环境也带来了巨大的发展机会，当然，这中间更少不了政府决策者的坚定支持。刘永好举例说，在后来"姓资姓社"的争论中，工厂一度因为雇工超过 100 人面临强制关闭的命运。当时兄弟们协商把企业交给国家，期望交由自己管理。好在新津县领导没有同意，希望集团才得以持续发展。

"快半步"发展理论

刘永好曾对新希望集团的发展总结过一个精辟的"快半步"理论："我们顺潮流而动，略有超前。你不超前，你就没有机会；但步子太快了，有可能踩虚。所以要快半步，这就能进能退。进，走在前；退，不湿脚。"这样的管理哲学，一直贯穿于刘永好的经营理念之中，持续至今。

这一结论，最早源于由刘氏兄弟在新津县引发的鹌鹑养殖热潮。

在 1986 年，新津县的鹌鹑养殖业从"发热"变成"发烧"，这个今天也只有 30 余万人口的成都郊县，在当年最高峰时，鹌鹑养殖量达到 3000 万只，养殖利润已经出现明显下滑，如果养殖规模继续膨胀，市场很可能因产量严重过剩而崩盘。

陈育新后来回忆说，那时兄弟们身处旋涡的中心，不得不谨慎考虑。他担心，鹌鹑养殖毕竟只是一个小产业，市场容量有限，如此发展下去，局面可能难以收拾。

刘永好的三哥陈育新、妹妹刘永红

对蜂拥而上的大小养殖户多次"规劝"无效后，1986年刘氏兄弟公开散发一篇《告全县人民书》，提醒同行们注意"过剩"风险，同时毅然宰杀育新良种场的10万只鹌鹑。此举让他们至少少赚100万元，这无疑是一个非常艰难的决定。由此，经历一番波动之后，鹌鹑养殖规模得到了控制，步入正轨。

同年，时任国务委员的宋健同志到育新良种场视察，为其题词"中国经济振兴的希望寄托于新型的社会主义企业家"。这就是后来企业名字中"希望"一词的来源。

时隔多年，陈育新仍然坚信，那不是损失，而是必要的成本，如果当年他们坚持赚这100万元，恐怕就没有后来的希望集团了。"这是我们兄弟几个第一次思考企业发展如何与产业环境相协调，怎样保证企业家'安全'的问题。"陈育新说。

在1987年，当中国第一家外商投资企业"正大康地"的猪饲料源源不断地涌上深圳码头，刘永好敏锐地捕捉到背后的信息，将企业全面转向饲料行业。随即，"育新良种场"更名为"新津希望饲料厂"。1988年，他们投资200多万元与四川农业大学合作建立了希望饲料研究所。1989年，希望饲料研究所自主研发出"希望一号"乳猪配方饲料，并最终成为饲料行业的引领者。

此后，刘永好带领的新希望集团走上多元化的发展道路，参与创办民生银行、进军乳业、走出国门、收购六和……每一个脚印都贯穿着"紧跟潮流快半步"的创新理念。

分家探索企业改革

1992 年，邓小平南方视察和党的十四大确立"社会主义市场经济体制的改革目标"，进一步解放思想，让改革开放的"步子"迈得更大一点。此时，刘氏兄弟的饲料厂也遇到了家族式企业发展的瓶颈——因兄弟们占据关键岗位而管理人才储备不足问题。企业不改革，就难以突破发展瓶颈，获得大发展。

1991 年 8 月 10 日，四兄弟在成都注册成立"成都希望有限公司"，陈育新出任董事长兼总经理。1991 年底，新公司的发展速度远远超出了他们的预期，销售额首次突破了 1 亿元大关，同时完成利税 1000 万元。

1992 年，刘氏兄弟第一次明晰产权，均分原有资产，然后按各自兴趣分头第二次创业。此后三年里，希望集团开始在全国布点，兴建与收购饲料企业。1995 年，刘氏兄弟再次分家，希望集团不再作为兄弟四人着力发展的共同平台。

后来，刘永好在其传记《藏锋》中，披露了兄弟们两次分家的细节。

针对 1992 年的第一次分家，当时刘氏兄弟四人对外口径一致："不是分家，是明晰产权。"那一次确实还不是严格意义上的"分"，唯一的资产新津希望饲料厂，依然是四人共有的，并委托给三哥陈育新管理。

1995 年第二次分家，实际上是刘永行和刘永好两人之间的事。大哥刘永言和三哥陈育新的企业，虽然仍属于广义的希望集团之列，但希望集团的主要资产是刘永行和刘永好各自创办的公司注入的。当时刘永行坚持要分，其他三兄弟及妹妹刘永红却都不赞同，局面一度陷入僵持。

这一次，是四兄弟创业以来少有的摩擦碰撞。最终刘永好决定让步，按刘永行提出"一人一半"的划分原则，大致以长江为界，一南一北，刘永行开拓东北区域，刘永好开拓西南区域，各自拥有 13 家工厂，陈育新则负责在成都的"老基地"。当时中国规模最大的民营企业，价值数亿元的资产，一夜之间一分为三。后来刘永好的南方希望，也就成为今天新希望集团的前身。

1995 年之后，刘永行的东方希望启动多元化投资，先后进入房地产、乳业、餐饮等领域，刘永好则涉足金融业。兄弟之间保持默契，拓展不同行业，避免业务冲突。尽管后来在饲料、房地产等领域有所交叉，四兄弟都不再多谈有关话题。

如今，老大刘永言的大陆希望，已成为集能源、化工、建筑、旅游及金融投资于一体的多元化综合性集团，老二刘永行的东方希望，从饲料行业向建筑材料、有色金属不断延伸，他本人则是国内百富榜前十的常客。

经过 20 多年的发展，刘永好带领的新希望集团，已经建立起以亚洲和非洲为中心，遍及欧洲、北美洲、大洋洲的产业布局，在海外 30 多个国家和地区进行投产、筹建、投资的公司已经超过 50 家，总投资超过 100 亿元，全球员工 7 万余人。

陈育新和他的华西希望虽然不事张扬，但实力同样雄厚。公开资料显示，该集团主攻农牧业，涉足零售、教育、旅游等多个领域，目前拥有全资、控股及参股企业 100 多家，员工总数超过 12000 人。

在陈育新眼中，拥有多项技术专利的大哥刘永言，是"科学家型的企业家"，兄弟们遇到化工之类的专业问题，往往都先要咨询他。二哥刘永行在几兄弟中公认是最能干的，敢想敢做，非常勤奋。陈育新回忆说，早年他们一起养鹌鹑时，最难的就是催收欠款，但二哥一出马，通常很快就收回来了。至于小弟刘永好，企业管理实务方面或许稍逊于二哥，但对外关系上，处理得非常得体，不能不承认那又是一种能耐，所以他才是"永好"。

"交班"后的新希望

刘氏四兄弟中，大哥刘永言现年 73 岁，二哥刘永行 70 岁，比陈育新仅小 1 岁的刘永好，2018 年 9 月也 67 岁了。

查询启信宝系统发现，大陆希望集团如今的大股东是刘海燕（持股 97.9%），东方希望的大股东为刘相宇（间接持股 80%），华西希望大股东为陈育新（持股 60%）。有熟悉刘氏家族的人士透露，除了华西希望之外，其他三兄弟的企业实际上都已经交班给了自己的子女，只是刘海燕和刘相宇为人低调，而且已经移民，很少抛头露面。

在此之前，记者采访陈育新时他表示，两个女儿都在国外生活，他更注重培养职业经理人。陈育新说，不管是子女，还是职业经理人，主要看哪种选择对企业的长远发展最有利，不一定非要家庭成员接班。

在刘氏兄弟的交班过程中，刘永好女儿刘畅的接班备受关注。此外，刘永好的儿子如今已经年满 18 岁，正在读书的他近两年被刘永好偶尔在小范围提及和赞赏，对外称儿子经常坐经济舱，同时热心于公益慈善，显然刘永好正在着力培养这个新的家族接班人。

如今，出生于 1980 年的刘畅已经初为人母，同时也担任着新希望集团（SZ000876）董事长。新希望由南方希望实业有限公司持股 29.08%，新希望集团持股 23.71%，这两家集团则由刘永好家人控股。

2011 年，31 岁的留美海归刘畅当选新希望集团团委书记，这是被外界看作接班刘永好的第一步。随后，刘永好在新希望六和股份有限公司设置了联席董事长的治理模式，在刘畅担任董事长一职之外，由陈春花担任联席董事长兼 CEO。2016 年 5 月，陈春花离职之后，刘畅开始独挑新希望的大梁。

刘永好和女儿刘畅参加 2011CCTV 年度经济人物揭晓

在此后的两年中，刘畅在新希望开始了自己大刀阔斧的改革，并提出打通整个农牧业产业链的战略。为此，2016 年刘畅投资设立了 35 家公司。事实上，接班近 5 年，刘畅带领新希望开始积极转变战略，推进创新与变革，如淘汰落后产能、优化产品结构，还推动渠道多元化发展和国外市场的布局。

如今，刘永好家族除了持股新希望、华阳创安（SH600155）、民生银行（SH600016、HK01988）之外，新希望乳业在 2018 年 9 月 27 日也正式 IPO 过会。此外，新希望还持有 30% 新网银行股份，从银行、保险、信托、券商到垂直产业基金，新希望的金融版图日益庞大。

"实际上，传承不是传给一两个人，不是单单传给自己的儿女，更要传给一帮年轻人，就是这样一个安排。"刘永好向《中国经营报》表示，通过靠一批年轻人和合伙人的共同努力将新希望集团打造成为一个合伙制的、利益共享、有担当的企业。

对于新希望集团的未来，刘永好的愿景是：成为一个过千亿的、以农业为主的集团化企业，并坚定在农牧业进行深耕。"社会在进步，在发展，希望新希望再过 40 年还继续存在，不要倒下去，成为世界级的农牧企业。"

张瑞敏：『以时代为是，以自己为非』

文／张家振
石英婧

"我今天特意戴了这条领带，上面写满了方程式。我希望大家和我一起来解方程式。" 2018 年 9 月 20 日，在由加里·哈默管理实验室（MLab）和海尔集团联合主办的"第二届人单合一模式国际论坛"上，海尔集团董事局主席、首席执行官张瑞敏指着自己的领带说道。

这条领带对于众多关注、关心海尔集团发展的人来说并不陌生。在公司年会、对外演讲和接受采访时，张瑞敏经常戴着这条领带，分享自己的思考成果。

13 年间，张瑞敏求解的"方程式"历经演化，已从"人单合一"升级为生态圈、生态收入、生态品牌共同构成的"三生"体系。

1984 年至今的 34 年时间里，海尔集团已经从最初的年销售收入 348 万元、亏损 147 万元的小厂发展成为全球家电巨头。2018 年 1 月，欧睿国际公布的数据显示，海尔以 10.6％的品牌份额第九次蝉联全球大型家用电器品牌零售第一，目前品牌估值为 2900 余亿元。

张瑞敏，这位共和国的同龄人，一度被各界尊崇为中国的管理教父，正带领着在改革开放中成长起来的民族企业——海尔集团，在新时代找寻新的方向。

从"砸冰箱"到"砸组织"

首都北京，东长安街 16 号。在与人民大会堂对称布局的中国国家博物馆里，一把文物收藏编号为"国博收藏 092 号"的生铁锤，诉说着 1985 年 12 月青岛电冰箱总厂厂长张瑞敏带头砸毁 76 台不合格冰箱的过往。

此时，距离张瑞敏临危受命出任海尔集团前身——青岛电冰箱总厂厂长不过一年多的时间。

1984 年，34 岁的张瑞敏走马上任，等待他的是一家名叫"电冰箱总厂"的企业，但当时不过是一个只有 800 多人的街道集体小厂和"难看"的财务报表：年销售收入仅 348 万元、亏空却达 147 万元。一年后，张瑞敏砸掉了库房里的 400 多台冰箱中有缺陷的 76 台。这个略带传奇的故事经过媒体的传播让人津津乐道，也成为海尔强控产品品质的发端。

仅仅三年后的 1988 年，海尔人捧回了我国冰箱行业的第一块国家质量金奖，张瑞敏"注重企业管理、注重产品质量"的企业家形象从此深入人心。

2002 年 10 月 22 日，以张瑞敏砸冰箱为题材的电影《首席执行官》被搬上银幕。在电影中，著名导演吴天明原封不动地引用了张瑞敏的质量宣言："有缺陷的产品就是废品。把这些废品都砸了，只有砸得心里流血，才能长点记性。今天不砸了这些冰箱，将来人家就会来砸咱们的工厂。"

1991 年 12 月 20 日，海尔集团正式成立，一个从无到有、从小到大、从弱到强、从国内迈向全球的品牌开始萌芽并成长于黄海之滨。以此为起点，海尔多元化战略、国际化战略、全球化品牌战略和网络化战略次第落地，在变革与自我颠覆中屹立至今。

1992 年 1 月 19~23 日，改革开放总设计师、88 岁高龄的邓小平南下视察深圳，并留下了"中国解决所有问题的关键是要靠自己的发展，发展才是硬道理"

"思想要再解放一点、胆子要再大一点、发展步伐要再快一点"等改革名言。

春风劲吹之下，海尔集团也走上了"全面重塑，脱胎换骨"的二次创业之路。1995年在将总部搬迁到海尔工业园的同时，通过兼并红星洗衣机厂、合肥黄山电视机厂等18家企业，海尔集团的产品也快速拓展到洗衣机、空调、热水器等白色家电领域。

"砸冰箱是为了提高人的素质，是'上下同欲'的拼搏精神在质量上面的一个体现。"回望最初的名牌化战略之路，张瑞敏表示，要干成事业必须有一种创业拼搏精神，同时还要顺应时代的步伐，"没有改革开放这个温度，再好的鸡蛋也孵不出小鸡来。"

与砸冰箱同样为人称道的还有海尔集团全新管理模式的变革：砸碎组织，推行"人单合一"模式。

2005年9月20日，张瑞敏首次提出"人单合一"的模式，在战略、组织和薪酬三方面进行了颠覆性探索，希望打造出一个动态循环体系和共享式创业平台。"人"就是员工，"单"就是用户，员工永远和用户需求靠在一起。

具体来说，在战略上，建立以用户为中心的共创共赢生态圈，实现生态圈中各攸关方的共赢增值；在组织上，变传统的封闭科层体系为网络化节点组织，开放整合全球一流资源；在薪酬上，由企业定薪转为用户付薪，员工价值与创造用户价值对应。显然，"砸组织"要比"砸冰箱"更加艰难。在张瑞敏看来，当年砸了冰箱，现在砸了组织，砸组织这个举动比当年砸冰箱要艰难得多，而且意义也深远得多。但两者在思维上是一脉相承的，那就是以用户为中心。

通过组织结构的网络化变革，让企业变成一个开放的创业平台，海尔集团在付出了去掉1万余名中间层代价的同时，也把全世界最好的资源连接起来。由于海尔在模式转型过程中坚持去中心化、去中介化、去"隔热墙"，公司在册员工比最高峰时减少了45%，但创业平台为全社会提供的就业机会超过160万人次。

"改革开放四十年最大的成就是什么？是生产力的极大提高，但本质是对人的积极性的解放。"张瑞敏表示，"人单合一"就是要每个人把自主作用充分发挥出来，以共同面对时代巨变，在时代变迁中持续引爆和引领。

"让每一个人都成为张瑞敏"

位于青岛市崂山区海尔路 1 号海尔工业园的海尔董事局大楼，呼吸式幕墙勾勒出海浪、风帆的意象，也衬托出海尔深厚的企业文化内涵。张瑞敏的办公室就在这栋给人无限遐想的波浪状外形的大楼里。

大楼前方，一个巨大的不锈钢雕塑——水滴，取自《道德经》"上善若水，水善利万物而不争"的比喻，也向外界传达着海尔的价值诉求。

张瑞敏解释称，世间万物离开水都不能生存，但水从来不会说我滋养了你，我要索取什么。其实企业就是这样，你只是为了促进社会进步，你还想索取什么呢？"这样的价值观非常重要，如果离开这点，企业一定会走上不归路。"

就在他的办公室里，长期摆放着一张照片。照片中一艘巨轮正在倾覆，标题是《企业为什么失败》。曾经辉煌的诺基亚、摩托罗拉、柯达的衰败，昭示着企业不可能依赖一成不变的技术或产品实现永久的成功。

对于张瑞敏来说，他要提前预防大企业病，从公司治理转向人的激励，以唤醒企业的时代感和人的创造力，"让每一个人都成为张瑞敏"。

"大企业的问题就是没有解放人性，把人看成一个个执行者，一个个螺丝钉。"张瑞敏表示，我的办法是首先相信他们都会比你好，然后把所有权力都给他们。我手里的权力就三个：决策权、分配权和用人权。我把这三个权都给他们，如果不行，没关系，我是开放的，行的进来。

据了解，工业革命以来，企业界有两大成功模式的探索者，一个是福特，后来变成丰田，从体系上讲福特是流水线，丰田是产业链。从流水线到产业链，再往前进应该就是生态圈，变成一个生态系统；从人的角度，福特就是"经济人"，丰田是"社会人"，而海尔要做"自主人"。

"每个人都希望得到别人的尊重，每个人都希望体现自身的价值。这是最重要的。"在张瑞敏看来，大企业转型，全世界都在探索，都在"摸着石头过河"，但现在都摸不着这个石头。海尔虽然也没有完全解决问题，但是摸到了石头，这个"石头"就是让每个人自主。

　　而实现每个人自主目标的路径即为海尔集团探索施行近 6 年的网络化战略，给每个人创造一个机会。2012 年 12 月，张瑞敏宣布海尔集团进入网络化战略阶段，打造一个网络化的企业，通过企业平台化、员工创客化和用户个性化，把海尔变成"企业无边界、管理无领导、供应链无尺度"的开放创业平台。

　　据了解，海尔集团的转型是基于对"人单合一"模式的探索而展开的。从 2005 年 9 月 20 日首次提出"人单合一"，这个模式也在不断地迭代升级。"人"是开放的，不局限于企业内部，任何人都可以凭借有竞争力的预案竞争上岗；"单"指用户价值，是"抢"来的，是引领和动态优化的，最终目的是实现共创共赢生态圈的多方共赢增值。

　　"其实每一个人都可以伟大，只不过是你没有给他这个土壤。"张瑞敏表示，对于员工来讲，我的任务是希望给他创造一个可以自我创新的平台，也就是说，海尔不会给你提供一个工作岗位，但会给你提供一个创新机会。

　　数据显示，截至 2018 年初，在海尔共享式创业平台上聚集了 2500 个创业项目，4300 多个创业创新孵化资源，海尔在全球 9 个国家共建立了 24 个孵化器，为创客提供了丰富的创业资源。

　　几度探索之下，张瑞敏也对互联网时代的企业家精神有了更深的见解：能否创造一个不断涌现的"创业家生态圈"。按照他的观点，未来的企业家精神"并不是意味着你本身具有那种精神，而是你可以让所有人都可以拥有这个精神"。

以时代为是，以自己为非

　　2017 年海尔集团全球营业额实现 2419 亿元。

　　据世界权威市场调查机构欧睿国际（Euromonitor）发布的 2017 年全球大型家用电器调查数据报告显示——中国海尔以 10.6% 的品牌份额位列榜首，这也是海尔第 9 次蝉联全球第一。目前海尔在全球拥有 10 家研发中心，108 个制造工厂，66 个营销中心，海外生产海外销售占比 56%，其中冰箱产品海外生产占比达到 70% 以上。海尔已经成功进入 100 多个国家和地区，成为当地主流品牌。2017 年海外收入占比超过 40%。

不过，在成绩面前，执掌海尔集团近 34 年的张瑞敏说得最多的却是——没有成功的企业，只有时代的企业。

"永远没有成功这个词，因为所谓的成功只不过是踏准了时代的节拍。但时代在不断变化，任何企业和个人都不可能永远踏准时代节拍。"在张瑞敏看来，必须跟踪、遵循时代的变化，而不可能要求时代适应自己，简言之就是"以时代为师、为是，以自己为非"。

这来源于张瑞敏自始至终的忧患意识。早在 20 世纪 90 年代初，海尔首次跻身全国十大驰名商标之时，张瑞敏就开始思考：下一步的挑战在哪里？下一步的困难在什么地方？因为他相信，市场和体育赛场一样，所有的第一名都是被自己打败的。

第一个研究出数码相机的柯达以及手机行业巨头诺基亚、摩托罗拉逐步走向式微的悲剧就在眼前。"每个企业都面临着这个抉择，是自杀重生，还是被杀出局。"这是张瑞敏的企业生死观：每一个成功者的背后都潜伏着失败的危机，要想长盛不衰，只有学"不死鸟"，自我革新，再赢一次。

"以自己为非"不断实现自我革新，也成为了贯穿海尔集团发展历程的"不二法门"。从最初的"日事日毕、日清日高"的"日清工作法"到"斜坡球体理论"，从"激活休克鱼"到"人单合一"，张瑞敏就像一个孤独的探索者，逢危见机，在自我颠覆中不断前进。

其中，探索时间最长、影响最深远的是"人单合一"式的网络化组织变革。现在的海尔集团已经不再是层级结构，而是变成一个创业的平台，有上千个创业公司在平台上运作。组织去掉层级之后，很重要的一步就是把薪酬制度改变，过去是企业付薪，现在变成用户付薪。

"海尔目前在全球有 7 万多员工，过去最多的时候达到 11 万人。变革最大的时候我们把 1 万多名中层管理者去掉，有两条路可以选，要么创业，要么离开。"张瑞敏解释说，"我们从 2005 年提出人单合一的概念，一直探索到今天，13 年的时间虽然经历了很多曲折，但终于开始见效了。"

在张瑞敏看来，一个企业在瞬息万变的时代面前，要具备美国经济学家大卫提斯提出的动态能力。所谓动态能力，就是更新核心竞争力的能力，企业核心竞争力应随着时代的变化而改变，如果不能自我颠覆就会被时代颠覆。

禅宗里有一句话："凡墙皆是门。"张瑞敏读到此处，曾写下这样的读书笔记：只要你创新，所有竖在你面前的墙都可以通过，如果不能创新的话，即使在你面前是一扇门也过不去。让外来管理思想适合中国国情是如此，应对网络时代的管理挑战亦是如此，调适企业的商业模式还是如此。

颠覆创新，凡墙皆是门；因循守旧，凡门皆是墙。

只有创业　没有守业

"创业与守成孰难？"这个曾萦绕唐太宗内心多年的问题，也是张瑞敏一直思考的命题。如何将海尔打造成百年老店，成为基业长青的卓越企业？

在历经对全球商业模式的研判，以及领略全球领先商业思维的碰撞之后，张瑞敏给出的答案是，如果把创业和守业割裂来看就永远没有正确的答案，唯一的出路是只有创业没有守业。"对海尔来讲，只有创业没有守业，如果变成守业是守不住的，只有永远的创业，永远在路上才有可能把事业做大。"

这并不是张瑞敏第一次思考这一命题。早在 1995 年，他就写过一篇很短的文章《海尔只有创业没有守业》。在他看来，创业精神的天敌是自己曾经成功的经验和思维定式。

2014 年，海尔迎来创业 30 周年之际，张瑞敏再次挥笔写下了自己的思考——历经三十年的创新发展，我们追上了曾经奉为经典的榜样，同时也失去了可资借鉴的标杆，面对新的挑战，我们剩下唯一没有被时代抛弃的武器是永远的"两创精神"：永远创业，永远创新。

近年来，在探索"人单合一"模式的基础上，张瑞敏将创新的发力点放在了基于物联网时代的"三生"体系打造上。这一由他首创的"三生"体系，是物联网时代管理范式人单合一模式的理论成果，契合着物联网发展的特点。

具体而言，生态圈对应着社群经济，其以社群用户为主体，通过搭建触点网络创造用户体验迭代，实现创造价值与传递价值合一；生态收入对应共享经济，其让生态圈中的各攸关方共享自创的用户体验增值，以此良性循环，让生态增值代替单一的产品价值；生态品牌则对应体验经济，其目标是感知用户传感的需求，即时创造用户体验升级，直至终身用户。

从消费角度来看，随着经济的发展，中国家庭各类消费支出在消费总支出中的结构升级和层次提高，衍生出更多智能化、高端化、个性化、品格化的需求，"消费升级"随处可见。其中，大众对智能化、科技感的消费诉求也越来越高。

例如，在"三生"体系中，洗衣机将不是单独"我满足你"形式的洗衣机，洗衣机联合了2000多家服装品牌、洗涤剂品牌等，共同给用户提供一个全方位的解决方案。这就形成了生态收入。

在张瑞敏看来，生态圈是必要条件，生态收入是充分条件，生态品牌是追求目标。"三生"体系之所以能够颠覆传统，很重要在于其以"人单合一"模式为基础平台，并契合了物联网时代社群经济、共享经济和体验经济的特点。

张瑞敏希望，基于"人单合一"模式的"三生"体系将成为全世界第一个引爆的物联网范式，"物联网引爆总归是要到来。如果我们不引爆，其他人也会引爆。"

凡是过往，皆为序章。在张瑞敏的创新之路上，没有成功的终点，只有不息的变革。

文／于东辉

1978 年，段永基和这个国家一起走进命运的转折期。

这一年，32 岁的段永基考上了北京航空学院的研究生，在此前 8 年的时间里，他是北京 176 中学的一名老师。

毕业于清华大学的段永基自称只上过 10 个月的课，其余的时间都"搞文革"了。考上"北航"的研究生对于他的意义不只在于"补课"，那更意味着拿到了一个更稳固的"铁饭碗"。学成后他被分配到航天部 621 所，并在不长的时间里做到了研究室副主任的位置。

然而段永基并没把自己的一生贡献给祖国的航天事业，他之后的职业生涯都紧紧和一个叫"中关村"的地名联系在一起。

创业：四通与新浪

1984 年，中国科学院的万润南、沈国钧等人向北京市海淀区四季青乡借了 2 万块钱，创办了四通新技术开发公司。段永基参与了这次创业，却没舍得立刻丢下航天部的"铁饭碗"。这一年万润南在中科院的同事柳传志也在一间小房子里创办了中国科学院技术研究所新技术发展公司，就是今天的联想。

一年后，段永基扔掉了 621 所副主任的乌纱帽，正式投身万润南的四通。此后，他机缘巧合地坐上四通总裁的位置，并凭借铁腕安然度过随后四通内部的"倒段风波"。人们评论说，这得益于他"搞文革"的斗争经验。

后来在接受《中国经营报》采访时，段永基还专门分析了企业内斗乃至分裂的原因，"我想首先这是在产权不清晰而又发了财的情况下发生的，这是最容易产生分裂的时候。可以共患难不能共富贵，这是李自成的毛病。许多企业在创业时产权糊里糊涂，一旦赚了钱，要分钱了，就出问题了。其次，没有做到所有权和经营权分离。当然还有一个民族文化传统的问题，中国人宁为鸡首不为牛后。大多数中国人不明白：你是要企业还是要资产？外国人明白，麦道可以被波音收购，只要被收购时赚钱了，人家要的是资产，不要企业的那个名。中国人不行，没有资产经营的观念，就像西北农民宁愿饿死也不讨饭一样。而日本企业分裂的就很少，他们的民族强调团队精神，中国很早以前就开始研究、学习日本的管理。为什么总也学不好，跟文化背景不同有关。我听说日本的中小学评优秀，不评个人，评的都是优秀集体。中国不行，它就评优秀学生，而且就是一个。50个学生 1 个上 49 个下。另外，日本的民族危机意识特强，我们从小生活在'地大物博，物产丰富'的教育中，日本则认为自己是个小国家，没有资源，必须团结起来拼命干。所以，我觉得中国的企业想健康发展，一要产权清晰，二要经营权与所有权分离，三要克服文化传统中的劣根性"。

1993 年的段永基春风得意，此时在他治下的四通公司仍然坐在国内电子百强企业的首席上。这一年 8 月，四通成立四通电子（0409. HK）在香港上市，一共发行了 1.5 亿股股票，每股发行价格 1.26 港元。这一年"人类失去联想，世界将会怎样"的广告语正风行国内，但联想的上市还要在一年后，方正则更晚。这也是让段永基大为得意的地方。

就在手握大笔资金的段永基全力寻找投资项目时，他碰见了 27 岁的王志东，后者刚刚经历了人生中的第二次失业。当时在事业上一筹莫展的王志东遇到了中国第一代程序员、时任四通公司总工的严援朝。严援朝曾成功开发出中文平台 CCDOS，之后一直怀才不遇。深谙体制之苦的严援朝极力说服王志东与自己共同创建一个中文软件公司，而此时，王志东又遇到了改变自己命运的另一个重要人物——四通副总裁刘菊芬。

在刘菊芬的安排下，王志东与段永基进行了第一次会面。会面中，王志东成功说服了段永基为他未来的软件公司提供 500 万港元的"天使投资"，而无分文投入的王志东则占有新公司 20% 的股权。此外，段永基还答应了王志东 3 个额外条件：新公司有自主的人事权，四通不派任何人进入；新公司只做软件；员工尝试配股权。这些条件在当时的体制环境下宽松得不可思议。

随后，四通董事会用了一天的时间讨论这起投资案，在几乎没有争议的情况下，董事会通过了投资王志东新公司的决议。

1993 年 12 月 18 日，四通利方信息技术有限公司注册成立。

此前，四通集团先让其香港上市公司四通电子出资 350 万港元在香港成立利方投资，约定王志东、严援朝及其他技术人员持股 30%，再由利方投资在国内与四通集团合资成立四通利方，四通集团追加投资 150 万港元，持股 30%。

1998 年，四通利方与华渊合并，组建新浪网。

风波：资本代言人

新浪成立的这一年，四通电子第一次出现亏损，此后，凭借所持新浪股权的估值，四通勉强扭亏，但主营业务继续走弱。

据后来段永基回忆：1996～1998 年四通连续受到金融诈骗和商业诈骗，造成财务危机，被骗去了 10 多亿元人民币。

多元化投资失利、公司产权纷争使四通的发展逐渐走弱。

1998 年在接受《中国经营报》采访时，段永基承认此前四通存在"各立山头"的局面："四通要做民营企业的华盛顿而不做秦始皇。华盛顿留下一部民主治国的美国宪法，而秦始皇留下的是一种'家天下'的观念。结果一个是二百多年仍旧生生不息，一个是二世而终。任何一个企业家都有一套自己的经营理念，而这个理念是否符合现代标准则是另一回事。中国有许多企业家希望家族化管理，另有部分企业家追求公司式的管理。在对权力限制的问题上，是分权好还是集权好、董事长和总裁是一人兼任还是各行其职，这都取决于企业家不同的管理思想。我们四通可以说直到最近才铲除创业者各立山头的分封局面，向着现代企业的集团化方向发展。"

1999 年 8 月，段永基获得了一个新的身份，中关村股份董事、总经理，这是北京市直接任命的。但此后，中关村股份运营得也不理想。

在段永基事业上屡受挫折之际，正是王志东和他的新浪在互联网行业如日中天之时。

纽约时间 2000 年 4 月 13 日上午，新浪网正式在美国纳斯达克市场挂牌交易。招股说明书显示，当时股权结构为：第一大股东华登投资公司，持股13.3%；第二大股东四通，持股 10%；第三大股东戴尔，持股 6.31%；第四大股东王志东，持股 6%。王志东由此获得"中国网络之王"的称号。

新浪股票上市当天，每股股价由开市 17 美元增长至 20.8 美元报收，涨幅达20%。彼时，纳斯达克正遭受历史上最惨重的打击，几个星期的时间，股票总市值丧失数万亿美元。微软、英特尔、甲骨文、思科这四大骨干公司的市值自2000 年 3 月 27 日以来损失 4710 亿美元。但新浪股价却一路上扬，甚至到过 50多美元。然而，新浪股票并未能在逆势中支持多久，到 2001 年，新浪股票和稍后上市的搜狐、网易一样，每股已跌至 1 美元左右。

2001 年 6 月 1 日，美国加州帕罗阿图市威斯汀酒店，新浪董事局例行董事会。王志东这一天是最后一个走进会场的，此前一夜，他刚刚准备好向董事会汇报的演示文稿。当天与会的除了王志东之外，还有董事长姜丰年和段永基等 5 名董事。会议一开始，就有董事严厉批评新浪的财政状况，并指出王志东应该为这一状况负责。董事会很快做出决定，撤销王志东新浪执行长职务，同时免去他新浪董事的资格。

6月4日，新浪对外公布王志东辞职，业界震惊。王志东随后在通知媒体的情况下回到办公室继续上班，并表示自己没有辞职。这一抗拒行动使得新浪董事会与王志东公开决裂，董事会随后宣布裁员，被裁者一小时之内离开公司。王志东列在裁员名单之首。

6月7日清晨，王志东在北京北郊一所高级会所秘密约见了几名记者。在这次会面中他对自己被"暗算"的原因表示不解：董事会对公司业绩一直持肯定态度，在整个行业都在等待转机的时候，为什么单单要求新浪能盈利？

就在业界纷纷猜测王志东离职的真实原因之时，6月29日，段永基突然在一个公开论坛上猛烈抨击王志东："对于新浪网，四通投了八九年了，投了上千万元人民币，至今一分钱回报也没拿到。我一年拿20万元人民币，给国家做那么多贡献，王志东一年拿30万美元，一分钱也没挣到，这公平吗？"他甚至怒斥台下的记者："你们说我们赶走王志东是血淋淋的，他王志东拼命烧钱就不血淋淋了吗！"

黯然：新浪的进退

赶走了王志东的新浪并没有盈利，而赶走王志东的这一年，段永基也是流年不利。

在掌握了中关村股份后，段永基决定投身电信业务。

2001年前后，段永基为投资长城电信133网而成立了中关村通信公司。这个基于CDMA的133网仅在四个城市开通，性质上属于军民共建、军民共用。

然而，段永基投资CDMA的做法很快就被政府叫停了，后者决定CDMA项目统一由联通承建运营。2001年11月下旬，国务院要求中关村股份在11月20日零点前将全部CDMA业务移交给联通。在移交过程中，段永基认为前期工程投入了33亿元，而中国联通方面只接受折价16亿元。但令业界不解的是，CDMA项目叫停后段永基仍坚持向中关村通信提供担保融资，这一决策让中关村股份陷入数年的财政危机。

在中关村股份接连受挫的这段时间里，段永基却加强了对新浪的控制。

2001 年 9 月 25 日，新浪通过支付 800 万美元、460 万股新发行股票的方式取得阳光文化 29% 的股份，成为其第一大股东；同时阳光文化董事局主席杨澜获得新浪 10% 的股份，成为新浪第一大股东，其夫吴征与姜丰年共同担任新浪网董事会的联席主席。此次合并使四通在新浪的股份被摊薄到 8%，但同时段永基获得阳光文化董事的职位。

新浪与阳光的合作仅维持了半年多，由于看不到互联网翻身的前景，次年 4 月，吴征宣布辞去新浪联席董事长的职务，又一个月后，吴征、杨澜夫妇将手中全部新浪股份转给了段永基。段永基当时资金也不宽裕，但还是咬牙集资接受了转让，而这次段永基无疑做了一笔他一生中最成功的买卖。

从 2002 年 11 月开始，互联网回暖，中国概念股在纳斯达克涨势冲天，而新浪股票在不到一年的时间里由每股 1.5 美元蹿升至 40 多美元。2003 年 2 月到 2004 年 2 月，四通电子减持新浪股票共计 467 万股，约 1.5 亿美元。2003 年 9 月，段永基出任新浪联席董事会主席。

2003 年 12 月 3 日，香港联交所上市公司四通电子发布公告，称斥资 11.7 亿港元收购史玉柱全资拥有的公司 CentralNew。全部发行的股本（CentralNew 持有黄金搭档生物科技 75% 股本权益）其中 6 亿港元以现金支付，其余约 5.7 亿港元通过发行可换股债券支付。四通电子更名为四通控股，史玉柱则出任四通控股有限公司 CEO。四通从此转向保健品领域。

业界分析，段永基收购 CentralNew 的资金正来自于减持杨澜夫妇股票的收入。

2005 年 12 月 7 日，段永基又受让了中关村股份第一大股东北京住总集团的全部股份，由中关村股份的经营者正式转为持有者。

2005 年 2 月 18 日，大洋彼岸的一份报告在中国互联网上引起了一场地震——新浪被玩游戏的盛大收购了！这份报告是盛大网络向美国证券交易委员会提交的，报告称，截至 2005 年 2 月 10 日，盛大网络和其控股的地平线媒体有限公司，通过在公开市场购买的形式已获得了新浪大约 19.5% 的股份。这意味着盛大已经成为新浪的第一大股东。

盛大掌门陈天桥时年 32 岁，此前刚凭 90 亿元人民币的个人资产晋身中国内地首富。

面对陈天桥意向不明的强行收购，新浪董事会立刻出台"毒丸计划"，即每位股东所持的每股普通股都能获得一份等量的购股权。不过，只有在某个人或团体获得 10% 或以上的新浪普通股，或是达成对新浪的收购协议时，该购股权才可以行使，从而购买等量的额外普通股。这意味着盛大斥资 2.3 亿美元购入的股票，将在"毒丸"抛出之际迅速贬值。

由于当时四通正在减持股票，而段永基又曾经力主与陈天桥的盛大网络合并，因此业界一度怀疑陈天桥购买的股票来自段永基之手，甚至有报道说段永基曾向盛大报价以每股 50 美元出售手中股票，但经谈判盛大最终以每股 32 美元的协议价格收购四通控股手中的 2502274 股新浪股票，总收购价格约为 8000 万美元。但此猜测遭到段永基强力否认。

这一年 9 月，新浪股东大会在香港召开，第一大股东陈天桥并未出现在会上，甚至当时提名的 3 名新董事中也无盛大人员。盛大收购新浪一事就此无疾而终。

2006 年 3 月，新浪董事局联席主席姜丰年辞职，自此，段永基成为新浪唯一的董事长。段永基在新浪上进了一步，却在中关村"退"了一步。

由于在 CDMA 项目上造成的巨额亏欠迟迟无法解决，中关村股份决定引进资本新贵黄光裕。2006 年 4 月至 2006 年 7 月，黄光裕实际控制的鹏泰投资共计出资 1.55 亿元购入中关村股份 29.58% 股权，黄光裕成为中关村股份第一大股东。然而到 2007 年下半年，面对中关村股份 CDMA 担保、银行债务重组、存量资产处置等诸多难解之题，据说黄光裕也表露过悔意。

就在黄光裕后悔接盘之际，11 月 6 日，中关村发布公告，段永基因工作原因辞去公司副董事长和董事职务，董事会已接受段永基的辞呈，辞职自公告日起生效。至此，一向拥有中关村"村长"称号的段永基让中关村正式告别了"段永基时代"。

5 个月后，新浪发布公告称，董事长段永基辞去新浪董事会及薪酬委员会的所有职务，已经从公司"完全退出"。

离开新浪的段永基继续领导着四通。2012年在接受媒体采访时他曾总结这一段经历："我在1999年到2007年之间，被政府调过去管政府的企业，四通在IT方面一直没有新的投入，有八年时间被边缘化了。2007年我回到四通以后，四通的2万名职工还是要发展的，所以我们开辟了两个新行业：第一个是生物能源行业，我们投资了一些留学生，一直在做生物能源技术的研发和产业化发展；第二个在海外发展资源产业，当然还有四通原来的IT产业也在继续发展。"在这次采访中，段永基还回忆了新浪网的创建过程，在回忆里他提到汪延（新浪创建者之一、王志东辞职后的继任者）、华渊，但是只字未提王志东，显然王志东已经成了他的一个心结。

"（创建四通）没有远大的目标和宏伟的设想。当时粮食老不够吃，我们从小就挨饿。但是后来农村一改革，什么都有了，那么后来就想农民可以实现自己的价值，我们为什么不可以？其实最早下海的人都是这种想法。就是我们自己价值的实现，不要浪费生命，然后自己闯出一条路，给国家做出贡献。当时我们这些人的想法还是很狭隘的。"回望1984年，段永基说出了自己创业时的心境。

『搜索者』李彦宏：AI 之路

文／李静

知天命的年纪，在 2018 百度 AI 开发者大会上，一身黑色 T 恤搭配白色休闲裤的李彦宏站在舞台的中央，一如既往的年少俊逸。

在舞台上，李彦宏开起玩笑来，"造车和造 PPT 不一样，造车经常有延迟交付，百度无人车能完成我去年吹下的牛，在 2018 年 7 月实现量产吗？"远在厦门金龙客车厂的无人车阿波龙正式量产下线是李彦宏敢于开玩笑的本钱，这也意味着百度转型 AI 正式开花结果。

如今的这一切，可能是 1991 年跨专业拿到美国布法罗纽约州立大学计算机专业录取通知书的李彦宏当年无法想象的。从图书情报专业到计算机专业、从学界到商界、从搜索引擎到人工智能，把学习当作生命一部分的李彦宏一次又一次地挑战着自己。

计算机之梦

1968 年一个小男孩出生于山西阳泉，父母给他取名李彦宏，"彦"就是"有智慧"的意思。在重男轻女的年代，李彦宏虽然是家中五个孩子里面唯一的男孩，但却并没有养成骄纵蛮横的性格，反而常常感到来自姐姐们的特殊的压力，尤其是三姐，可以说是李彦宏学业生涯的榜样和指路明灯。

初中阶段的李彦宏虽然天资聪颖，但受周围同学的影响，也变成了一个贪玩的小男孩。直到初二下学期，李彦宏的父亲在忍无可忍之下第一次打了自己的儿子。父亲一反常态的暴怒让李彦宏幡然醒悟，知道该努力学习了。但到了初三下学期，母亲对李彦宏的表现还是有些不满意，她用激励的口吻对李彦宏说："你三姐考上了北京大学，你像你三姐那样勤奋就好了。"

考上北大的三姐是李彦宏在初中和高中时的目标，朝着这个目标他给自己制订了严格的学习计划，并在中考中以全校第二的成绩被山西省重点高中阳泉一中录取。在高一那年，三姐带着李彦宏参观过一次北大校园，这次参观激发了李彦宏的斗志，"一定要考取北京大学"。

如果说三姐是李彦宏学途的指路灯，努力考中的阳泉一中无意中也为李彦宏未来商业的发展埋下了伏笔。在 20 世纪 80 年代的中国，计算机还是稀罕物件，阳泉一中作为山西省重点高中，配置了阳泉市第一个计算机教室。在这间教室，李彦宏经常围着老师软磨硬泡，就是为了能经常到机房上机学习。

在如饥似渴学习自己钟爱的计算机的同时，李彦宏在其他学科上也保持着积极进取的学习态度。到了高三那年，几乎每晚挑灯夜战，终于，李彦宏在高考中成为山西阳泉市的状元，如愿跟随三姐的步伐被北京大学录取。

但是，当年为了确保自己被北京大学录取，谨慎的李彦宏没有填报热门的、自己钟爱的计算机专业，而是选择了相对冷门的、但十拿九稳会被录取的图书情报专业。

由于感觉图书情报学枯燥乏味，李彦宏甚至出现了厌学情绪，后来又是三姐让李彦宏有了新的希望。三姐从北京大学硕士毕业后到美国留学攻读博士，这条路让李彦宏看到了重新选择计算机专业的可能性，他给自己定了一个目标：到美国留学，攻读计算机专业。

出国、换专业都是大事，尤其计算机专业是当时新兴的热门专业，即使是计算机专业的学生，在美国也很难被录取。为了学好计算机专业知识，李彦宏几乎选修了北大计算机专业所有的课程，在考研阶段更是托福考试学习、计算机专业学习、本专业学习"三箭"齐发。

1991 年，23 岁的李彦宏收获了来自美国布法罗纽约州立大学计算机专业的录取通知书，在他未来的互联网之路上迈出了第一步。

梦起硅谷

原本李彦宏打算像三姐一样，读完研究生之后继续攻读博士。但是研究生期间的一次实习让他改变了想法，于是他选择放弃唾手可得的博士学位，从学术界转而向工业界进发。

原来，在研究生期间，李彦宏以优异的成绩被学校聘为计算机实验室主管助理，除了享受免费学费外，每学期还能从校方得到 8500 美元至 9500 美元的资助。然而学校的课程已经满足不了李彦宏的求知欲，他向一些与计算机有紧密联系的企业投放实习求职简历，很快日本松下电器公司就向李彦宏抛出橄榄枝。

在松下电器实习期间，李彦宏专注研究光学字符识别，这个专业是对文本资料扫描后针对图像文件分析处理，最后获取版面及版面信息的过程。没过多久，他就提出了一种提高识别率的算法，引起了松下高层的关注。李彦宏还将算法研究成果写成了论文，并发表在国际权威学术期刊上，受到了业界的好评。

在松下实习的这段经历让李彦宏更加认识了自己，意识到自己真正喜欢什么，接下来的路应该怎么走。在获得计算机学科的硕士学位后，李彦宏决定放弃攻读博士的机会，进入工业界。

"后来我才想明白，读不读博士，是自己如何认识自己的问题。我所感兴趣的事情，是我做出来的东西能够让别人使用，而这正是工业界应该做的，而不是学术界总在探讨的。"李彦宏说。

1994 年暑假前，李彦宏收到华尔街道琼斯的一家子公司的聘书，在这里，第一次接触到实业的李彦宏立即被吸引。在华尔街的三年半时间里，李彦宏几次跳槽，但始终专注于计算机行业，先后担任该公司的高级顾问、《华尔街日报》网络版实时金融信息系统设计人员，并成为创建 EPS 技术的第一人，还将这一技术成功应用于 infoseek/GO. COM 的搜索引擎中。

1997 年，李彦宏离开华尔街前往硅谷著名搜索引擎公司 Infoseek 公司担任首席架构师。

20 世纪末是属于互联网的年代，以高新科技公司股票为主的美国纳斯达克股市一路高歌猛进。中国互联网行业也发生着翻天覆地的变化，新浪、搜狐、网易、雅虎中国等网站在互联网风暴中快速崛起。

改革开放之后，中国互联网产业快速发展，身在美国的李彦宏一直关注着国内互联网的发展。从 1995 年开始，他每年都要回国进行考察。虽然李彦宏手里有账面价值不菲的 Infoseek 股票期权，但回国自主创业的冲动一直在李彦宏的心中悸动。1999 年底，Infoseek 被迪士尼收购后进行战略调整，李彦宏毅然决定放弃股票期权，回国创业。

称霸中文搜索

1999 年末，准备创业的李彦宏着手招募团队、找融资。经李彦宏妻子马东敏的推荐，李彦宏结识了徐勇，两人相见恨晚，决定回国做搜索引擎，并于当年年底回国，在中关村创建了百度在线网络技术（北京）有限公司。没多久，刘建国、郭眈、雷鸣、王啸、崔姗姗也加入团队中，这七个人后来被称为百度"七剑客"。

但是，李彦宏回国创立百度的时候，国内已经有不少比较知名的搜索引擎公司，比如天网、悠游、Openfind 等，它们都是基于机器人搜索等搜索引擎，存在速度慢、数据量少、返回无用信息多等诸多缺点，这让"技术控"李彦宏看到了机会。4 个多月后，百度开发了自己的第一个搜索引擎，并在 5 月底有了第一家客户——硅谷动力。虽然那时候百度的搜引能力只有 500 万个网页，但意味着百度正式进入中文搜索技术服务领域。之后百度接连拿下了搜狐、新浪、网易、263 等当时国内大中型门户网站和其他一些网站的搜索业务。

不过，早期的百度是站在门户等网站背后的一家公司。2001 年百度开始战略转型，面向终端用户提供服务。当年 9 月 22 日面向终端用户的搜索引擎网站 www.baidu.com 正式推出，公司的盈利模式——百度竞价排名系统也正式上线，意味着百度从幕后走到了台前。

相比于其他国内搜索引擎公司，美国搜索引擎巨头 Google 是横亘在百度成长道路上的一块巨石。Google 早在 2000 年就在中国推出了中文搜索引擎。李彦宏深知，一个搜索引擎的成败取决于用户流量和用户体验。在搜索引擎的访问速度、准确率、刷新率等多个指标上，刚刚转型的百度与 Google 有很大差距。

在与 Google 的竞争中，百度的撒手锏就是"更懂中文"。在李彦宏的带领下，2002 年百度提出名为"闪电计划"的技术，赶超 Google，并且深入研究中文搜索引擎的核心问题。这一计划推出后，百度的中文搜索量一路飙升，到 2004 年底，百度与 Google 在中文搜索市场的占有率基本持平。

2005 年 8 月，百度登陆纳斯达克，以每股 27 美元的发行价发行，当日收盘价达到 122.54 美元，成为第一个股价突破 100 美元的中国概念股。

百度上市后，李彦宏便从公众视野中"消失"，极少在媒体前露面，百度则是稳步向前发展。竞价排名给百度带来巨额广告收入，百度贴吧、百度百科、百度知道等产品应运而生，百度成为当时 BAT 中现金流最充裕的企业。

2010 年，Google 因政策原因退出中国，百度在中文搜索市场一骑绝尘。

从搜索到 AI

但也就是在 Google 退出中国的时候，阿里和腾讯拿到了移动互联网的利器，在悄悄地超越百度。

2015 年，李彦宏在谈及 2013 年移动互联网的汹涌浪潮时坦言："我们并非没有意识到，一开始我觉得，现在手机可以上网，无非是屏幕小点、速度慢点，那就把图片都拿掉，只提供文字，但结果是在手机上的排版效果很难看。这样的思维方式，实际上导致我们在一段时间里丢掉了一些机会。"

而百度接下来的日子并没有让李彦宏省心。2016 年百度相继遭遇贴吧事件、魏泽西事件，声誉日下，股价一路下跌，百度的市值也逐渐被阿里和腾讯超越。阿里、腾讯双双跨过千亿美元市值大关，曾经的"领头羊"百度则一直没跨过这道坎。

搜索之外，百度急需一个新的业务增长点。"隐退"的李彦宏重新频繁出现在媒体面前，亲自给百度"把脉诊治"。2017 年 1 月李彦宏请来"硅谷最有权势的职业经理人"陆奇为百度"治病"，陆奇空降百度成为仅次于李彦宏的二把手。进入百度后，陆奇为百度确立了"夯实移动基础、决战 AI 之巅"的战略基础，把百度的业务梳理成"四象限"。

第一象限是关键使命+主航道，包括移动搜索、Feed 和手百；第二象限是关键使命+护城河，包括 PC 搜索和大商业；第三象限是非关键使命+主航道，包括百度金融、DuerOS、智能驾驶、智能家居、智能云、短视频和 AIG；第四象限是非关键使命+护城河，包括贴吧、知识、地图、糯米等。

经过铁腕陆奇"诊治"之后，百度重新焕发生机，各部门有条不紊发展，AI 加速布局，百度无人车、智能家居成为行业的"领头羊"，业绩和口碑也得到明显提振。2018 年 5 月 17 日，百度市值达到 990 亿美元，距离千亿美元仅一步之遥。

然而，在 2018 年 5 月 18 日，陆奇宣布离开百度，李彦宏再一次掌舵公司。

在 2018 百度 AI 开发者大会上，李彦宏宣布百度无人车正式量产下线，并且拿到了来自日本的商业订单。另外，在会上，李彦宏展示了开发者借助 Apollo 在物流、工程、环卫、农业、公共交通、共享出行等 9 大作业场景的创新应用。AI 还有更多的想象空间。

李彦宏有野心吗？在接受媒体采访之时，李彦宏曾直言不讳地回答："我是一个很有野心的人，我从来都这样觉得！"

巨人史玉柱：坎坷半世说征途

文／李昆昆

"60后"的史玉柱终究是老了，这些年的互联网风口，始终没有他的身影。不过，这并不影响他作为中国商界最有争议性的人物之一。毕竟早些年前，史玉柱也曾辉煌、坠落，然后重新崛起过。

理想萌芽

1962年，史玉柱出生于安徽怀远，父亲是警察，母亲是工人。正因为父母都不是农民，所以史玉柱总在撇清自己"农村人"的身份。

1980年，18岁的史玉柱以全县第一的成绩考入浙江大学数学系。然而他在学校图书馆看了《数论》之后，"了解到数学是那么的难"。因此，大三那年，史玉柱放弃了成为陈景润的理想，转而选择了计算数学方向。

1984年史玉柱毕业，正好安徽省统计局农村抽样调查队来学校招人，听说史玉柱是学数学的，正好对口统计局，便把史玉柱招了过去。多年后，史玉柱回忆此举称，"这挺荒唐。数学不是加减乘除，数学系主要研究的是逻辑，是大脑体操"。

刚到第一家单位没几天，史玉柱就被通知到西安统计学院进修，他发现做这行离不开计算机。几经琢磨，史玉柱决定去广州看看。最终，史玉柱说服单位花5万块钱买了一台IBM PC，自己写程序，还找了两个人录入。接着，他又开始编分析软件，比如分析年收入400元、800元以上的农民消费特征分别是怎样的。这段经历，让史玉柱逐渐了解到中国各人口群体的需求特性。

1986年，史玉柱开始在杂志上发表关于农村经济问题的文章，恰巧被当时的安徽省副省长看到，这位领导同时也是中国科技大学教授、深圳大学客座教授，他很是欣赏史玉柱的文章，便面试了史玉柱，随后便将史玉柱招为深圳大学软科学专业研究生。

1988年，史玉柱在深圳大学听到了四通公司万润南的讲座，主题是《泥饭碗比铁饭碗更保险》，对其触动非常大，那时史玉柱便有了创办企业的理想。

创业初期

自从听完万润南的讲座后，史玉柱便想到了成为下一个万润南的方法：编写一个能替代四通打字机的软件。

史玉柱认为，这个想法很靠谱：当时国内打字普遍采用打字机，那是电脑之外的一体设备，每台售价约2万元。如果电脑本身就装有打字软件，编辑起来更方便，也就没必要买打字机了。

从深圳大学毕业后，史玉柱辞去安徽统计局的工作，然后向以前帮过的朋友借了一台IBM PC，一头扎进研发打字软件的项目中。半年后，他在家中开发出了第一款打字软件，取名"M-6401"，他先送了一套给原单位，以测试使用效果。史玉柱一看同事们反映非常好，说效果比四通打字机还好，他随即南下深圳，跟父母借了4000元用于项目推广。

到了深圳后，史玉柱找到他在深圳大学的老师，也是天津大学深圳科贸发展公司的员工，老师很是看重史玉柱，专门为他成立电脑部，并交给史玉柱承包。那时，史玉柱身上还剩 3800 元，便用不到 2000 元承包了深圳大学电脑部，然后飞到北京，找当时最权威的 IT 媒体《计算机世界》打广告，一个整版广告大约 8000 元，史玉柱买下三期 1/4 版，报社也答应费用在广告发布一个月后结算。广告有了，但电脑和打印机还没钱买，于是史玉柱联系电脑经销商赊设备，承诺半个月后付款，而对方也答应了。三期广告之后，钱就滚滚而来了。那年史玉柱 27 岁，赚到人生中第一个 100 万元。

随后，史玉柱将赚到的 100 万元全部投入广告，同时研发新产品。从"M-6402"开始，史玉柱开始使用巨人汉卡名称。到了 1991 年春节后的订货会，史玉柱拿到 3500 万元的现金支票，之后财富如潮水般涌来。

巨人成立

挣得第一桶金之后，史玉柱不想挂靠在深圳大学下面了，打算成立自己的公司，名字就叫巨人集团。这时，珠海市科委的领导专程来深圳见他，邀请他去珠海投资，史玉柱便带着全体员工乔迁了。

到了珠海的第二年，巨人集团被树立为珠海市高科技企业的标杆，史玉柱荣获"科技进步特殊贡献奖"，得到奖金 63 万元，还被评选为"最崇拜的青年人物"之一。众星捧月之下，史玉柱连续推出中文手写电脑、笔记本电脑、防病毒卡等产品，还把巨人汉卡迭代到了 M-6405。到了 1993 年底，巨人集团已成为仅次于四通集团的全国第二大民营企业。

与此同时，史玉柱想在珠海建一座办公楼，名字为"巨人大厦"。珠海市政府为了树立正面典型，推出这位科技英雄，便用 125 元/平方米的白菜价批给巨人集团 3 万多平方米土地。

拿到地后，史玉柱觉得巨人大厦只盖 18 层不符合自己的身份，他的目标是建国内最高的大厦，楼层数量随之加码到 72 层。楼层定下后，问题也随之而来。建 72 层的大厦需要 12 亿元，但史玉柱只有 1 亿元现金，预期利润也只有几千万元，从哪里借钱呢？史玉柱想到了卖期楼。1993 年，珠海西区别墅在香港卖

"楼花"卖了十多亿元，史玉柱也想照搬这个模式。然而，1994 年国家加强了对房地产的宏观调控，使卖"楼花"越来越困难，他最后只卖了 1.8 亿元。一时之间，资金没办法周转。

大厦崩塌

史玉柱开始找其他路子。那时，经过太阳神、龙飞等企业培育，保健品行业已相对成熟，年产值达两三百亿元之巨。1994 年，史玉柱进入该领域，当年投下 1.2 亿元，开发一款叫"脑黄金"的保健品。

1995 年，巨人推出 12 种保健品，花费 1 亿元投放广告。从 1994 年 10 月到 1995 年 2 月，短短 4 个月时间，巨人集团在缺货的情况下回款 1.8 亿元，该产品两年间为公司贡献了 3 亿元利润。史玉柱也被《福布斯》列为大陆富豪第 8 位。

脑黄金取代巨人汉卡成为巨人集团新的摇钱树。眼看形势一片大好的史玉柱向巨人大厦地下三层又砸了 1 亿多元。直到 1996 年，巨人大厦资金告急，史玉柱决定将卖保健品赚的钱用于建设巨人大厦。对此，史玉柱这样解释："我可以用脑黄金的利润先将巨人大厦盖到 20 层，然后先装修 20 层。卖掉这 20 层，再盖上面的。"

史玉柱虽然算盘打得很好，但是保健品业务却因资金"抽血"过量，迅速盛极而衰。就在史玉柱检讨错误、拼命想挽回之际，深圳一家媒体以《巨人大厦濒临破产》为题报道了巨人集团的困境。随后，其他媒体纷纷跟进，大篇幅唱衰巨人集团，舆论一片哗然。

眼看巨人集团面临如此窘境，那些买了"楼花"的人和其他项目的债主急忙赶赴珠海，催促史玉柱马上还钱。此时，史玉柱债务总额高达 2.5 亿元。

最终，史玉柱一走了之，工作人员也不见其踪影。

脑白金救急

讨债风波开始后，巨人集团大部分员工离职，只有 100 多名业务骨干留了下来。史玉柱联合这些员工，开发了继脑黄金后的第二款产品"脑白金"。

脑白金也是保健品，其主要成分是褪黑素，据说有助于睡眠。此时，史玉柱身上没有多少钱了，但为了推出脑白金，史玉柱找朋友借了 50 万元，其中 15 万元用来打广告。

第一个市场选在了广告费便宜，但又比较富裕的江阴。广告手法还是脑黄金那一套，15 万元砸下去后，第一个月就回款 15 万元，第二个月 30 万元。30 万元到手后，他又把钱拿去开发规模更大的无锡市场，然后次月回款 45 万元。

为了想出爆款广告文案，史玉柱曾带着团队去公园做市场调查，问老年人想不想吃脑白金，大家都说想，但自己不舍得买，除非儿女送。这句话让史玉柱醍醐灌顶：脑白金的消费者不是吃的人，而是买的人，产品的卖点应该是"礼品"。随后，

2003 年 11 月 18 日，史玉柱参加中央电视台黄金段位广告招标

史玉柱团队采用"今年过节不收礼，收礼只收脑白金"的文案，并设计出两个形象具有喜感的卡通老人。广告词颇有洗脑之感，一经央视播出，效果爆红。这种策略运作了一年零六个月后，他们就打开了全国市场，其主要销量来自乡镇，那里人口多，光农民就有 8 亿人，加上县城，总人口数量达到 9 亿。

很快，脑白金月销售额过亿，净利润达 4500 万元，成了业内当红品牌，而且成绩稳定，稳居 C 位多年。钱多了之后，史玉柱瞒着媒体，悄悄把以前欠的 2.5 亿元都还了。

2002 年，史玉柱又推出了第二款保健品——黄金搭档，这是一种含维生素及矿物质的保健品，同样做成了爆款，排名仅次于脑白金。

涉足网游

2003 年正是网游《传奇世界》《英雄年代》当道之时，史玉柱迷上了网游。

2004年的一个夜晚，史玉柱玩起了《英雄年代》，但始终不明白为什么很多设置如此不合理。

过了一阵，得知《英雄年代》开发团队和盛大闹掰了，在找新的投资人，史玉柱便想到找他们做一款网游。但是如果再做和《传奇》模式一样、靠点卡收费的游戏肯定晚了。他想到了"永久免费，靠道具赚钱"的模式。他认为，让穷学生和亿万富翁，在点卡面前，一律平等，这不符合营销规律。随后，史玉柱采取对没钱的人免费，吸引他们来捧个人场，有了人气，就能更好地赚有钱人的钱。

在和《英雄年代》团队商谈之后，史玉柱决定给他们投资2000万元，开发最新的网游产品——《征途》。

刚开始，《征途》团队花钱很快，一年时间就把2000万元烧光了，还在外面欠了300万元。更气人的是，竟然连个产品都没做出来。最后，团队成员只好再向史玉柱要钱。这时，史玉柱想明白了：这帮小子只想烧钱，不肯卖力啊！后来他对众人说：我再掏1500万元，你们平摊500万元，大家一起搞，不然散伙！团队成员们觉得不答应不行，所以答应了。

2005年9月，《征途》开发完成。除了还清300万元欠债之外，他们只花了700多万元，就把产品做了出来，不久就实现了盈利。2007年5月，《征途》发布数据称，其同时在线玩家数突破100万，是继《魔兽世界》全球市场和《梦幻西游》中国市场后，全球第三款同时在线人数突破百万的网络游戏。当年11月1日，史玉柱带领公司登陆美国纽约证券交易所。上市前夕，"征途网络"更名为"巨人网络"。

2013年初，史玉柱觉得保健品和网游两个团队都能自立了，便于4月10日在微博宣布退休，称今后将告别江湖，享受人生，顺便搞搞公益。云游近三年后，他又于2016年宣布回归，称要开发精品手游。

今天，史玉柱的微博简介是"单身狗"，他关注的55个人中，一大半是女模特。他最新发的一条微博是，"乱吃生东西，拉了一个礼拜，瘦了十斤。史玉猪变史玉猴了。"

蒋锡培：生命中的光与电

文／李正豪

　　早晨 8 点，蒋锡培准时来到位于宜兴市高塍镇范道村远东大道 8 号的办公楼，打卡进入办公室。33 年来，如果没有特殊情况，他都是这个时间和自己的员工一起来到公司。

　　围绕着他工作的办公楼，是方圆 2400 亩的远东控股集团工作园区。

　　范道村，毗邻太湖，名字据说来源于明朝嘉靖年间一个姓范的道士。如今这里却从一个湖滨鱼肆发展成中国电缆企业最重要的生产区。1980 年，18 岁的蒋锡培放弃了学业，开始从事钟表维修工作，从此开始了他与这片土地翻天覆地的改变历程。

　　"我们以前（做企业）是为了养家糊口，谈不上志向远大。"虽然因为感冒，蒋锡培的嗓音略显沙哑，但仍尽量把每个字都说得清楚、响亮，"但随着企业慢慢做大，就有了使命感、责任感和崇高的荣誉感。"

1990 年 2 月，蒋锡培和 28 位青年同乡筹资 180 万元创建范道电工塑料厂。28 年以后，蒋锡培的远东控股早已稳居"中国企业 500 强"，成为覆盖智慧能源、通信、投资等多业务板块的大型民企集团。

此时，谁能想到这个"电缆大王"当初的创业目标是"有 5 万块钱的存款，在家里有两间楼房，再娶一个漂亮贤惠的老婆"？

英雄出草莽

蒋锡培出生在中国当代史上最饥饿的一个年份——1963 年，即便是太湖之滨的鱼米之乡也未能给予他一个温饱的童年记忆。对饥饿和贫穷的恐惧或许是蒋锡培后来创业、立业的直接动因。

蒋锡培上面有三个哥哥和一个姐姐，下面还有一个妹妹。1981 年 19 岁的蒋锡培高考落榜，不愿意复读，就跑到杭州跟二哥学习修表了。当时，父母并不同意，但蒋锡培很执拗。

如果当初没有南下杭州，而是继续和同学们复读，也许今天的蒋锡培会是某所学校里的一位教授。这并不奇怪，有史以来，江苏宜兴便以诗书之风闻名天下。中华人民共和国成立后，这里更是出了几十位两院院士、上百位大学校长、近万名教授，享有"教授之乡""院士之乡"的美誉。而当教授也正是少年蒋锡培心中最大的理想。

直到今天，坐在自己的办公室里，蒋锡培还是对从前放弃学业抱有些许遗憾。"农村孩子只有一条出路，就是好好读书、走出农村。从小学到高中，我的成绩和表现都很好，不是班长就是学习委员什么的，觉得考上大学很有希望，但当时考大学升学率只有 2%~3%，所以第一年高考落榜了。一些同学去复读，后来考出来了。我也还想读大学，也去复读过一个月。"后来为什么放弃了？"那时农村已经受到改革开放影响，很多人有了做生意的念头，有跑运输的、做手工艺的，以前被禁止的事情现在都能做了。"蒋锡培告诉记者，自己受到社会风气的影响，一心想着去修钟表。"当时修表生意很好，一天能挣几十块甚至几百块钱，已经是很大的数字，我就被诱惑了。"

当年的修表匠蒋锡培也为自己定下一个目标："这一生我如果有 5 万块钱的存款，在家有两间楼房，再娶一个漂亮贤惠的老婆也就心满意足了。"他很多次讲起过这个在今天看来近似玩笑的段子。

但蒋锡培强调，"我就是带着这样的理想去修钟表的。在杭州跟着哥哥学了 56 天我就放单了，一般学徒要半年甚至一年才能够去放单。"就是靠着勤奋努力，他不到两年就实现了人生的第一个目标，1985 年已经挣了 25 万元——这在当时的中国是一笔不小的财富。

自改革肇始，江浙地区就一直是中国市场化的先锋，这样的环境当然也在深刻影响着血气方刚的蒋锡培。有了一点积蓄之后，他已经无法再安分地做一名钟表匠了。"一些朋友已经开始开家庭式的工厂，也有朋友提醒我做做商业或者做做小企业。我去好多地方考察，想买一辆运输车，但还要招一个驾驶员，当时驾驶员很难招，所以就放弃了。后来就回到宜兴老家搞了一个小作坊。"

蒋锡培的创业之路并不顺利，那一年他买了两台冲床氮压机，回到宜兴老家做钟表里的发条。"因为修钟表，我对零部件很了解。但我定位错了，因为钟表里的零部件要求很高，没有好的原辅材料、好的工艺、好的管理，就做这么精密的零部件是很难成功的。"他告诉记者，"所以后面几年非但没赚到钱，还把我修钟表挣的钱赔光了，负债将近 20 万元，简直是从天上掉到了地下。"

而此时，一条市场信息救了蒋锡培，也开启了蒋锡培与电线电缆不解的情缘。"当时我大哥是宜兴官林镇一家塑胶厂采购部的负责人，有一天他跟我说，现在电线、电缆一天一个价，你可以做做这个生意。第二天，我就向亲戚朋友借了 10 万块钱，到安徽、浙江把人家五交化公司和机电公司的库存产品拉到无锡、上海来卖，几乎每个礼拜都能卖出去一到两车。我抓住了这样一个机会，不仅在不到两年的时间里还掉了原来的债务，还积累了将近 100 万块钱。"蒋锡培笑了，"这是非常有成就的一段经历。"

改革开放初期"下海"的老一代企业家，几乎都会有一段"倒爷"的经历。最著名的莫过于明星企业家王石，从东北地区将玉米、高粱倒卖到珠三角一带。蒋锡培 20 世纪 80 年代后期做的事情，实质上与之类似。

"那个时候信息不像现在这么发达，至少会有十天到半月的时间差，我们就是利用这种信息差、时间差，把浙江、安徽那边的产品运到江苏、上海销售，可以说做得风生水起。"不过蒋锡培也有遗憾，"后来我们认识到，如果当时直接到生产厂家拿货，不去五交化公司等渠道那里拿货，减少中间环节，可能利润更好。"

坎坷改制路

从倒买倒卖电线、电缆，到自建工厂生产并销售电线、电缆，看起来顺理成章，但对蒋锡培而言，却并非有意为之。

"当时无锡经济比较发达，但我出生的范道乡是宜兴接受经济补助的一个乡。范道乡新来一个党委书记（张伯宏），希望改变落后面貌，就找到在外边做生意的范道人，我也是其中一个，动员大家回乡办企业。"蒋锡培告诉《中国经营报》记者，"家里不希望冒险办企业，毕竟没干过，以前干过一个小作坊，还倒闭了。我自己也没想着办企业，但（张伯宏）总到家里动员，确实被打动了。"

为什么选择生产电线和电缆呢？"当时流通确实做得很好、很轻松、很赚钱，但在流通过程中也有一些问题。因为我们在宜兴只有一个电线电缆的经销部，当我们去推销的时候，人家就不愿意销售给我们，因为我们不是生产厂家，我们有渠道买过来，人家也有渠道。"

于是，在1990年2月，时年27岁的蒋锡培自筹资金180万元（出资比例占总出资额的80%），在政府支持下征地3亩，并带领28名好友，在无锡经济最薄弱的乡镇之一——宜兴市范道乡，创办了范道电工塑料厂（远东的前身）。

创业之初，"我们采用以销定产的方式，就是先有客户再转化为生产，保证将风险降到最低。"蒋锡培表示。即便如此，远东初期的发展速度也非常之快，成立当年就实现营收462万元，1991年达到1800多万元，1992年更是做到了5000万元。

1992年是中国改革开放历史上具有里程碑意义的一个年份，这一年，邓小平南方视察，发出了"谁不改革谁下台"的时代最强音；这一年，中国出现

"下海潮"，以至于产生了一大批后来被称作"92 派"的企业家群体；这一年，江浙一带很多私营企业为了自我保护和得到政策支持，开始将私营企业"挂靠"在乡镇集体上。

当时远东产品供不应求、形势很好，但进一步扩张也存在难题。蒋锡培希望扩大生产，但贷款比登天还难。他自述，自己抱着一大堆甲鱼、鲑鱼去拜访银行行长，但行长无奈表示，"小蒋啊，不是我不支持你，国家政策我不能违背。"

因此，张伯宏 1992 年提议，"你把企业变成镇办集体企业，我们帮你落实优惠政策。为了范道乡，把企业做大，让更多乡亲都到你的厂子里去，厂子还让你干。"蒋锡培毫不犹豫答应了。这一答应，等于把当时总资产 500 万元的私营企业让给了集体。很多人说他是"傻子"。他后来说，"既然选择了冒险，我只有往前冲了。"

1992 年 2 月的一天，在宜兴市范道乡政府办公大楼，蒋锡培与乡政府达成改制经营协议。与此同时，他也被任命为范道乡乡长助理，并入了党。此后，远东拿到首笔 20 万元贷款，第二年又拿到 100 万元，第三年又贷到 495 万元。在此过程中，企业扩建，政府帮着做工作，让隔壁两家工厂搬迁。到 1994 年底，企业营收已经超过 1.5 亿元，总资产增长 10 倍——达到 5000 万元。

此后，红极一时的"苏南模式"集中出现责权不分、产权不明等诸多问题，又到了必须改革的时候。到 1994 年，中国迎来第一波经济过热，宏观调控层面也开始引导乡镇政府从乡镇企业撤资。1995 年的一天，宜兴市领导与蒋锡培到国外考察时明确提出，希望远东从集体企业进一步向股份制企业改革。

蒋锡培再次与范道乡政府达成协议：将 85% 的企业资产从乡政府回购，企业从集体所有制转变为股份制。1995 年，远东采取定额认购和自愿认购的方式，成功募集 1350 万元内部职工股和 100 万元集体股。1996 年，内部员工股增资扩股到 4500 万元，包括蒋锡培在内 90% 员工持有 95% 的股份，剩余 5% 为集体股份。远东从此成功转变为股份制企业。

通过股份制改造，远东将员工和企业利益联系在一起，激发了员工的积极性，从根本上解决了企业发展的动力问题。资料显示，远东 1995 年、1996 年生产效率爆发式增长，两年间的利润同比增长分别达到 182.8%、126.5%。

在市场占有率不断提高的时候，蒋锡培发现了潜在的危机：竞争者纷纷涌入，仅宜兴就冒出上百家电缆企业，远东要想获得更好的发展，必须进一步扩大规模。

"1996年初，无锡市经济发展报告会在北京召开，华能集团两个处长坐在我身边，就聊了起来。"蒋锡培回忆称，当时华能等国有大型企业正在国内寻找配套的电线电缆生产基地，"第二天我就与（时任）宜兴市委书记找到无锡老乡——（时任）电力部部长史大桢，表达了远东希望与华能等国企合作的意愿。"

经过不懈努力，由华能、远东、华电、国家电网、江苏电力、范道经济发展总公司共同投资的江苏新远东电缆有限公司在1997年4月19日成立。在新远东，四大国企占股68%、远东职工股占25%、宜兴范道发展总公司占股7%。这次合作不仅带来大约7000万元的资金，也带来广阔的市场。从1997年开始，新远东的销售额连创历史新高，到2001年销售收入已经达到200亿元，从此甩开国内竞争对手，获得"电缆大王"称号。

后来，中国在2002年又迎来电力体制改革，主要精神是主辅分离。于是，在2002年初，远东与华能等国有股、集体股股东签订股份回购协议，花费大约1.4亿元资金收回7000万元股份。

1990~2002年，远东从180万元起步，经历了民营企业—集体企业—股份制企业—混合所有制企业—民营股份制企业集团的转变，企业规模发生了翻天覆地的变化。远东的四次改制实际上也是中国民营企业改制路径的缩影。

蒋锡培称，没有第一次改制，就不可能迅速完成原始积累；没有第二次改制，就不可能实现资本扩张；没有第三次改制，就不可能做到规模裂变；没有第四次改制，就不可能完善法人治理结构。

"主业+投资"

进入2000年以后，远东一方面通过多次谈判，成功回购华能、华电、国家电网、江苏电力四大国有股东的国有股和范道经济发展总公司的集体股，并借机完善法人治理结构；另一方面，通过资本运作，比如 2000 年专门在上海成立一家投资公司，在资本市场物色收购对象，开启多元化发展之路。

蒋锡培此时希望收购一家"壳"公司，将远东电缆业务的优质资产装进去。2001 年初，远东获悉一家叫作青海三普的药业公司有意转让股权，遂开始接触对方。青海三普是一家研制、生产和销售中成药、西药、藏药、中西复合药以及保健品的公司，1995 年 2 月 6 日登陆 A 股，上市以来业绩并不理想。远东分析认为，尽管青海三普规模很小，但在当地有丰富的资源，产品也存在巨大的市场前景。于是，远东在 2001 年 9 月成为青海三普第二大股东，在 2004 年 11 月又成为第一大股东。

依托青海三普这个平台，远东尝试运用资本运作手段，对国内有实力的藏药和西药公司实施并购。当时也定下目标：到 2005 年形成电缆 30 亿元、医药 5 亿元、新材料 15 亿元的三主业局面。

通过几年的资本运作，蒋锡培的远东布局已经初具雏形。"有些产业并不是以前就有规划，有些决策也带有一定的偶然性。"他后来回忆称，药业这个资金密集型产业对于一直主营电线电缆的远东而言无疑是一个挑战，但自己当时很有信心将远东多年的管理经验、企业文化带进青海三普。

又经过数年运作，三普药业于 2007 年 3 月向监管部门提出以定向增发方式购买大股东远东控股集团的电缆资产。到 2010 年 7 月 23 日晚间，蒋锡培收到三普药业定向增发获得监管层通过的消息。至此，时年 48 岁的蒋锡培一手创办的远东，终于通过"借壳"实现了成功上市。2013 年 7 月，三普药业董事会通过决议，三普药业更名为远东电缆。

同时，从 2013 年 7 月 31 日起，蒋锡培的大儿子蒋承志进入远东电缆担任监事一职。在集团公司层面，蒋承志自 2014 年起也成为远东控股董事、董事局秘书。2014 年 8 月 4 日，远东电缆临时股东大会审议通过公司更名事项，远东电缆更名为智慧能源，由此开启第二次转型。从 2016 年 8 月 9 日起，蒋承志开始担任智慧能源董事长。

资料显示，1986 年出生的"创二代"蒋承志，毕业于南京大学，本科毕业以后留学美国，并获得硕士学位，留学归来以后先在中信产业基金从事股权投资工作。进入智慧能源之后，他逐步主导智慧能源进入"主业＋投资"的发展阶段，在股权投资上的历练从此有了更加广阔的用武之地。

坚持"主业＋投资"的远东控股集团，截至目前总投资企业数量达到347家，累计实现上市99家，预披露12家，远东致力于成为全球领先的投资管理专家，智慧能源致力于成为全球领先的智慧能源、智慧城市供应商。

把一部分担子卸给后辈之后，蒋锡培有更多的时间去读书和学习。他喜欢读王阳明的"心学"，不但自己读，还推动身边的人读；不但号召大家读，还鼓励他们写读书心得来彼此分享。

"二十岁以前什么都不服，渐渐地知道，人外有人，山外有山，天外还有天。三十岁以前什么都不怕，慢慢懂得，敬天，畏地，尊人。四十岁以前不是亲眼看到的什么都不信，随着日子一天天过去，静静地悟出，看到的不见得是真，看不到的不见得不存在。人在做天在看，但行好事莫问前程。"这是网上流传甚广的蒋锡培的"名言"。

问蒋锡培，他笑了："这段话不是我说的，但我很欣赏这段话。"

导师王石

文／李乐

　　"如果一个公司的董事长，总是坐热气球、爬山，我不相信他能把企业做得很好。"在中国房地产刚刚勃兴的那个年代，一位当时已经声名在外的大开发商老板曾对记者这样说。

　　他说的这个人，就是王石。那时的王石，在企业家中特立独行，坐热气球、爬山，及至后来登上珠穆朗玛峰。多年以后，王石"荣退"，并且发展出了更多的爱好，比如皮划艇。而这位曾经质疑王石的老板，虽然已经位列"大佬"，但仍然在为自己的企业度过债务危机而殚精竭虑。

　　记者曾问任志强，如果当时的重组方案成行，你能够出任万科的董事长，如今的万科会怎样，生而倔强的任志强回答道"肯定会比现在更好"。如今，任志强和王石一样"荣退"，只不过，任志强依然在谈房价，而王石，更多和人谈及的是人生。

王石的职业生涯，以"战斗"开篇，又以"战斗"谢幕。改革开放初始，他带领万科挣脱深特发；当改革开放时近 40 年时，他又带领万科打赢了控制权的保卫战，他的职业生涯始终与改革气脉相连接，从王石身上看到的导师身影，实际上就是改革开放凝聚于他身上的点滴所在。

王石，不是背影，因为改革仍在进行。

1997 年 6 月 18 日，距离香港回归只有不到半个月的时间了。毗邻香港的特区深圳，空气中充满着期待的味道。这天晚上，有一班从北京飞来的航班因为天气原因而晚点。这似乎让在深圳机场等待接机的人们，有了更强的期待之情。

郁亮就在等待接机的人群中。若干年后，他将成为万科的总裁，并最终接过万科董事会主席的权杖。但那时，郁亮还仅仅是万科的财务总监。

郁亮等候的人是任志强。若干年后，任志强会成为一名舆论领袖，会因为对房地产市场发表真知灼见而陷入各种争议甚至麻烦。但是，在 1997 年，任志强只是华远地产的总经理。

任志强的公文包里，装着 1000 万元的支票，这也是郁亮在机场星夜等候他南下的重要原因。飞机因为天气原因晚点，到达深圳的时候已经过了午夜 12 点。在机场的接机大厅，任志强与郁亮会面。任志强在多年之后回忆时说自己当时满怀期待。

在去往酒店的路上，郁亮告诉任志强，事情可能发生了一些变化，但没有细说，任志强也没有意识到，那将是一个重大的变化，回到酒店，又踏踏实实地睡上了几个小时。直到第二天上午，任志强才发现，要变天了。

任志强的到来，将事关当时万科的命运转折。那时，万科的第一大股东是深圳特区发展有限公司（下称"深特发"）。按照王石和任志强商定的结果，任志强南下深圳，是为了买走深特发所持的万科股权。

王石早期的多位创业伙伴都曾告诉记者，有一段时间，王石对于深特发这个大股东非常不满。主要原因是深特发由于自身实力有限，对万科的发展难以提供长期的资金支持，同时，又对万科通过增资扩股的方式引入更多资金用于发展持反对态度。更加微妙的是，在万科当时的董事会结构中，王石还是大股东深特发的代表。换句话说，王石是"自己和自己作战"。

20世纪90年代初，当时万科股价上涨较快，王石曾力劝深特发总经理抛售万科股票回笼资金。当时，深特发持有万科约800万股，万科当时每股股价的算术平均值约25元，此举应该可以回笼2亿元资金。但是，深特发的总经理告诉王石，"企业股也是国有资产，变卖等同于国有资产流失，谁敢卖？"王石顿时语塞，尽管深圳不甚流行姓社姓资的探讨，但听到"国有资产"四个字，他还是知道其中分量。

如今，万科被业界视为典范的公司股权分散方式，在当时其实一点也不值得羡慕。因为万科的规模很小，实力不强，股权的分散直接导致的结果就是大股东不愿对公司发展给予大力的支持。那个年代，深特发作为万科的大股东，持股约9%。

20世纪80年代是中国改革开放后的第一个黄金十年，但是，当迈入90年代时，国有企业的经营状况问题开始暴露出来。由于"企业办社会""船大掉不了头"等问题，国有企业普遍负担沉重，经营乏力。特区深圳的情况好于全国，但深特发这样的国有企业，也一样不能"说投资就能拿出一大笔钱"。深特发，是那个时代国有企业中一类的代表。

由于持股比例过低，深特发对于增资扩股又十分抗拒，担心自己在公司的股权比例被进一步稀释。王石眼见市场机会稍纵即逝，公司却没有资金支持发展。最终，王石动了帮深圳国资大股东找买家的心。

这时，任志强和华远出现了。

王石两面奔忙，这边和任志强议定转让价格、敲定交易细节等，那边又用各种手段做工作，说服深特发将持有万科的股权转让。在拒绝了王石和郁亮提出的大股东增资方案之后，深特发总经理最终认可了以1.8亿元转让所持万科股权的方案。

任志强和华远的出现，让王石看到了希望。但是，6月19日上午，当任志强前往深特发总部时，却吃了个闭门羹。他被深特发的工作人员告知，领导们正在开党委会，请任志强一行耐心等待。最终，任志强没有等来深特发的领导。早上10点多，任志强一行被告知，深特发经过开会研究决定，不转让持有的万科的股权。而在此之前，任志强一心觉得，要"变化"充其量是交易条件。他没想到，这个国企能够"反悔"。

无奈，任志强只得离开深特发的总部大楼。与任志强一并离开的一行人中也有郁亮。一天之前，郁亮按照王石的安排，电话和深特发总经理确认转让事宜，电话那头十分确认地说，"明天，见支票，签合同"。

多年之后，任志强曾对记者说，如果那次交易成功，他可能就是万科的董事长。但是，那次交易没有成功。

王石先于任志强知晓深特发变卦的消息，但是，他除了愤怒，也没有别的办法。

没有成功把大股东"卖掉"，王石只能带着郁亮硬着头皮去找深特发的领导谈大股东扩股的问题。但是，让王石愤怒的是，作为深圳国资大股东，深特发也不同意扩股。

在此之前，王石曾多次向深特发提出扩股方案，在对方表示没有资金的情况下，王石还提出了以深特持有的土地作价实现扩股的方案，但又被对方以公司发展战略重点不在于此拒绝。正是在这样的状况下，王石才提出了希望转让大股东所持万科股权的方案，并获得了深特发的认可，这才有了任志强带着支票南下的那一幕。

多年以后，王石回忆起这一幕，曾坦陈，当时情绪十分激动，甚至和深特发的领导直接拍了桌子，双方不欢而散。"你这是故意刁难人！"根据当时在现场的人回忆，王石是这么说的。王石随后前往市政府，向时任深圳市市长的李子彬汇报情况，试图争取李子彬对自己的支持。这一段，王石在《道路与梦想》一书中曾有一段专门记述其与李子彬的谈话。最终，王石得到"我作为市长，也不好直接干涉一家企业的投资决策"的回答，对此，王石自然知道意味着什么。

多位当时的亲历者都告诉记者，那时深特发，也有自己的难言之隐，其本身经营状况也不是很好，所以，很难拿出资金有效地支持万科的业务发展。一个典型的例子就是，深特持有部分万科的股权曾因有关案件被法院冻结。

20世纪90年代，三角债情况非常普遍。以至于1993年朱镕基出任国务院总理后，第一件重要工作就是清理三角债。当然，其时的朱镕基还面临着一个更重要的问题需要解决，那就是如何"盘活"国企，一场浩大的国企改革就要来临。

深特发——一个股权被冻结的大股东，多年之后，王石又面对一个股权几乎被全部用于质押的大股东。历史多少有些相似。

那时的深特发，是传统国企的典型代表：经营状况一般，管制掣肘不少，具体到对万科这个子公司上，就是"给钱不多，管事不少"。这样的状态，让以王石为首的管理层，头痛不已。

这不是观念上的"头痛"，而是现实中的"绞杀"。在深圳，万科眼见着新鸿基、和记黄埔这样的港资开发商大举拿地，动辄几亿元的土地价款一次性支付。而万科由于股权结构的限制，没有足够的资金实力介入，眼看着地块被港资抢走，获得颇丰的利润。

于是，王石开始考虑的是策略性大股东的问题。所谓策略性大股东，按照王石的定义，就是拥有较强资金实力、金融资源，且有发展房地产的诉求，又缺乏一支专业队伍的企业。所以，在华远接盘深特发未能成行之后，王石和管理层开始考虑引入华润。

在当时的市场中，华润虽是国资背景，但是总部设在香港，其运营方式、管理作风等，均等同于市场化的现代企业。一开始，以王石为首的管理层选择的是华润（北京）置地公司。按照当时商定的交易细节，华润（北京）置地公司，将接手深特发持有万科的股权。

机缘巧合，这时的任志强，已在华润（北京）置地公司任职，他又一次参与了收购。但是，和那次南下一样，最终还是未能成功。

万科的管理层给自己设定解决这个问题的期限是2000年前后。然而，公司提出的以华润（北京）置地公司为交易对手的方案仍然未能通过审批。最终，经过8个多月的反复磋商与谈判之后，万科终于迎来了能够以市场化方式支持其发展的大股东——华润集团。

挣脱了原有国资大股东束缚的王石，终于获得了万科高速发展的资本，好在此时，中国房地产的黄金周期，刚刚到来。

王石把万科当作自己的作品之一，但不是全部。在万科发展最快的岁月里，他决定要从一线总经理的位置上退下来，只当董事长。

"人都跑去哪了？"王石问自己的秘书。这一天既不是公休日，也不是法定节假日，但他在工作时间却找不见几位高管的踪影。"开总经理办公会去了。"秘书答道。王石怔了一下才想起来，一天之前他刚辞去了总经理一职，现在的他只是万科的董事长。后来，他自己回忆当时的情景说，第一反应就是要问秘书，"为什么不叫我？"不过，他还是忍住了。

在没有王石的总经理办公会开过之后的第四天，总经理来找他做汇报。汇报一共分为7点，说到第3点的时候，王石打断了他，然后语速平缓地说出了第4、第5、第6、第7点，并且告诉他，第6点是错的，第7点不要那么做。说完后，王石很满足，三天以来的不适感都没有了。

第二个星期、第三个星期，同样的场景接连上演。王石觉得有点不对，因为他从汇报者的眼睛里看不到兴奋的表情。他后来回忆说："我一看那状态，就知道有问题了，而且这个问题还出在我身上——一不小心扮演了'垂帘听政'的角色。对方很快已经没有最初的那种情绪、那种冲劲了。"

于是，王石开始让自己忍住，然后十分干脆地告诉他"没有意见"。这一次，意外的是汇报者。

用王石自己的话说，他是"自愿交权"的。他对待自己的"接班人"们奉行这样的原则——他们犯的错误只要不是根本性、颠覆性的，就装作不知道。

2005年，王石又一次见到了牛根生，此时的牛根生很羡慕王石的状态——那时的王石，多次登顶珠穆朗玛峰，俨然成为中国企业家精神的代表之一。更关键的在于，王石放得下，能够超脱。牛根生把这个羡慕，原原本本地说给了王石。王石笑了，他说他不培养接班人。他说，把组织的传承建立在某个人身上会有很大风险，对于现代企业，我更相信制度的建立和团队培养。

王石还曾经一度想放弃董事长的职位。那是在2008年，汶川大地震之后。即便多年过去，王石依然清晰地记得当时的情况——5月14日，一位新浪网友在王石的博客中质疑："你也太虚伪了，面对这么大的灾害，在各界纷纷解囊的情况下，仍一毛不拔，还谈什么社会责任？"王石则回应道："不用高音喇叭也可以做慈善。"一来二去，王石与网友的互动有了争论的味道。最终，王石说出了那句话——"万科在内部号召进行的慈善募捐活动中，有条提示：每次募捐，普通员工的捐款以10元为限。其意就是不要让慈善成为负担。"

舆论的口诛笔伐扑面而来。已经经历了成功的王石，或许可以不在意外界的评价，但这一次，对他个人的舆论攻伐甚至开始来自万科的内部，不少员工都对王石当时对捐款的表态，颇有微词。一位全情投入抗震救灾的员工志愿者在《万科》周刊上写道："每天都会有几个朋友、同学质问我，你在万科这样的公司上班，不觉得可耻吗？我无言以对。因为那时我也不能理解，素来令人敬仰的董事长是怎么了？"

不仅被网络上的舆论口诛笔伐，而且被十分拥戴自己的员工质疑、微词，王石内心的震动不小。2014年，王石还在回忆这段日子，"我身为一个成功的企业家，被大家从崇拜、追崇的高点上打翻在地，恨不得再踏上一只脚。"王石的心里落差可想而知。

"那时候我是随时准备辞职的，如果这种舆论继续下去，影响了万科的股价，我作为董事长，我应该辞职。如果影响到了销售，影响到了万科团队的情绪，其中任何一个原因，我都会辞职。"王石说。

在外界持续的压力下，王石最终公开道歉，并且决定向汶川地震灾区追加捐款。但是，在万科这样一家治理结构十分现代的企业里，王石和万科的职业经理人团队必须将这一计划向股东大会说明，并获得股东大会的同意。

2008年6月5日，股东大会召开，王石认为这可能会是所有压力的集中爆发点。在股东大会上陈述这一计划时，王石说："我发现自己还像个青涩苹果，由于万科的影响力，社会对你有了不同要求，我却浑然不觉，这是社会的问题呢，还是我自己的问题？显然，社会有问题，但更多的是我和万科在成长中未能意识到自身角色已经发生了变化。万科这几年成长太快了。"

然而，就在王石陈述结束后，一位小股东站起来提问，"你以前是万科的金字招牌，现在却成为万科的负资产，你将如何消除这种负面影响？"在那一刻，王石终于想到了辞职。

尽管如此，大会还是以99.8%的高票通过向灾区捐赠1亿元的议案，投同意票的股东占股18.96亿股。万科管理层决定私人出资1000万元捐赠灾区。而在临时股东大会召开前，个人股东刘元生就表示：若大会不能批准追加赈灾款项的预案，他将个人出资完成此前万科与地方政府签署的赈灾框架协议——向成都下

2017年6月30日，深圳，万科股东大会举行。经过投票，产生了新一届董事会，王石不再担任万科董事会主席。至此，王石从万科谢幕

属两个镇援建政务中心及避难所。

王石的思考并未停止，后来他回忆道：事隔多年，还有很多人问我是否觉得委屈，我并不觉得委屈，但郁闷是有的。多年之后再谈论起这个事件，我会觉得，如果没有当时的负面压力，我们灾后重建的效率不会这么高，可能也不会有现在的成果。当社会对你有成见和误解，而你却在做一件对社会有意义的事——你可以放弃，也可以做得更好。

陈东升：经典『92派』

文／刘颖 曹驰

31岁那年，陈东升在学术界已小有名气，并成为《管理世界》杂志副总编，但他并没有满足于当时的成就。几年后的1992年，伴随着改革开放的浪潮，陈东升毅然选择了下海。至此，陈东升的创业之路便一发不可收，他先后开办了嘉德拍卖、宅急送以及在不久之前跃身《财富》世界500强的泰康保险。

7月19日，2018年《财富》世界500强排行榜正式发布，泰康保险集团以240.58亿美元的营业收入位列榜单第489位，迈入全球大型保险金融服务集团的行列。

回顾一路走来的创业经历，泰康保险创始人、董事长兼CEO陈东升说："一个时代有一个时代的机会，这个机会总为最先敏锐发现的人所准备。而一个国家要繁荣，就要永续企业家精神，让一波一波、一浪一浪创业创新的企业家登上经济大舞台。"

从刻石铭志到下海弄潮

1977 年的冬天，"恢复高考"点燃了全国有志青年们心中的希望之火，那一年陈东升刚好 20 岁。1979 年，陈东升考入了武汉大学政治经济系。

对于求知若渴的陈东升，大学的学习如同在知识的瀚海中遨游。在校的四年间，陈东升储备了大量的经济学知识，培养了独到的判断能力和卓越的创新思维。作为学海中的明灯，董辅礽、吴纪先、谭崇台等知名教授的点拨与栽培更让陈东升受益良多。这些学术前辈对世界、国家、经济的见解，令这个意气风发的青年眼界大开。

1983 年陈东升即将毕业，离校前他登上珞珈山顶，花了大半天的时间在一块大石头上刻下了一个硕大的"始"字，以此寓意"千里之行，始于足下。"

毕业后陈东升被分配到北京，在对外经济贸易合作部国际贸易研究所工作，因学术表现突出，他又被调入国务院发展研究中心下属的《管理世界》杂志任副总编辑职务。在研究所工作时，陈东升大量阅读国外书籍和杂志，开拓了自己的视野。在众多国外刊物中，《财富》搞的世界 500 强排行榜引起了他的兴趣。于是，参考《财富》500 强排序的方法，他在国内举办了 500 家大企业评选活动。当时此举在各界引起了很大的轰动，《人民日报》还在头版头条作了报道。在此之前，中国企业只是按照产值划分一类、二类。

这次评选也成为了陈东升日后创业的缘起。他回忆道："评选中国企业 500 大对我的人生有很大的影响。"他曾把世界 GDP 排行和世界 500 强做过对比，发现一个有趣的现象，就是世界经济总量的排序和它拥有的世界 500 强企业数量完全成正比。陈东升清楚地记得，那一年美国进入世界 500 强的企业最多，日本第二，其次是英国、法国、德国——这个顺序正好就是这五个国家经济总量的排序。这给了他很大的启示：实业强国是根本，经济决定一切，没有一大批世界级的企业，中国的强盛就无从谈起。那时候的他已经意识到，中国会进入一个经济复兴的时代，办企业、开公司会成为一股巨大的经济浪潮。陈东升不再满足于只做研究和评价工作，创业的念头在他的心中激荡着。最终，他毅然放弃杂志社副总编辑职位和副局级待遇，决定"下海"，那年正是 1992 年。

"92 派"

在这个具有划时代意义的年份里，伴随着改革开放的浪潮，一批"弄潮儿"纷纷下海"冲浪"——超过 10 万（《中华工商时报》统计）在党政机关、科研院所工作的知识分子纷纷下海创业，形成一股商业浪潮，他们被称作是"92 派"企业家。陈东升、田源、毛振华、冯仑、潘石屹等都是"92 派"的代表人物。用陈东升的话说，"92 派"的创业模式就是"寻找一个行业空白，创造一个标杆企业，带动一个产业的发展"。他们开创了中国现代企业制度和经济发展的新篇章，是中国现代企业制度的试水者。与之前的中国企业家不同，他们率先了解、尊重和遵循市场规律，骨子里更有几分振兴经济的家国情怀。

1992 年注定是不平凡的一年。邓小平同志第二次南方视察，坚定了改革开放的方向，中共十四大提出建立社会主义市场经济体制。国家体改委颁布了《股份有限公司规范意见》和《有限责任公司规范意见》两份具有指导意义的重要文件。看着手中的文件，陈东升找到了方向："以前不知道资本从哪儿来，有了这两份文件后，就可以去募集资金，可以去根据商业模式寻找投资人，这是中国企业发生真正变革的转折点。"在这之前，中国只有国有企业、乡镇企业，私人的就只有个体户和外资。这两个文件开创了自由创业的时代，人们有了创业的想法就可以白手起家，筹措资本，开办企业。

从这个转折点启程，陈东升的创业之路凯歌频传。1993 年，他创办了中国第一家具有国际概念的中国嘉德国际拍卖有限公司，1994 年，他和弟弟陈平一起创办了国内著名物流公司宅急送。

梦想的种子

一直梦想能创办一家"世界 500 强"企业的陈东升，在一次日本考察之行后，萌生了开保险公司的想法。

1990 年陈东升随中国青年代表团到日本考察，看到东京街头最醒目的位置挂着"住友生命""海上火灾"的牌子，寻问后得知"生命"是人寿保险的意思，"火灾"是财产保险的意思。看到东京最高的摩天大楼都是保险公司的，他第一次知道保险公司可以做这么大。有研究表明，无论在日本还是欧美，人寿保险公司的保费收入都是国民经济中长期资金的重要来源。自此，陈东升就在心底埋下了创办一家人寿保险公司的种子。

回国后，陈东升到王府井书店，购买了所有书名带有"保险"的书籍进行学习，并开始了筹建人寿保险公司的一系列准备。

在当时，大多数人申请的都是证券、信托和城市信用社等热门公司，只有陈东升标新立异地申请人寿保险牌照，因为他坚信人寿保险是个非常好的产业，保险公司可以做成世界级企业。经过四年的等待和筹备，陈东升终于成功进入保险行业，于 1996 年创立泰康人寿，取"国泰民康"之意，成为《保险法》颁布后国内首批股份制保险公司。

"泰康"如同一艘行业巨轮，在陈东升的引航下开启了驶向星辰大海的征途。要想在行业中不居人后、长盛不衰，创新必不可少，"创新就是率先模仿"是陈东升常说的一句话。鸟随鸾凤飞腾远——模仿的对象决定了你的发展方向。

从"一张保单保全家"到"买保险就是尊重生命"，从"从摇篮到天堂，保险呵护一生"再到"让保险更安心、更便捷、更实惠，让人们更健康、更长寿、更富足"，泰康见证了中国寿险业产品不断丰富、内涵不断深化的过程。也正是基于这些见解和格局，泰康准确地把握住每一次时代给予的机遇，成就了今天的创新发展。

现在泰康通过虚拟保险产品与实体医养服务的跨界融合，整合全生命产业链，已从一家传统的保险公司，升级为一家创新型、致力于构建大健康产业生态体系的保险金融服务集团，迈入了全球大型保险金融服务集团的行列。

富足而退，在优雅中老去

"因时而生、因市而兴、因势而变"，在陈东升看来，"泰康"的发展得益于很好地平衡了这三者，抓住每一个战略机遇期，超常规跨越式发展。随着中国人口老龄化的到来，"泰康"敏锐地感知到了转型的契机。2007年，泰康保险开始酝酿筹备进入养老产业。

为了把保险与医养融合模式打造得更专业，陈东升决定按照"创新率先模仿"的思路，去其他国家、地区看看人家是怎么做的。他先后去了日本、中国台湾地区考察，都觉得与自己的设想相去甚远。直到在美国北卡罗来纳州的一个中心养老社区，第一次见到95岁的美国老人在跑步机上跑步、85岁的阿姨在跳芭蕾时，他被深深震撼了。看到老人们在养老社区里过着充满活力、有尊严的生活后，他觉得自己一定要把这个生活方式和商业模式带回中国："让每一个人都能富足而退，优雅老去。"

然而，在中国发展养老产业仍然面临许多问题。中国的传统观念认为把父母送到养老社区是不孝顺，认为办养老社区不会成功。"其实百闻不如一见，把父母送到养老院里去，大家觉得不孝，但是到泰康养老社区来一看，就知道是把父母送到了乐园，送到了保险箱。你不用担心父母会不会摔倒，会不会生病，这里一定会照顾得很好。我们有很多的案例，父母在这儿，也不去骚扰儿女了，也不给儿女打电话，儿女打电话来，父母还说你等会儿再打吧，我在唱歌。"陈东升说。

"摸着石头过河"的泰康，从养老社区到医养融合，再到打造"保险+医养+资管"闭环，完成了一次商业模式的创新。

北京的燕园、上海的申园、广州的粤园、成都的蜀园……如今，泰康已在全国布局了12家医养融合的高品质养老社区，一条全功能、大规模、高品质的连锁养老产业链正在铺开。通过高品质养老社区的建设与推广，改变了中国老年人对生命的态度，进而改变他们的生活方式。同时，泰康通过不断降低成本，让更多的老人能够享受到高品质的养老服务。

在马拉松式的发展中，泰康也在不断思考，探索出了自己的商业模式。对很多投资人来说，大型的养老社区是一个重资产、长周期、非高回报的领域，风险很大。陈东升认为，无论是医疗健康，还是养老服务，这都是服务机构，需要一定的积累。"真正赚钱要到5年、8年之后了，这是一个慢功夫，不是做快销品。"

十年来，泰康布局医养产业体系，至今已在全国布局 13 个大型医养融合养老社区、3 个大型综合医疗中心，还投资了制药、医疗、人工智能、健康大数据企业，打造了一个庞大的健康生态体系。

经过二十多年的深耕细作，截至 2017 年底，泰康管理资产超过 1.2 万亿元，累计服务客户规模已达 2.25 亿人，服务企业客户超 34 万家，累计支付理赔金额 351 亿元，累计纳税 375 亿元，累计捐赠公益善款超过 4.3 亿元，带动 76 万人就业，跻身世界 500 强。这意味着，这家跨界"医养"的中国保险集团，正成为享誉全球的"保险+医养"跨界巨擘。未来，它的影响力还将持续、进一步扩围。

不负时代不负民

陈东升的成功，究竟靠什么？用他的话说，最重要的因素是时代好、机会好、命运好。"时代好，是身处飞速发展、创造奇迹的改革开放伟大年代；命运好，是选择了人寿保险这个充满活力和人文关怀的朝阳产业；机会好，是共同的信念让大家走在一起，上下同欲，从不折腾，目标纯正，心无旁骛。"

陈东升说，看中国要看大趋势，10 亿人的发财梦想都被激发出来的时候，想不发展都难。陈东升看好中国，更看好中国中产人群的崛起。他说："贫穷的时候没有财力买保险，特别富裕的人，他的财富就是他的保险，所以中产人群才是保险行业的基石。我们要把虚拟的金融和现实的养老、医疗对接起来，创造出新模式。我们就是要伴随中产人群一起成长，为日益增长的中产人群及家庭提供全方位健康和财富的管理与服务。"

看好中国，看好中产几亿人，这就是泰康"长坡、宽道、厚雪"商业模式的前提。陈东升喜欢看巴菲特的《滚雪球》，长长的坡、宽宽的道、厚厚的雪，才能滚世界最大的雪球。"从摇篮到天堂"是最长的坡，养老、医疗、理财和终极关怀是宽宽的道，中高端客户就是最厚的雪。因为是人就离不开养老、医疗、投资，只要能控制好风险，就是世界最好的商业模式。

在 2018 年亚布力论坛年会的闭幕致辞中，陈东升建议现场观众全体起立，用掌声致敬改革开放 40 年，致敬中国企业家群体和中国企业家精神，致敬这个伟大的时代。他回顾了整个改革开放，从小岗村到深圳的蛇口开放，再到坚定现代企业体系，以及现代经济体系和国家现代治理结构。这场演讲引起了很大的反响。

如今，中国的改革已经进入深水区。在陈东升看来，对今天改革面临的挑战和任务，不管何种手段，最终都是要实现人民群众对美好生活的向往，实现社会的公平、公正和平等。

企业家们不是追逐财富而来，是为追逐成功、追逐对社会的贡献而来。价值观和战略是决定一个企业走多长、走多久的根本性问题。用市场经济的方式和方法，也能够实现全心全意为人民服务的目标，这也是泰康的初心。

光阴飞逝如穿梭，珞珈山上"始"犹在。初心不改的陈东升，慎终如始，借改革的东风，沿时代的长坡，正在用市场经济的方法，把全心全意为人民服务的雪球越滚越大。

『村长』刘强东：从平石头村到中关村

文／李静

　　兜转一圈，京东集团董事局主席、CEO刘强东"圆"了曾经的做官梦。2017年11月刘强东受邀担任了河北阜平县平石头村的名誉村长，他为平石头村打造了"村长刘"的扶贫品牌，并定下了一个小目标——"五年内全村家庭平均收入提高10倍！全村村民全部脱贫！不是用捐赠方式，而是产业方式！"

　　改革开放改变了刘强东的发展路径和曾经的梦想，他放弃了在政府工作的机会，最终选择了经商。这个从苏北贫困农村家庭走出来的大学生，目前已经是市值高达数百亿美元的公司的掌舵人。

　　从1998年中关村4平方米的柜台独自起家，到如今员工人数超过17万人，京东从一二线城市深入到乡镇村，京东电商扶贫项目在全国逐步落地，无界零售驱动整个零售系统革命。无论是曾经为官的理想，还是如今经商的现实，刘强东一直遵守着一个朴素的价值观——让自己人生的价值最大化。今天他取得的一切，除了自身的努力，很大程度上归功于时代，归功于改革开放。

"京东和我本人可以说都是改革开放的受益者。"刘强东说。

15 年没吃过红薯

在中国，早期脱颖而出的互联网精英们，诸如三大门户的王志东、张朝阳、丁磊，还有 BAT 的李彦宏、马云、马化腾以及雷军、周鸿祎等人，基本都来自城市，至少也是县城。只有刘强东是中国互联网界为数不多的、来自农村的企业家，而且是贫困的农村家庭。

刘强东从不避讳谈自己的穷苦出身，并且对小时候的成长历程有很清晰的记忆。正是小时候的农村生活和环境塑造了他坚韧的个性。

1974 年，刘强东出生在苏北宿迁的一个农村家庭。经历过台儿庄战役、淮海战役的苏北，人、财、物基本都给炸没了，贫穷的宿迁最多的是烈士陵园。

刘强东小时候生活的村子原来叫长安村，早年村子里全是只长茅草的砂浆地。因为砂浆地不能长东西，村里人用了好几年的时间把地里影响庄稼生长的砂浆全部挖了出来，后来才慢慢种上了粮食。

小学四年级之前，刘强东一年才能吃上一两次猪肉，平时主要吃玉米和红薯。早上白水煮红薯，中午红薯干，里面放一点米，晚上吃红薯煎饼或者熬红薯粥。"真是吃怕了，所以离开宿迁后 15 年没吃过红薯。"刘强东说。

刘强东的父母靠跑船养活一家人，常年在外，小时候的他跟着外婆长大，谈及外婆，刘强东总会变得比较柔软。"我外婆就是最善良、最纯朴、最典型的农民，对人非常友好，全村人都说她好。外婆为人处世从来不占人便宜。"他说外婆是童年时候对他影响最大的人，外婆可以说造就了刘强东的人生底色，也造就了京东的底色。

虽然幼年生活困苦，但刘强东很早就展露出做生意的潜力。1982 年国家允许个体经济发展，刘强东的父亲便从单位辞职，东拼西凑买了条小船开始创业跑船运买卖。

随着个体经济逐渐活跃，有收龙虾的人到各个村里从孩子们手里收龙虾，然后再拿到市场上去卖。然而双方信息的不对称，导致有的时候小伙伴们钓到的龙虾卖不出去，有的时候收龙虾的人又收不够需要的龙虾。刘强东看到了问题所在，他就把小伙伴们钓来的龙虾都"收购"起来，再和龙虾贩子商定好每天见面的时间和龙虾的数量，之后把数量正好的龙虾与龙虾贩子进行交易，然后从中间赚取每斤一分钱的差价。

对于父母的生意，刘强东虽然很认同他们做生意的价值观——比别人多流汗、比别人多干活、守本分、讲诚信，但是却不认同他们的商业模式。"从小我就觉得父母的商业模式做不大。那种作坊式的方式，永远只能驾驶一条船，区别不过是把 40 吨换成 80 吨，再换成 120 吨。我那时候就想，他们为什么不创办一个船行来赚租船的费用？"

虽然很小就展露出做生意的天赋，但刘强东最初的理想并不在此。

因为改革开放，虽然是在贫穷的苏北地区，刘强东也接受了完整的教育，并得以进入高等学府深造。从小学一直到高中，不少老师都对刘强东的成长产生了影响，尤其高中班主任戚老师，更是影响到了刘强东的专业选择。受到学生喜爱和尊敬的戚老师希望班里成绩好的学生都能考上中国人民大学，走上从政的道路。

"老师说，如果有一天你们中有人能当上市长，就能让更多的人过上好日子，人生价值更大。"刘强东说。成绩优异的刘强东是当时的班长，以他的高考成绩上北大、清华均不成问题，但戚老师的一席话让他把大学志愿由北大、清华改成了人大，他希望自己能像老师说的那样，让自己人生的价值最大化。

"为什么要骗我的钱？"

1992 年 9 月，刘强东怀揣着全村人给攒的 500 元钱，背着三个大袋子，里面装着蚊帐、被子、褥子、脸盆、茶缸等所有生活需要的用品。"我要靠着那 500块钱在北京生存四年，所以什么都舍不得买现成的。"刘强东心怀做官的理想进入了人大社会学系。

然而 1992 年国家开始改变大学生就业政策，由包分配转为双向选择。刘强东发现社会学毕业的学生，不要说当官了，连找工作都难。在一分钱能难倒英雄汉的年代，刘强东醒了过来——当官很重要，生存更重要。从大一开始，需要靠自己养活自己的刘强东做过家教、抄过信封、推销过书籍，最后决定学习计算机，通过编程赚钱。

1995 年左右，程序员是很厉害、很赚钱的一个职业，通过自学，聪颖的刘强东很快上手，他给系里的老师编过一个名片管理系统，给宿迁的王官集镇编过电力设备管理系统。

"基本上用一个月晚上的时间给人编一套系统，大概就能赚到 5 万元。"刘强东说，那个年代计算机刚刚开始出现，程序员实在太少，所以到了大三下半学期，刘强东就成了班里很有钱的学生。

大四那年，手里小有积蓄的刘强东萌生了创业的想法。当时人大西门正好有一家餐馆转让，刘强东拿着 24 万元的现金把店给盘下来了。他对员工特别好，接收餐馆之后不仅把员工宿舍从原来的地下室搬到了大院子，还给宿舍装上了空调，并且给员工涨了工资，还提高了员工餐的水平。

还在读大学的刘强东需要赶论文，坚信"人性本善"的他放心地把餐厅的经营管理权都下放给了员工，一般就是每星期来找后厨和前台对一下账。

但是，他发现自己不断地在外面赚钱，餐馆还需要不断地投钱，查账也没查出问题。后来一个好心的员工告诉他其中的奥秘——有员工把他给餐厅制定的规定变成了贪钱的一种手段，另外，员工们还肆意浪费、糟蹋餐厅的酒菜。

接手餐馆不到一年时间，刘强东背负了 16 万元的巨债，于是他关掉了餐厅，并且开始对人性产生了怀疑。"他们也是从农村出来的，为什么要骗我的钱呢？我想了很长时间。"刘强东如是说。

大学毕业后刘强东进入了一家日企，一边打工挣钱还债，一边学习企业管理。刘强东管理着这家日企在华北的所有信息系统，他发现日企的管理非常精细化，如何前后一一对应，如何保证数量精准，都做了详细的规定。得到公司提拔之后，刘强东照公司惯例去管理库房，那是他第一次接触物流。第一次盘库的结果是发现纸张的误差为 13 张，带他的日本人告诉他："在我们日本企业没有'误差'这个词，只有'错误'。如果'误差'不是你导致的，就是印刷厂导致的。"

"公司的钱和物是一一对应的关系，做库存管理后才知道日本企业的管理真的太严密了。陆续在这家公司做过电脑担当、销售担当和库管担当之后，我把管理核心摸得很熟，我才恍然大悟，用我的那套方法经营餐厅必败无疑。"刘强东说，餐馆倒闭是他的错，因为他没有制定严密的管理制度，既没有管理细则，没有进行监督，也没有建立财务系统和流程防范漏洞。刘强东意识到，一个企业没有管理，必然会出问题。

这段经历为刘强东日后建立一家员工人数超过 17 万人的公司打下了管理上的基础。

中关村再创业

通过打工以及空闲时间编程赚钱，刘强东不到一年时间还完了欠债，还剩余 1 万多元，他再也控制不住内心创业的冲动，这一次他选择了中关村。

1998 年已经是改革开放 20 周年，人们的思想意识在邓小平南方谈话之后得到进一步解放。以中关村为核心，搜狐、新浪、网易、百度等一批互联网企业如雨后春笋般涌现。那一年刘强东二次创业，在中关村租下了一个 4 平方米的小柜台，做起了线下多媒体生意，从最初售卖婚纱影楼视频编辑的硬件和系统，到后期转而售卖光磁产品、刻录机、光盘等，走的都是柜台卖货的路子。

那个时候的中关村，很多商家都是一个生意模式，就是一台 25000 元的笔记本电脑，如何以 35000 元卖出去。刘强东坚持了两件事：一是明码标价，薄利多销；二是做好服务。并且从开柜台第一天开始，刘强东就坚持只卖正品，为客户开发票、足额交税。

"开发票是一种宣示，是告诉顾客我卖的是正品。我记得当时有一次，工商局来我这查了三天，没有查到任何逃税和假货问题，我底气十足。"刘强东回忆说。

刘强东与整个市场格格不入的做法逐渐为他吸引了更多的客户，他们口口相传，都知道中关村有个柜台不卖假货。三个月之后开始有人排队在他的柜台买东西，回头客越来越多，刘强东的京东公司越做越大，从一个柜台变成了 12 个门脸。

2003 年，发生了"非典"疫情，人们闭门不出，京东多媒体 21 天就亏了 800 多万元。刘强东思考着，那为什么不在网上卖东西？

相较于其他电子商务平台，京东那时从线下转型线上发展电商已经属于比较晚的。1999 年，当当和易趣创办，马云的"阿里巴巴" B2B 电商公司也悄然诞生。2000 年，卓越网创立。2001 年，新蛋网进入中国，并迅速成为电子数码产品的首选网站。

最开始，京东是通过在网上发帖、新闻底下留言评论的方式发布卖货信息，然后通过邮局发货，邮局汇款。当时一个网络论坛的版主留言说，京东多媒体是他认识的在中关村唯一一家不卖假光盘的公司，并为其带来了第一笔网上团购订单，京东由此迈出了线上零售的第一步。

2004 年 1 月 1 日，京东多媒体网站正式上线，业务量不断增长。"我分析发现，将来电商一定会比连锁店的运营成本低很多，而且效率更高。"在 2004 年底刘强东谋划彻底转型线上，关掉线下连锁店。那个时候京东有 30 多人负责线下店，只有三个人全职负责线上，包括刘强东本人。转型遭遇来自员工的压力，刘强东对员工承诺，"一个同事、兄弟我都不会辞退，所有人都转到线上。"专心做线上生意的京东，多媒体产品的销量不断攀升。

虽然是电商行业的后来者，但刘强东认为消费者的需求永远存在，关键是怎么把用户体验做得更好，怎么把成本降得更低，怎么提升效率。这也是京东最初定位的核心竞争力：前端用户体验，后端成本、效率。并且在那个时候确立了京东"倒三角"的战略管理体系。

2005 年京东开始扩充品类，从多媒体产品拓展至 IT 数码全品类，此后逐渐延伸至食品、家电、服装鞋帽等。"光靠多媒体黏性不够。"刘强东说。

品类扩展之后的另一个关键阶段是在 2007 年决定自建物流。那时刘强东发现全年 72% 的客户投诉都是来自于物流，当时整个中国的物流行业都面临着低效运行、服务意识差的问题。

当拿到 1000 万美元的刘强东决定投资物流建设时，很多同行都觉得刘强东"疯了"。面对外界的种种质疑，刘强东坚持烧钱建大量的物流中心和信息系统，如今京东有口皆碑的物流服务已成为顾客选择京东的重要原因之一，自建物流也成为京东击败各个竞争对手的利器。

如果不是这个决定，京东可能早就盈利了，但一轮又一轮的投资人相信了刘强东。"即使外界对我们的质疑很多，但投资人没有质疑过，他们心里太清楚京东是一家什么样的公司，知道我们怎么管理，知道我们所有的数据，以及运营到底健不健康。"

在刘强东的坚持下，从北京小范围试点开始，通过多年来在物流上的投入，京东物流在全国范围内拥有超过 500 个大型仓库，运营了 15 个大型智能化物流中心"亚洲一号"，物流基础设施面积超过 1200 万平方米。京东物流大件和中小件网络已实现大陆行政区县 100% 覆盖，自营配送服务覆盖了全国 99% 的人口，90% 以上的自营订单 24 小时内送达。

目前，京东是全球唯一拥有中小件、大件、冷链、B2B、跨境和众包（达达）六大物流网络的企业。"我们成功地打造了一个强有力的 B2C 物流体系，并成功地将物流成本（对比社会化物流）降低了 50% 以上，流通效率（对比社会化流通）提升了 70% 以上。"

京东再转型

2014 年 5 月 22 日，西装革履的刘强东兴奋地按下了敲钟的按钮，宣告京东在美国纳斯达克上市，上市当天市值达 286 亿美元。

他说其实真正上市的时候自己并不怎么激动，上市的意义真的只是因为企业做大了，需要给社会、合作伙伴，以及员工、媒体、公众一个交代。"这家公司牵扯到千千万万的家庭，京东上市了，大家就可以安安心心回家睡个好觉。"

在上市路演的时候，刘强东主要讲的都是京东商城，尤其近年来京东商城一方面业务不断下沉到中国的四、五、六线城市，甚至很多的乡镇村，同时也把农村好的产品通过网络带给全国的消费者；另一方面是京东的全球化，京东积极到国外去投资建仓储、采购团队，建物流等。其实在消费者感觉不那么明显的层面，服务于商城业务的京东金融、京东云等板块也在同步发展。

2014 年 5 月 22 日，京东集团正式在纳斯达克挂牌，京东董事局主席刘强东敲响上市钟，成为当时仅次于腾讯、百度的中国第三大互联网上市公司

2018 年 7 月，京东第三次入榜《财富》全球 500 强，位列第 18 位，在全球仅次于亚马逊和 Alphabet，位列互联网企业第三。2017 年刘强东在京东集团年会上表示，希望用 12 年的时间，把京东以往建立的所有商业模式全部用技术进行改造，变成纯粹的一家技术公司，"将来我们所有的技术都将对外开放。"

在零售整体增速放缓，以及京东科技逐渐积累成熟的背景下，京东提出了"无界零售"的概念，并开始从"科技零售"拓展至"零售科技"，从一家互联网零售企业向着零售基础设施服务提供商转型，由单轮驱动变为双轮驱动。

刘强东在 2018 年"6·18"期间接受媒体采访时，首次对外阐述了京东新的增长曲线。刘强东说："过去十年是第一条曲线，现在进入第二条曲线，主要是新品类的成长，比如大客户、生鲜业务；大概两三年之后，我们会进入第三条增长曲线，主要是以技术拉动和供应链服务作为核心的增长推动点。"

谈及京东的发展历程，刘强东多次谈及"价值"。"我们一直强调整个集团始终要为国家、为社会创造价值。过去 12 年京东为这个社会、为这个国家带来的最大贡献并不是用户体验、成本和效率，而是我们坚持走正道，走正道才能最终成功。"刘强东说，"我们用实际行动向社会证明、向无数年轻人证明、向无数企业家证明、向无数即将进入创业行列的创业者证明，合法是可以成功的，合法是可以赚到利润的。"

面向未来的十年，刘强东认为科技对人类和企业的影响将会更激烈、更快速，面对瞬息万变的世界，只有用技术去应对未来所有的不确定性和所有的变化，这也是京东为什么选择转型的道理。

『蹚雷者』马蔚华：
大破大立金改路

文／张漫游

"要把银行真正办成银行"，这是改革开放初期国家领导人对银行业寄予的厚望。从真正意义上的商业银行诞生，到切实实现特色化、可持续发展，40年来，中国银行业的面貌发生了翻天覆地的变化。

作为新中国的同龄人，马蔚华从体制内的年轻干部到中国排名第六大银行的掌门人，见证并参与了中国商业银行的从无到有、由弱到强。"不知未来者无以评判当下，不知世界者无以理解中国，不知宏观者无以处理微观。"这是马蔚华，这位被视为中国银行业改革转型颇具风向标意义的人物，时常挂在嘴边的话。

以招商银行为例，业界流传着"中国银行业转型看招行"的说法。曾执掌招行15年的马蔚华认为，招行如今的成绩与该行始终与时俱进、走在改革前端密不可分。马蔚华在担任招行掌门人期间，预见了金融脱媒、利率市场化、IT

变革等影响未来银行业发展的因素，并由此制定出招行发展网上银行、主打零售业务、服务中小企业等战略。现在看来，马蔚华提出的这些发展策略，已经成为商业银行的标配，引领和启发了中国金融改革和商业银行市场化。

主导关停　转身金融界

最近一次见到马蔚华，是在一场关于改革开放 40 周年的演讲活动上。摆脱了西装的束缚，马蔚华已变身"公益人"。

"20 年前，我们把公益的理念引入商业组织，现在反过来把商业模式和金融方法引入公益机构，这一定是社会发展的主流。"如今的马蔚华已年逾花甲，但谈及与改革相关的话题时，他依然神采奕奕，壮心不已，仿佛还是那个助推商业银行走在市场发展前面的领路人。

在金融领域从业 25 载，马蔚华与"改革"二字紧密相关。

1978 年，高考恢复，马蔚华成了第一批受益的人。当时，中国经济百废待兴，怀揣抱负的马蔚华前瞻性地选择攻读国民经济管理专业。

毕业后，马蔚华先后在地方政府、中国人民银行总行任职。同期，国民经济的发展和经济体制改革对银行业和金融业提出了更高的要求，决策层开始考虑建立体制较新、业务较全、范围较广、功能较多的银行。赶上了金融业波谲云诡的大时代，马蔚华亲历了中国金融改革和商业银行市场化的全过程，更成为其中许多关键事件的监管者、参与者和操盘者。

在当时，四大国有银行率先打破业务藩篱。随后，10 家全国性股份制商业银行又打破了四大银行一统天下的格局，地方性股份制银行也陆续成立。不过，在 20 世纪 90 年代，这些地方性股份制银行大多肩负着地方企业债权人的重担，海南发展银行正是其中之一。

为了加速海南地方经济的发展和妥善处理停业信托机构的债权债务问题，1995 年，海南省政府决定在 5 家信托投资公司的基础上，向全国募股组建海发行。

彼时，马蔚华已经从央行总行南下，任央行海南省分行行长 3 年多，他曾表示，组建海发行意义重大。尽管海发行成立之初，需要完成加速步入正轨、积极拓展业务、处理前手几家信托公司的历史遗留债务纠纷工作，但海发行依然奋起直追，一度成为当地银行中的后起之秀。

然而，管理层还没有体验够稳健经营的喜悦，海发行便因一次政策兼并引发了危机。

1997年央行公布的银行存款基准利率为5.6%，但当时全国很多信用社通过高息揽存的形式发展业务，部分信用社吸储的利率竟高达25%。很快，大量信用社只能借新还旧，用更高的利息吸入存款以支付到期的部分，形成严重的恶性循环。以海南为例，到1997年底，海南已有几十家信用社资不抵债、无法兑付到期存款，发生多起挤兑事件。最终海南省政府决定让海发行兼并信用社，背起信用社的资产和负债。

在兼并信用社后，基于金融监管和金融稳定考虑，海发行公开宣布，对所有储户只能保证支付储户本金以及合法利息。但这对于客户而言就是违约，于是，挤兑事件爆发了。短短两个多月时间里，海发行几十亿元的存款被提取一空，继而引发资金链断裂等一系列问题，在海发行贷款的很多房地产项目也随之中断。

1998年6月，央行下令行政关闭海发行，成立关闭海发行清算组，马蔚华任清算组组长。海发行是中国历史上第一家被关闭的银行，马蔚华也没有经验，他查阅了很多国际上处理这类风险的案例后才逐渐地树立起信心，同时咨询了很多国际知名的会计师和律师事务所，在央行总行的支持下主持海发行的清算工作。

亲眼见证了海发行的由盛至衰，每每回想此事，马蔚华都不由得感叹，金融从业者永远不能踩碰风险的地雷。

试水银行　蛇口化风险

海发行的事件刚刚尘埃落定，1999年，马蔚华离开体制内，到招行任行长。这家总部位于深圳的小银行，是当年改革开放初期领导人尝试从体制外推动体制内进行金融改革，支持袁庚创办的中国第一家完全由企业法人做股东的银行。

新官上任，马蔚华却迎来了市场带来的"两把火"——央行叫停了国内银行的离岸业务；沈阳分行遭遇挤兑风险。任何一个没处理好，招行就面临关门的危险。

受亚洲金融风暴影响，国内银行的离岸业务质量变差，不良贷款率上升，央行叫停了国内银行的离岸业务。当时，招行的离岸业务是同业里最多的，叫停离岸业务的消息一旦被境外储户知道，发生挤兑，后果不堪设想。马蔚华闻讯后立即飞往北京，向央行汇报招行的情况，最终央行同意采取措施最大程度地减少消息的扩散。利用这一宝贵的喘息之机，马蔚华立刻采取各种方法筹措外汇资金，半年之后才逐步化解这场危机。

一波未平一波又起，1991 年 3 月 17 日，在马蔚华被董事会任命为招行行长的当天，招行沈阳分行出现了大规模挤兑现象。经历过海发行挤兑潮的马蔚华明白，这次挤兑事件背后的风险有多大。于是身在深圳的他远程指挥沈阳分行的员工，调足资金到沈阳，24 小时不间断保证储户取款，采取"保证支付、细致服务"等鼓励客户信心的正确策略。一个员工回忆道，马行长要求把钱高高地堆在柜台上，让前来取款的储户放心，只要钱稍微低下去一些，立刻再补上去。

每天 3 亿~5 亿元人民币的存款被提取，于是马蔚华在两天之内紧急调拨了 17 亿元资金去沈阳以满足银行需求，最终稳住阵脚，拯救了招行声誉。

收到以上两份见面礼后，马蔚华对于商业银行的风险与责任有了更清醒的认识，加快了他从一个监管者向一个经营者角色的转换，坚定了他要把招行打造成一个百分百市场化商业银行的决心。

如何能实现这一转变？马蔚华曾经在哥伦比亚演讲时阐述了他的战略，就是要及时抓住机遇，比别人早看三五年，积极适应经营环境变化，力求比别人变得"早一点、快一点、好一点"。所谓早一点，就是行动上领先一步；快一点，就是决定后行动要迅速；好一点，就是要高标准、高质量。

当时，国有银行雄踞中国银行业，马蔚华接手时的招行，仅有 13 家分行，166 个网点，物理网点之少是其最大的"先天性不足"，要扩大市场只能另辟蹊径。

敏锐的马蔚华捕捉到信息技术革命带来的变局。"在历史上，特别是近代有了 IT 以后，通信技术的每次变革，都对传统的银行产生了革命性的影响。重大的科技变革，会给人们的生活方式、生产方式带来强烈的冲击，进而产生新的需求，这种需求也包括对金融新的需求。"

马蔚华认为，互联网对于招行而言是个历史性的发展机遇。于是，在招行走马上任后不久，马蔚华就为招行定义了"业务网络化、资本市场化、发展国际化"的三步走发展方向。其中，网络化被马蔚华看作是招行首先要实现的目标。

1999 年，招行实施电子化改造，在中国建立第一家网上银行；随后，又将"一卡通"整合进网上银行系统。为满足互联网商家网络化、多元化、个性化的发展需求，招行又实时整合电子商务的支付资源，推出了"一网通4+3"。

2008 年，是马蔚华在招行任职的第九年，当年，招行零售电子渠道综合柜面替代率达 77.45%。在总结招行成功经验时马蔚华曾表示，过去十年，招行网上银行已经相当于再造了几个招行，这些经验对于传统行业有相当的借鉴意义。

与时俱进 引领转型路

为将招行打造成完全市场化的商业银行，"因势而变"也是马蔚华的高明之处。

作为一家在"大象"腿中求生存的小银行，如何定位和发展，此前并没有先例，马蔚华是在业内最早提出了符合自身发展的经营战略的银行家，即从一家对公业务为主的批发性银行转向个人理财为重点的零售银行。

马蔚华在最近一次改革开放 40 周年的演讲中也回忆道，当初在招行提出要搞零售时，是奔着全社会财富管理去的。"那时候你再跟别人一样，搞批发业务、挖大客户，可能越走越没有前途，第一，你搞不过五大银行，第二金融脱媒、利率市场化、资本约束等挑战，接踵而至。所以我们看到了银行最大的市场潜力——即全社会的财富管理。银行要想干这个，就要以零售为基础。"

招行的第一次转型始于 2004 年。在商业银行仍以批发业务为主、以利差为主要盈利的时代，招行加快零售业务、中小企业业务、中间业务发展的步伐，进行经营战略调整。马蔚华曾这样告诫地方分行，不做对公业务，今天没饭吃，但不做零售业务，明天没饭吃。正是这次转型奠定了招行如今在中国银行业的市场地位。

5 年之后，成效斐然。到 2009 年，招行的零售贷款占自营贷款的比重已经达到 35%，非利息收入占营业净收入的 21%。在这 5 年里，招行的税后净利润始终保持高速增长，不良率也降低到 1% 左右。

然而，招行这一次转型带来的强劲增长势头在 2009 年戛然而止。2008 年以来，为应对席卷全球的金融和经济危机，包括我国在内的各国央行都普遍采取了降息、注入流动性等宽松的货币政策，利率的下调对各家商业银行盈利都造成了较大冲击，招行亦受到影响。

2009 年招行净利润为 182.35 亿元，同比下降 13.48%，这也引发了马蔚华再一次的思考。

尽管招行的不良率在下降，但平均利率仍然较低，还是"傍大户"。当时的银行已经受到资本约束，可众多金融从业者还沉浸在消耗资本做大企业的传统作战方式中，而大企业的风险低，相应地，银行对它的定价能力也低，利率下浮，收益越来越少。马蔚华认为，商业银行必须要加强对于资本的管理，令有限的资本在不同的业务条线和银行产品之间、现在和未来之间有效地分配。

面对金融危机以及市场发展的变化，马蔚华提出业务调整战略，从 2010 年正式开启二次转型。针对二次转型，马蔚华提出了未来三年的具体目标：降低资本消耗；提高贷款定价能力；控制财务成本；增加价值客户和确保风险可控。

二次转型之后，作为招行大零售的一个重要组成部分，小微企业业务开始成为招行发力重点。在马蔚华看来，一家银行不能奢求面面俱到，招行要得到一个长远而稳定的成长只需要做好两件事，一是维持原有的优势，把零售业务"做深做透"；二是再造第二个优势，即"两小"战略。

马蔚华曾清晰地概括两次转型的着力点："如果招行的第一次转型是结构的调整，那么第二次转型就是管理的提升，是对招行风险管理能力、资本管理能力、成本管理能力的一次全面提升。"

为实现目标，招行着手成立零售银行总部，在不改变分行利润中心格局的前提下，加强对全行零售业务的战略统筹；在分行层面建立高效的新兴批发业务组织模式，对具备条件的业务部门试行独立核算。

4 年后，虽然马蔚华从招行功成身退，但他的继任者依然坚持推进零售业务的发展。经历两次转型，直至 2017 年，招行零售金融业务利润仍保持较快增长，税前利润 475.95 亿元，同比增长 7.94%，占招行业务条线税前利润的 56.52%。

坚持创新　要做先行者

回望招行 31 年来的历史，就是一部创新史。马蔚华说，招行成功的关键是"坚持创新、早走一步"，在别的银行没有想到时你先做这件事，等你有一定基础和品牌，别人再追你就不容易。

以国际化为例，"走出去"是近年来中资银行的主旋律之一，而发展国际化是早在马蔚华刚担任招行行长时便确定下来的"三步走"发展方向之一。

1999 年 3 月，马蔚华正式就任招行行长之后，在美国设立分支机构就在他的战略考虑之中。"招行既然要国际化，不可能没有纽约这个窗口。也许我不会再建其他海外分行，但纽约分行是要建的，迟早是要建的。"

从 2000 年到 2006 年，招行在资本市场演绎了 A 股上市、发行可转债和 H 股上市的精彩"三部曲"。其中，A 股上市使得招行甩掉了历史包袱，全面改善了经营管理素质，得以强身健体，再添活力；发行可转债获得了与投资者建立良好互动关系和融入市场的经验；H 股上市进一步明确了未来发展的方向与量化目标，为招行真正步入国际化发展的轨道开创了全新的起点。

就这样，从管理国际化到经营的国际化，再到机构的国际化，马蔚华引领招行一步一步走向了世界。

除了中国银行和交通银行这两家新中国成立前就已在美国设有营业性质分行的中资银行之外，2007 年以前，中华人民共和国成立以来没有一家中资银行获准进入美国。美国当地时间 2007 年 11 月 8 日，美联储正式对外发布消息，批准招行设立纽约分行，招行也成为美国自 1991 年实施《加强外国银行监管法》以来批准中资银行成立的第一家分行，且到 2010 年即提前实现盈亏平衡。2008 年正值金融危机肆虐之时，招行的分行宣布在纽约广场酒店开业，这让当时的纽约市长和很多银行高管非常惊讶。当时的布隆伯格市长对他说："我们的银行在倒闭，你们的银行在新生，你们就是纽约冬天里的春风。"

"招行一小步，中国银行业一大步。"这是业内人士对于招行设立纽约分行的评价，也成为后来市场对于招行的整体评价。

马蔚华在招行任职近 15 年，招行总资产翻了 40 倍，一举成为全国第六大、全球第 44 大的商业银行，跻身世界 500 强。

不断创新、变革，给招行发展注入了源源不断的新鲜血液，同时，马蔚华亦认为，招行之所以能够写下这浓墨重彩的一笔，更重要的是因为"天时地利人和"，既赶上了中国改革开放这个大时代，又恰好出生在了一个好地方——经济特区深圳，除各方面的支持外，还具备了一支团结向上肯拼搏的团队。

中国特色社会主义进入新时代，改革开放仍被认为是当代中国发展进步的必由之路，是实现中国梦的必由之路。对于新的经济环境，马蔚华研判道，高质量增长需要开放的环境，否则中国银行业将缺乏竞争压力与国际化视野。马蔚华认为，新一轮扩大开放，放宽金融市场准入，可以使国际大银行进入，中国的银行业和它们继续竞争合作，在竞争合作中提升自己，这将会是一个共赢的局面。

马明哲：平安守望者

文／万云

　　2013 年 6 月，上海陆家嘴环路 1333 号平安金融大厦，电梯升至 36 层，穿过一道灯光折射如五彩射线编织的空中桥梁，记者到达采访的小会议室。在约定的时间，平安集团董事长马明哲着一件淡蓝色精织棉衬衣、手拿一个 iPad 笑盈盈地走了进来。马明哲吩咐秘书抬来一个写字用的黑木板，说："我刚从美国硅谷回来，正好和你们好好讲讲我们平安正在做的事情。"

　　记者至今还留着马明哲书写的关于"最大的零售金融集团、门户战略、大量客户、高频接触、数据整合"等当年堪称新鲜词汇的"黑板报"照片。

　　2012 年至 2013 年间，马明哲在很多场合出现时更像是位资深 IT 男。他常常与金融圈、IT 圈、投资圈和媒体圈的人谈起如："O2O""大数据""二维码"等概念。那几年，马明哲对科技和互联网的兴趣与日俱增。去美国的时候，相比传统金融家常去的华尔街，马明哲更爱泡在旧金山的湾区和硅谷。他在平安内部会议和代理人高峰会上都强调同一句话，"未来 40 年，数据将改变一切。"

自 2013 年起，平安发生了巨大的变化，用科技赋能，成为一家最大的零售金融集团。至 2018 年，平安在未来的战略是金融+生态，"科技赋能金融，科技赋能生态，生态赋能金融。"马明哲在 2018 年中期业绩发布会上强调了科技在平安的意义，并提出了"生态"的概念。

跨界立 flag 者

在记者采访的印象中，马明哲在 2000 年前几乎不出现在媒体面前，唯一一次打破惯例的是为平安集团第一个科技类公司"PA18"的启动仪式站台，并主动接受科技类媒体记者的采访。2000 年平安上市后，只有在每年的年报发布会上，马明哲才会到场，隔次会出现在上海或香港会场，其他新闻事件发布或受媒体采访的工作多由集团副总孙建一先生来执行。还有一个特例，在由"三马"（马明哲、马化腾、马云）成立的在线保险公司众安保险成立仪式上，马明哲也到场畅谈。

马明哲最新一次出现在公众面前也与科技相关，即 2018 年 8 月举办的第四届中国智慧城市博览会。智慧城市对平安来说意味着一次"金融+科技+生态"的大融合。马明哲在第四届智博会开幕式上发言："中国平安作为全球领先的综合金融服务集团，在做好金融主业的同时，我们本着服务国家、服务实体、服务经济、服务大众的理念，利用多年来积累的金融和医疗科技，包括智能认知、人工智能、区块链、云计算等领先的科技，为中国智慧城市发展助力赋能。经过多年的探索，平安构建成"'1+N'智慧城市完整平台体系。"

把握未来先机最好的方法是能够预测未来；预测未来最好的方式是创造未来。30 年来平安不仅创造着未来，也成为金融机构中的最 in 风向标和跨界立 flag 者。

以平安全面布局的智慧城市来说，智慧城市，一个当今最流行的概念，堪称一项全球性运动。它是一种高层次的城市状态，新的数字技术改变城市的流动模式，当地经济也因此经历一种结构性变化和应用场景的颠覆。德国模式、丹麦模式、荷兰模式，还有美国、韩国、法国、日本、新加坡等，不同国家、不同城市对智慧城市的切入点不同。在中国，有 500 个地级城市已明确提出或正在建设智慧城市。

专业开发新公司的人

很难想象，马明哲领导的平安集团旗下已有 70 家公司，甚至更多，因为他对平安的再造性是打破传统思维的。从缔造平安到缔造平安生态，马明哲的角色不断更新、越来越新颖。从中国传统职业制度上看，他已是一名退休干部；从事业年龄上看，他仍是一位极具创新能力的连续创业者。

成立于 1998 年的平安保险公司，到 2018 年已成为一家"金融+科技"的金融集团。下一个十年，平安有志于成为一家"1+N"多平台的综合金融集团公司。马明哲领导下的中国平安不断刷新公众对它的认识：保险公司、全能金融公司、上市公司、投资公司、科技公司、互联网公司、零售金融服务集团、智慧城市建设的综合供应商、"金融+科技+生态"集团。

连续创业者数以万计，但是把公司从零做到万亿市值的或许唯有他一人：中国平安保险（集团）股份有限公司董事长兼 CEO 马明哲。

从平安 30 年的成长历程来看，第一个十年搭建根基，学做保险；第二个十年专注做保险，构建平台，探索综合金融；第三个十年则在"保险+金融"的基础上，搭建五大生态（金融生态、医疗生态、住房生态、汽车生态和智慧城市）。

2017 年，平安集团的营业收入达 9745.70 亿元人民币，利润 890.88 亿元人民币。以这样两项指标，平安在 2018 年度《财富》世界 500 强排名中名列全球第 29 位，较 2017 年上升 10 位。同时，在全球金融企业排名中，中国平安名列第 5 位。

马明哲不断再造平安，也不断地超越公众对他的认知。

科技迷

2018 年 7 月，据英国《金融时报》报道，香港金管部门将于 9 月上线一个区块链支持的贸易融资平台，把包括汇丰和渣打在内的多家银行连接起来。平安金融壹账通成功获聘为香港贸易融资平台的技术服务提供商，为该平台的生产部署提供支持。金融壹账通在香港金管部门项目上面对的竞争对手是包括埃森哲、R3 等在内的世界一流技术公司。

平安非常看重这一次获胜。在过去 10 年间，中国平安已累计投入 500 多亿元用于创新科技的研发与应用。今天，当智能时代来临，已经累积 10 年之功的平安则进入了科技收获季。平安宣布在人工智能、区块链、云、大数据与安全这五大核心技术上都取得重大突破。

平安科技上取得的成就得益于马明哲本人对科技的钻研。

2000 年 8 月，平安自建了电子商务网站 PA18.com，这是一个在线金融产品超市，平安还为这个网站花费重金请来英国剑桥大学信息科技博士张子欣。在 PA18 成立时，一向极其低调、从不与媒体交流的马明哲亲自为 PA18 网站站台，首次接受采访。

2013 年初，马明哲在美国待了两个月，他几乎把所有的时间都泡在了旧金山的湾区和硅谷。从硅谷回来后，马明哲与同事交流的语言基本离不开"海量"和"高频"两个词。他认为门户战略分为四个步骤：方法、工具、数据和整合，平安定位最大的零售金融服务集团，要从大量的客户那里获得海量的数据，同时，要把海量的数据通过高频的方式与客户的财务、医疗健康、住、行等发生接触，才能产生收入。

2013 年，38 岁的马明哲发现，平安的最大对手不是金融企业，而是科技公司。那一年，他甚至打算写一本叫《数据战争》的书，告诉他的同事们："未来四十年的竞争，是围绕数据的竞争，数据将改变一切。"

大数据之后，平安深入研究 AI 技术。2017 年，平安发布十大 AI+创新服务。马明哲在与 40 余名平安希望小学校长交流时提到了 AI："不用十年，人工智能将对教育带来革命性、颠覆性的改变，让二三四线城市的教育水平赶上一线城市。"

这其中折射出他对于科技和 AI 的务实观——AI 的发展必须落地应用，为人服务，否则仍是"单纯的黑科技"。

创新与识人

在马明哲看来，"变则兴，不变则衰；变则生，不变则亡。"变革和创新是公司保持竞争优势的永恒主题。

创立平安之前，马明哲曾是个被时代命运抛来抛去、常在别人打牌时看书的年轻人。33 岁创立平安保险后，他被上级领导称为一个不满足现状，好奇而富有热情，有信念并异常执着的人。

在平安成立 10 周年时，马明哲决定脱离一个"小公司"的"低级趣味"。他说："一个具有竞争力的公司需要拥有全部渠道组合发展，那些不具备整体的、综合优势的小公司将承受难以生存的巨大压力。"

平安在第二个十年，已开始实施上市计划，并进行了一系列股权变更。

2003 年是中国保险业的上市元年。中国人保、中国人寿相继以中国最大的财产险公司和中国最大的寿险公司在香港上市。2004 年 6 月，平安以一家综合性保险公司的定位在香港证券交易所挂牌。2004 年 6 月 24 日 10 点，马明哲在电子交易操作界面上输入了 2318 的股票代码，屏幕上出现开市价及第一笔交易：10. 50 元，高于招股价 10. 33 元。

2005 年开始，国内 A 股牛市昂首长嘶，马明哲也在紧锣密鼓地筹划着平安的回归。2007 年 3 月 1 日，平安在上海交易所挂牌。马明哲在上海证券交易所大厅里敲响铜锣后，大屏幕上显示：开盘价 50 元，与 33. 8 元的发行价相比，涨幅达 47%，平安瞬间刷新了国内金融类股票的发行价。这一天的平安和马明哲一时风光无限。

当天的媒体发布会上，马明哲自信满满，不断"抢答"，一改以前的低调作风。他强调一个概念：中国平安是一个金融投资控股集团公司。"集团不做任何业务，只募集资本，投资到各个子公司。平安集团各子公司严格按照分业经营、分业监管，各子公司都是单独的法人机构，有独立的经营班子，每个公司之间都有防火墙。"

2007 年，全球金融海啸已经暗潮汹涌，平安变得并"不平安"。再融资计划、投资海外股票市场以及拟与富通成立合资公司"三部曲"本是中国平安 20 年发展进程中最"大手笔"的投融资计划，但至 2008 年 10 月，平安用暂停、终止、解除和减值准备等一系列举措宣告了平安 2008 年财富梦舟的搁浅。平安投资海外股票市场损失约 238 亿元，这个数据使平安的财务报表黑化了很多年。

2010 年以来，科技赋能传统行业，点石成金的佳话倒逼企业家们接受新知识。马明哲对于科学技术的学习和准备显然提前了 10 年。随后，他发现了一个新的领域，这个领域连接着金融与互联网科技。他对他的高管团队强调："支付业务就是小额电子银行，尤其在移动时代，支付业务前景不可限量。"2013 年 6 月，平安成为第一家拥有独立支付公司的金融机构。实际上，在 2012 年 9 月，平安就通过间接控股支付公司，将支付牌照收入囊中，耗资 10 亿元人民币。其间的所有环节，全是马明哲亲自操刀，从想法、构思，到收购、组建管理团队、成立新公司、确定公司的盈利模式……

1999 年，马明哲曾说过这样一句话："我们公司重大事情都是由董事会和股东们决定的。我的工作在于努力创造一种机制，在市场上吸引更多的人才来平安。对人才，我们是广泛延揽，多多益善。我还有一方面的工作，就是为这些人才创造良好的氛围，尤其是中西方文化交融的氛围。"

平安的很多业务干部辞职需要得到马明哲的签字。有一位当年的科室主管至今保留着马明哲的亲笔信，他说："马总的信写得特别感人，他能记住你的业务特长，希望你周全考虑去留。"2006 年，平安制定并实施了"倦鸟回归"的人才计划，接纳那些出走的业务干部再次选择平安。

对于销售精英，马明哲一直以温和、呵护的态度对待他们。在 1998 年到 2008 年的十年间，几乎每一年的寿险高峰会，马明哲都会亲自参加，并做主题演讲。传播最广的当属 1999 年的《我是平安一名保险推销员》。2018 年 5 月 27 日，在平安成立 30 周年司庆仪式内部讲话上，马明哲发表名为《铭记初心：我是一名保险推销员》的演讲，算是兑现他 20 年前的承诺。他认为，平安是国内第一家引进保险代理人体制、结合中国国情进行改良的公司。这一体制至今仍是最适合中国国情、极富生命力的模式。

2006 年，马明哲在回答内部干部提问时，总结了平安 18 年来的成功经验：

"一是不同时期用不同的人，二是不同时期选择不同的股东，三是始终先人一步。"

"选拔 A 类干部首先看个人品德、基本素养，其次是其专业能力和未来发展的潜力，而不是仅看当前业绩。"马明哲表示："我的主要工作有三方面，培养人才、制定发展战略和发展平安的企业文化。"

通常在民营企业中，创始人的持股比例一般都比较高，但马明哲间接持有平安的股份不到千分之一。"马明哲当年在搞员工合股基金的时候，有机会持有较大比例股份，但他却把自己可以拥有的股份分给了 1.9 万名员工，让大家分享公司的成长。"他的同事孙建一说。

"一定要与全世界最聪明的人打交道，要找到全世界最聪明的人一起工作。"马明哲不止一次这样讲述他的观点。1998 年，他不惜重金聘请麦肯锡做咨询，并且不间断从麦肯锡"挖人"，其中包括后来一直做到平安集团总经理的张子欣。张子欣不仅给马明哲带来了战略思维，也带动他了解科技的前沿。

为了在数据战争中跑赢，马明哲从各方招兵买马，建立一支 100 多人的数据经营团队，甚至专门从美国对大数据应用做得最好的金融机构 Capital One（第一资本）请来了一支数据分析团队。平安支付公司的副总裁兼首席技术官郑一德就来自全球顶尖在线支付公司 PayPal。

在平安第四个"10 年"，制定的战略是做"金融+科技+生态"，平安智慧城将会是主角。智慧城 CEO 俞太尉，毕业于中国农业大学，兽医学博士，曾任上海松江区区长、上海出入境检验检疫局局长、党组书记。从平安选拔智慧城 CEO 的角度可以发现，马明哲对这个新平台是抱有很大期待的。

从平安的保险推销员到爱上硅谷的金融家，从科技追随者到城市与乡村智慧城市的建设者，马明哲在预测未来、创造未来时，在用人上也有他自己的一套经验。

"我们必须善于学习。"马明哲常对他的同事说。"马总精力过人，永远在学习，永远比我们这些后辈对新知识了解得更早一些。"他的同事这样说马明哲。

在平安的第一个十年，马明哲在公众面前，极其低调，很少公开讲话，与媒体几乎绝缘。如果不是上市公司的年报公布程序，他作为董事长必须到公众面前回答提问，关于他的情况只能来自于民间，来自于诸如"马明哲发家史"这样的网络文学。但从平安的成长历程中看，马明哲是一位特别擅长沟通和表达的人，也是一位善于学习的人，不然不会有平安保险在蛇口的诞生，也不会在政策尚有局限性的条件下，走出一条曲径通幽的捷径，成为一家综合金融集团。

在平安的第二个十年，平安利用并购、上市完成了从保险集团到零售金融集团的跳跃。这期间，马明哲借力于"国际化标准，本土化优势"，利用资本市场完成了平安股权的更替和融资，雄厚的资金实力有利于平安下一步的投资与再造。

在平安的第三个十年，马明哲发挥了他"科技迷"的爱好，继续向世界上最优秀的公司学习。当别的公司正在谈科技战略和科技赋能，处于 2.0 时代，平安已将"科技+金融"的业务做实，正在迈过 3.0 时代，奔向"科技+金融+生态"的 4.0 时代。

将来，无论是股票投资人还是保险投保者在决定投资一家保险公司时，会进行以下基本分析：该公司是否是业内翘楚、有没有独特的规模市场、有没有可持续的增长潜力、资产负债表是否健康、管理层的诚信及能力是否良好、管理层对未来的布局是否已取得了成功的经验。

马明哲可以用英语回答以上所有的问题。

『地产教父』孟晓苏：『看见』四十年

文／郭少丹

　　"那时候，可想象不出今天能看到这种画面。"从自己的办公室窗口望出去，孟晓苏发出这样的感慨。

　　孟晓苏的办公室位于北京 CBD 商圈的世纪财富中心高层，高耸的楼群与繁华的街景一览无余。室内，墙上的字幅、书架上的照片，都显示着主人丰富的人生阅历。

　　事实上也确实如此，有着"中国房地产之父"声誉的孟晓苏，依次经历过工、政、商、学的身份转换。他做过汽车厂的青年工人、国家领导人的秘书、政府部门的官员、央企的董事长。现在除了汇力基金管理公司董事长、上海人寿保险公司监事会主席、中国企业投资协会副会长等身份外，还是经济学博士、教授，享受国务院特殊津贴的专家。

　　孟晓苏所说的"那时候"，是指 40 年前。

40 年前，中国刚从一场巨大的浩劫中走出来，经济衰微，社会迷茫。人们困惑地在为自己、为国家寻找着前行的方向。而那时，28 岁的孟晓苏放下"当一名好工人"的想法去参加高考。他那时想不到，自己和国家的命运都即将发生一场巨大的改变。

40 年前：我走入大学，国家走入改革开放

孟晓苏和新中国同岁。1949 年，祖籍山东的孟晓苏在苏州出生，4 岁时定居北京。14 岁时，孟晓苏考入北京八中读书。八中是北京的名校。

1966 年"文化大革命"爆发，斩断了孟晓苏的求学之路。两年后，19 岁的孟晓苏进入北京汽车制造厂做了一名汽车工人，"那个年代，工人阶级最光荣"。孟晓苏在工厂一干就是十年。在这十年里，除了在技术上追求长进，孟晓苏不忘潜心研读马克思的《资本论》和为报刊写文章。这为孟晓苏今后参与改革、进行多项理论研究打下了良好的基础。

1978 年对当时的中国来说，是个改变命运的重大转折点，对内改革、对外开放的大幕正缓缓拉开。

同在这一年，孟晓苏的人生轨迹也悄然转变。1977 年是恢复高考的第一年，在工厂领导的鼓励下，孟晓苏经历一番犹豫后，决定放弃已是工厂基层干部的工作，参加了年底高考，尝试实现自己的大学梦。

1978 年初，孟晓苏如愿走入北大中文系新闻专业。大学四年期间，中国改革开放在如火如荼地进行着：1978 年起中国农村改革从安徽省起步，1979 年中央决定在深圳、珠海、汕头和厦门试办经济特区，打开了对外开放的国门。

"那段经历让我记忆太深了。大学期间，社会上出现了一种信仰危机，刚走出'文革'阴影又找不到新的方向，有些人甚至对国家未来的前景产生了怀疑。但就在这个时候，以邓小平为首的一批中国共产党人，毅然决然地迈出了改革开放的步伐。"那时的孟晓苏还没想到，自己很快也将被卷入到改革决策的中心。

"当时还是国家分配工作，我是 77 级的本科生，1982 年 1 月刚毕业就被分配到中宣部工作……"回想起当年的经历，孟晓苏很感恩，"如果不是恢复高考

改变了我的人生轨迹,就没有这以后的经历。"

1983 年,中国改革开放第五个年头,孟晓苏从中宣部新闻局调入中央办公厅,来到时任中央政治局委员、书记处书记、国务院副总理万里同志身边做秘书。此后近八年时光,他参与了中国改革开放一系列重大决策过程。

"1983 年我刚到万里同志身边做秘书的时候,农村改革已经进入到安徽经验向全国推广的阶段。从 1982 年开始中央连续下发五个一号文件,推动农村承包制从安徽走向全国。1984 年、1985 年、1986 年这三年的中央一号文件,我都参与了起草和修改。那个时候,中央随时关注着农村经济发展和农民改革要求,随时总结经验、推动政策完善。"孟晓苏记忆尤深。其中 1982 年的一号文件给土地联产承包责任制"上了户口",结束了对包产到户 20 年的争论。

让孟晓苏记忆深刻的一号文件是什么?

现在回忆起来,孟晓苏仍然难掩激动。

"改革开放头几年,当时的法律法规包括宪法,都要求坚持人民公社制度,中央文件也要求不准分田单干和不要联产承包。在这样的历史背景下,怎么迈开农村改革的步伐?万里同志后来回忆说,我们就是用发红头文件的办法支持改革,鼓励和规范农民去'违法',最终我们修改了法律,让改革合法。"

出人意料的是,一号文件这个说法,引发了农村干部和农民群众的一种特殊认识,认为这是"天字第一号",是党中央高度重视农村、农业和农民。

就这样,一号文件被沿用了下来。

"所以,农民群众冲破当时的法律障碍推动改革,是在中央的支持下进行的,这既是一场自下而上的诱发性改革,也是一场自上而下的强制性改革。这种上下的互动,创造了 80 年代波澜壮阔的改革史。"孟晓苏谈道,这种改革精神与改革魄力,至今仍然震撼人心。

孟晓苏记得,"90 年代中央曾明确:改革从安徽开始,开放从广东开始。"孟晓苏在 2015 年 7 月面对影视媒体,把这段中央精神进一步延伸,他说出的这段名言传播甚广,得到全社会的认同。他说:"改革从安徽开始,就是从万里同志开始;开放从广东开始,就是从习仲勋同志开始。"在万里带领下的安徽省探索农村改革的同时,广东省在习仲勋带领下正在推开久闭的国门。

"1978 年 4 月，习仲勋同志来到广东省主政。此时的广东经济落后，就业条件差，收入水平低，去香港打工收入要比在广东高出十倍。那时不少居民往香港偷渡，香港警察往回赶，广东公安就往回接，但放人以后他们又去偷渡。这些情况引发习仲勋等同志的思考。"孟晓苏回忆，"当时广东省委在习仲勋同志的带领下，向中央提出要利用广东的地缘优势和人脉优势，率先建立对外出口加工区，接着又提出了率先对外开放"。孟晓苏至今记得，邓小平对广东率先对外开放非常支持，他提出就叫经济特区吧，并提出"杀出一条血路来。"

1979 年，深圳、珠海、汕头、厦门作为中国最早的四个特区被批准成立，广东省独占三位，足见其在中国开放进程中特殊的地位。

"吃水不忘挖井人。邓小平同志是改革开放的总设计师，万里与习仲勋同志是中国改革开放的领导人、先锋和闯将。"话语间，透露着孟晓苏对他们的怀念与敬意。他 1988～1990 年在全国人大常委会担任秘书局副局长期间，主要是服务于万里委员长与习仲勋第一副委员长。两位老领导的深邃思想、改革魄力和高风亮节，感动和激励着年轻的孟晓苏。

在万里同志身边工作的最后几年中，孟晓苏萌生了进一步系统学习经济理论知识的想法，并于 1988 年拜入著名经济学家厉以宁、萧灼基、刘方棫门下，攻读经济学硕士，在此期间又一次与他的本科同学李克强成为同窗。

今天，在孟晓苏办公室的书架上，还摆着几张孟晓苏和李克强等同学的合影。其中 1980 年的那张 4 人照片是在共同读大学本科时期，他们都是北京大学学生会的领导成员，照片里的 4 个年轻人身形瘦削、意气飞扬。另一张 5 人照片是在 1991 年他们一起通过硕士论文答辩的现场，前排坐着他们的三位导师，后排站立的两个学生是孟晓苏和李克强。

房改 20 年：让百姓实现住房梦想

1992 年中国改革开放再次迎来重大转折，邓小平南方谈话，正式提出建立市场经济体制，改革开放进入新的阶段。

而此后不久，刚刚经历过起步阶段的中国房地产业也借着时代赋予的契机，掀起新一轮发展热潮。这一年,诸如中房、中海、万科、北京城建、上海绿地、大连万达等一批知名房企应运而生,王健林、王石、冯仑、张玉良等一大批热血沸腾的青年人纷纷下海创业或转行进入房地产。

1992年,也正是孟晓苏担任国家进出口商品检验检疫局副局长的第二年。这一年,年富力强的孟晓苏婉谢了职务升迁的工作安排,主动要求调往中国最早成立的房地产公司——中国房地产开发集团有限公司,成为掌门人。

岂料,初入房地产领域,便让满身书卷气的孟晓苏,见识了市场的疯狂。

"这时候的房地产市场就像一匹被圈养了多年的野马,突然看见辽阔的草原,激动地奔驰。"孟晓苏这样描述当年的情景,"市场经济刚开启闸口后,国家对国有土地使用转向有偿转让,以海南为代表的部分南方地区房地产高速发展,但同时引起了投机炒地、土地价格猛涨等泡沫现象。国务院紧急刹车实施调控,海南房地产仓皇收场。"

房地产市场沉寂与低迷四年后,在1996年中国出现大面积产能过剩,严重影响整体经济运行的背景下,孟晓苏表现出与他的老领导们在改革初期相仿的胆识,大胆提出了进行住房制度改革的建议:"住房建设是国民经济的新增长点。"彼时中国还是福利分房制度。

"那时候就有人说,居民该买的东西都买完了,排浪式消费已经基本结束了,那时不知道内需会向哪个方向发展。在这个时候,我们率先提出住房建设是下一轮的经济增长点。"当时孟晓苏还提出,中国经济发展到一定时期后,会出现像美国人当年要实现"美国人的梦"一样的浪潮,他把即将到来的买房买车浪潮称作"中国人的梦"。

孟晓苏的观点提出后,国家建设部、国家体改委、国家计委、国家科委很快予以呼应,并和中房集团一起共同设立课题组,启动住房建设成为国民经济新增长点研究与住房制度改革方案设计。

"这个房改课题组由我担任组长,从去各地调研到完成课题报告,前后一年半时间。"孟晓苏称。

在孟晓苏等人的推动下,1998年7月,国务院出台了《关于进一步深化城镇住房制度改革加快住房建设的通知》,该通知正式开启了我国城镇住房制度改革，结束了福利分房制度。提出的各项政策包括提薪降息鼓励消费、完善住房供应体系、开展住房抵押贷款、放开住房二级市场、支持住房企业发展等核心内容，将我国住房建设与分配推向商品化与市场化。

事实证明孟晓苏当年的判断是正确的：通过房改，百姓开始逐渐实现自己的住房梦。

不过，房改初期，该政策推行并不顺利。

孟晓苏以房改中的亮点之一住房抵押贷款举例说，"当时居民没有那么多钱买房，却不愿意借款。他们说我有钱买房，没钱我就慢慢攒，为什么要借钱买房啊？还得付给银行利息。所以购房抵押贷款推行起来比较困难"。

那怎么让老百姓能够接受抵押贷款提前买房的好处？

孟晓苏讲到了当年的趣事，"有位房地产专家编出了一个'中国老太太和美国老太太天堂对话'的故事，说一个中国老太太攒了一辈子钱，还没有买上房就去世了。在天堂里她遇到一个美国老太太，人家靠贷款买房住了一辈子，还清贷款才去世。相比之下中国老太太亏大发了……"

这个当时流传的趣谈，引发了全社会的思考，很快推动起居民贷款买房。孟晓苏回忆说，"别说居民一时接受不了贷款买房，那时候让银行接受它也用了三年时间。开始他们怕居民不还钱，我拿国外的情况告诉他们，抵押了房产怎么会不还呢……所以，从供给侧到需求端做了三年工作，才推动了住房抵押贷款的全面实施"。

"改革是个巨大的系统工程，实施起来实在不容易。但中国改革具有巨大的内生性动力，一浪推一浪地推动中国走到今天。"孟晓苏说。

今天的中国，经济发生了巨大变化，"住房建设是国民经济的新增长点"已经得到了完全印证。孟晓苏给出数据，房改 20 年以来，房地产作为新动力源已成为中国经济发展的主导产业，房地产投资从 1998 年的 3580 亿元，一路增长至 2017 年的 14 万亿元，增长 40 倍；中国 GDP 也由 7.8 万亿元，一路增长至 2017 年的 82.7 万亿元，增长 10 倍。"其中房地产投资比基础设施建设投资占用资金少一半、拉动力大一倍。"

"中国的城镇居民住上了更加舒适宽敞的房子，过上了更有尊严的生活。很多用几万元买到房改房的居民，随着房价上涨变成了百万富翁、千万富翁，房改带来的普惠是显而易见的。"相比中国居民此前蜗居的住房状况，孟晓苏如是感慨。

未来 20 年："中国楼市的发展会长期持续"

"喜的是看到房改作为一项重大改革，有力推动了国家经济发展和小康社会实现；忧的是当年房改任务还有好多没有完成，房改所指明的市场经济改革方向在调控中经常发生迷离。"

面对记者的采访，孟晓苏道出自己喜忧纠结的心情。虽然年近七旬，但眼前的孟晓苏坐姿挺拔、声音洪亮，思路没有一丝混乱。

孟晓苏梳理道，从启动房改至今，中国房地产大致经历了几个阶段：

1998~2002 年的房地产迅速成长为主导产业；2003~2008 年政府介入要降温；2008~2009 年面对全球金融海啸，政府制订 4 万亿投资拉动计划，房地产重新活跃并拉动经济增长；2010~2012 年启用限购政策压抑房价上涨；2013 年楼市购买力重新活跃；2014~2015 年在政策遏制下房地产与相关产业

1991 年在硕士论文答辩现场，孟晓苏、李克强（后排左、右）与三位导师厉以宁、萧灼基、刘方棫（前排中、左、右）的合影

发展困难，再次出现产能过剩；2016 年中央加大力度去房地产库存，化解产能过剩，出现新一轮销售上涨与房价上涨；2017~2018 年调控政策进一步收紧，中国房地产市场再次进入调整期。

20 年里房地产拉动经济发展成果明显，但因忽视廉租房建设和土地供给不

足，不断引发着问题。几度出台调控政策，试图达到抑制房价上涨的目标，结果调控走错了方向，陷入"越调控房价越上涨"的怪圈。

"短期调控必然只会带来一时的效果，这种短期调控压下来的并不是房价，而只是销量。全国城镇平均房价一直在上涨。而这几年楼市在短期调控的压抑下，形成了三年一个小周期的回旋现象。"孟晓苏对房地产的发展规律深入观察，戏称之为三步舞曲"蹦嚓嚓"的脉动节奏，并称 2018 年已经进入第二个"嚓"的阶段，预计明年还会"蹦"起来。

而此时房地产泡沫之说愈演愈烈，甚至有人预言房地产泡沫到了一触即破的地步，中国经济面临系统性风险等。孟晓苏对此不以为然，亦有自己独到的见解。

"中国楼市不存在泡沫，未来二十年，楼市总体上涨的趋势不会有大的改变。"孟晓苏解释，美国房地产市场 18 年为一个周期，英国和日本 10 年一个周期，这些国家市场经济发育成熟，城镇化基本完成，已经到了以存量住房交易为主的时期，但房地产仍然在周期波动中发展。中国房地产市场与之相比，仍处于以增量为主的时期，市场需求大、发展活力大，就像是一个刚满 20 岁的年轻人，年轻人一般不会得老年病。

当下，中国新兴城镇化发展空间巨大，几亿农民进城，住房需求会进一步释放，二胎政策刺激新的住房需求，更多的家庭需要改善住房。这诸多因素将使中国房地产市场需求持续旺盛。"居民对住房面积和住房质量的追求，为房地产市场提供了巨大需求，成为促使房地产长期平稳发展的力量。"孟晓苏认为。

"在一个以新增供应量为主，而不是旧房交易为主的市场上，总体房价势必会持续上涨。只有到了充分满足市场需求，进入以存量交易为主的市场，才会像已发展了两百多年的欧美房地产市场那样，出现有涨有跌的情况。"

中国房地产业会继续作为推动中国经济发展的主引擎，并随着中国经济的发展而长期持续发展，孟晓苏预言。

不过，从需求端考虑，孟晓苏和当下很多人的担忧一样，年轻人如何追着房价"赶潮"。

"房产增值使已经有房的居民家庭财产增值，但从另一面我也看到，房价涨幅太快，让不少年轻人买不起房。"孟晓苏直言，"设计房改方案时我们就考虑到房价上涨的问题，提出了建立住房双轨制，由市场供应商品房，政府提供保障房，让全体人民群众住有所居。到现在来看，房改方案的设计都是正确的，只不过在这20年执行过程中出现了偏差。"

孟晓苏所指的"偏差"是被忽视多年，直到2010年才被充分重视起来的保障房建设。孟晓苏说，他欣喜地看到，"在习近平总书记领导下，近些年中国改革开放又迈开了新的步伐，这是80年代改革开放的延续，是改革思想的深化。"

"国家在房地产方面的政策创新力度很大。"孟晓苏总结，近几年政府正在通过"共有产权房""租购并举"加强保障房供给力度等多种合理化的双轨制措施，继续深化着房改。

下一步住房建设的改革重点应该是什么？

孟晓苏最关注的是供给侧改革。

"新时期的主要矛盾，是人民日益增长的美好生活愿望与不平衡不充分发展之间的矛盾。新形势下房地产需要继续加强供给侧结构性改革，用建立长效机制代替频繁的短期调控，加快建立多主体供给、多渠道保障、租售并举的住房制度，让全体人民住有所居"。

不过，孟晓苏认为，"全体人民住有所居并不代表提倡所有人都去买房"。他曾撰文支持并进一步构想"租购并举"这一政策措施：

提倡"租购并举"，发展住房租赁市场特别是长期租赁。发展租赁市场不能只靠政府来当业主，要从供给侧发力，增加租赁房供给，就要改变住房"限购"政策，允许和帮助有持有租赁房能力的居民当上业主；更要支持专业化、机构化住房租赁企业发展，运用房地产投资信托基金REITs等方式，推进资产证券化。

现在国家政策已支持用农村集体建设用地建设租赁房和开展资产证券化，这是一个幅度不小的改革。我希望看到这一改革的继续推进。实现中国共产党第十八届三中全会提出的"允许农村集体经营性建设用地出让、租赁、入股，实行与国有土地同等入市、同权同价"要求。最终要通过修改法律，让农村宅基地向市民或企业的流转从"违法"变为"合法"。

"房价继续上涨的趋势不会改变，而且随着租赁市场的发展，租金必然也会上涨，这其中的逻辑关系应该让年轻人明白。在这种情况下政府与企业应当做什么？要扩大土地供应与房屋供给，减少房价上涨压力，继续提供保障房缓解低收入群体居住困难，用共有产权房等创新措施帮助夹心层居民实现购房梦，继续保持经济增幅提高收入水平，使居民能应对通货膨胀和房价上涨。"孟晓苏针对近期租赁市场的波动提出建议，必须关注如何利用各种社会力量，来帮助年轻人和城市新市民实现住有所居。

当被问到全体人民实现住有所居的道路还有多远时，孟晓苏明确地回应：二十年，还需要二十年的持续发展。不仅要满足城市居民与进城农民的需要，还要把房地产投资力量引向农村，让没有进城的农民群众也能共享改革开放与经济发展的成果。

『农民』杨国强：闯荡与回归

文／许永红　赵毅

"40年前的今天，你去工地上看，其中有一个人就叫杨国强。"

杨国强曾在工地待了很久，自称是第一代农民工。而与众多叱咤风云的老一辈创业者一样，杨国强出身寒门，在时代潮流中搏击风浪，脱颖而出。

改革开放40年过去，杨国强创立了自己的地产王国。面对风云变幻的商场，这位已过花甲之年的企业家紧随时代脚步，开始聚焦产城融合、长租公寓、机器人、现代农业等新领域。40年前，杨国强是农民，40年后他重返农村种田，希望用现代农业助力乡村振兴。

"回忆草莽青春，我感恩时代给予我改变命运的机遇。""我体会到城镇化为中国经济带来的翻天覆地的变化，更明白消费升级大潮下，广大县镇居民改善居住环境的渴望。我相信配合国家张弛有度的调控政策，一个可持续发展的健康房地产市场符合所有人的期待。"2018年中期业绩发布会期间，杨国强在致投资者的一封信中回顾过去，放眼未来，前行的步伐已更为坚定。

第一代农民工

"手上的镰刀伤疤时刻提醒我作为第一代农民工的过去。"在致投资者的一封信中，杨国强如此说道。

杨国强生于佛山顺德，这个以商贸闻名的小县城是国内众多知名品牌的起源地，同时涌现了多位商界巨贾。

由于贫穷，杨国强小时候经济拮据，生活艰难，从出生到20岁没过上一天好日子，"没有零花钱，袜子鞋子都没有穿过，一年只有几顿能吃到肉，几乎每天都是青菜，连咸鱼都很少有。"

有一天，他回家发现饭桌上有咸鱼，就问妈妈，为什么有咸菜了还要买咸鱼吃。那时候，咸鱼0.5元一斤，算是较贵的干货。穷苦的日子，培养了杨国强勤俭节约的品德，但时至今日回忆起吃咸鱼这一幕，还是让杨国强内心充满了辛酸。

寒冬季节，衣衫单薄的杨国强把手插进口袋里取暖。学业方面，凭借国家免了7元学费以及2元助学金，杨国强才得以顺利读上高中。

让杨国强感觉自豪的是，他出生在一个有教养、有文化的家庭，父亲和哥哥教会了他为人处世的道理。他10岁就跟着哥哥杨国华做泥瓦匠和木工，哥哥告诉杨国强："一门手艺就相当于一件棉袄，冷的时候可以挡风。"

杨国强是中国第一代农民工，18岁就出来务工，拥有一套属于自己的房子是他的梦想。他没日没夜地替别人建房子、砌水坝，每天补助一元钱。当时很多人赚了钱就抽烟喝酒，为了省下钱，杨国强不抽烟，也从来没有花过一分钱喝汽水。别人一个月理一次头发，他两个月理发一次。两个月时间，他赚了60元，期间却只花费了6元，最大一笔开销是一条小毛巾，大概花了五毛钱。就是这样的一条小毛巾，杨国强用了两三年，最后都烂掉了，只剩下很小的一小段。

"尽管很苦，但是我每天想着今天又帮自己的房子多赚了几块砖的钱的时候，就觉得很满足。"杨国强说道。

　　1978 年，改革开放的春风吹拂大地。23 岁的杨国强一无所有，连一辆自行车也买不起。当时杨国强在建筑行业工作，没有学过建筑的他每天晚上在家里学习绘图。

　　做事认真的杨国强很快迎来了发展机遇。有一天，他得知县里要建一所中学，于是熬夜做项目预算去投标。算上人工和材料成本，杨国强投标的价格比别人低 15% 以上，他中标了。

　　"如果人家付出 100%，你付出 120%，你的收获最少是 200%。这个社会就是这样，就差那么一点点。"这是杨国强常说的一句话。

　　40 年过去，当日的农民工已成为世界 500 强企业的董事会主席。截至 2018 年 6 月底，杨国强一手创立的碧桂园总资产为 14030 亿元，上半年房地产销售金额已达 4124.9 亿元。

　　"也许有朝一日，我会写一本关于我自己的书，但不一定会用来出版，只是让我的后代知道曾经有这么一个叫杨国强的人，他从一无所有，通过自己的努力，做出了一些成绩，为社会进步力所能及地做一些贡献。"在公开场合上，杨国强曾如此说道。

地产王国

　　时至今日，当初梦想拥有一套房子的杨国强已亲手打造了一艘地产巨舰。从房地产黑马到行业巨头，碧桂园现今已与恒大、万科呈三足鼎立之势，销售规模则是后来居上，略胜一筹。

　　1992 年，碧桂园在广东佛山顺德创立。2006 年，碧桂园走出广东，市场布局开始迈向全国。2013 年，碧桂园的销售规模登上千亿元台阶。2016 年，碧桂园开始进入高速增长通道，销售额从 2015 年的 1402 亿元增长至 2016 年的 3088 亿元，增长 120%。

　　2017 年，碧桂园成为销售规模率先突破 5000 亿元的房地产企业，同时赶超老牌龙头企业万科，晋升为房企"一哥"。在外界猜测销售地位是否与此前绿地和恒大一样仅是昙花一现之际，碧桂园在 2018 年上半年再次交出一份喜人的成绩单，4125亿元的销售额力压万科的3047亿元以及恒大的3042亿元。

在中国步入新时代的大背景下，房地产市场迎来了高质量发展的新阶段和多层次发展的新格局。顺应时代发展趋势，杨国强也在调整碧桂园的前进步伐，注重速度与效益的统一。碧桂园在2018年没有设定销售目标，这让外界哗然，杨国强回应称："没有设置销售目标并不代表没有目标。在2016年和2017年，无论我们的销售目标是多少，最后我们都做得更好。"

对于碧桂园的销售规模在未来能否持续，地产研究机构克而瑞认为，规模对于房企始终是核心，但从不设销售目标这点来看，碧桂园在战略层面有摆脱原来大幅冲规模的迹象。另外，碧桂园手上货源充足，土地储备规模在行业数一数二。总体而言，碧桂园还将继续保持平稳的业绩增长，追求规模和负债的平衡，未来销售规模达到8000亿元甚至万亿元，只是时间问题。

"没有土地，就没有未来。"房地产行业流传着这样一句话。毋庸置疑，土地储备是房企未来发展的后盾，也是抢占市场必不可少的"弹药"。碧桂园土地储备充沛，范围涵盖一、二、三、四线城市。截至2018年6月底，其在中国内地的土地储备高达3.64亿平方米，其中未售土地储备的对应货值约为2.81万亿元，另有基本锁定但尚未签约的潜在土地储备约1.86万亿元。

在行业集中度不断上升的形势下，碧桂园凭借在销售规模和土地储备等方面的优势，已为未来发展建立了坚实的竞争壁垒。西南证券分析师胡华如指出：从相对竞争格局角度来看，龙头房企正迎来黄金发展阶段，行业的土储资源、融资资源、销售回款、人力资源等会加速朝龙头房企集聚，中小房企逐步退出市场。

"行业的未来一定是强者恒强，大鱼吃小鱼。"一位龙头房企高管近期接受记者采访时指出。房地产市场就像一张大饼，目前发展已到基本成熟阶段，一年的房地产销售是10万亿~13万亿元的规模。在这个规模里，变化的是市场集中度，前十大房企将不断蚕食小房企的市场份额。

在2017年财报的主席报告中，杨国强感慨诸多，其称："从1992年创立于顺德小镇，到2017年登顶全国龙头，碧桂园始终屹立在我国城镇化浪潮的第一线。二十五载艰险创业，即便我已曾见证波澜壮阔的风景，那也不能和碧桂园的未来相提并论。"

多元化探路

住宅开发业务之外，多元化发展亦是碧桂园与其他房企巨头角力的主要战场。相比恒大与万科这两大竞争对手，碧桂园多元化开拓虽然相对迟缓，但却有的放矢，而且布局快速深入。

2018 年 6 月，碧桂园将物业服务平台——碧桂园服务分拆登陆港交所，与员工代表一起敲锣的杨国强脸上洋溢着喜悦之情。截至 2018 年 6 月底，碧桂园服务的合同管理总面积达 3.86 亿平方米，2018 年上半年的营业收入已由 2017 年同期的 14 亿元增长至 20 亿元，增长 42.5%。

在租购并举的背景下，碧桂园发力长租公寓，在 2017 年正式成立长租事业部，力争三年发展 100 万间长租公寓，并计划围绕中心城市重点打造长租城市。

对于租房，杨国强有着不一样的深刻体会。在 2017 年底举行的碧桂园长租公寓品牌发布会上，杨国强提起往事："我 18 岁之前，连鞋都没得穿，年轻的时候也没有房子住，借住在做老师的哥哥家里，房间只有 3 米多宽，2 米多长，一住就是好多年。"

在长租公寓领域的布局虽比万科、保利等房企要迟一些，但碧桂园的市场动作接连而至，很快在广州、深圳等多个主要城市相继落地了多个项目。兵马未动，粮草先行。长租公寓融资方面，在 2018 年 2 月，产品规模达 100 亿元的碧桂园租赁住房 REITs 获得深圳证券交易所审议通过，这也是国内首单达到百亿级规模的租赁住房 REITs。碧桂园上海区域此前也获得了银行 200 亿元授信额度的支持。

碧桂园还力推产城融合，目前已经在珠三角、长三角、京津冀、环渤海等地布局一批产城项目，打造产业发展平台，助力实体经济。同时，碧桂园产城已经汇聚产业资源达 1900 多家，其中包括 50 多家世界 500 强企业，为建设制造强国和创新型国家添砖加瓦。首个标杆项目惠州潼湖科技小镇以思科数据中心为依托，打造世界级的物联网和智能控制产业基地。2018 年 9 月底，潼湖科技小镇第一期正式开园，英唐智控、客如云等 27 家国内外科技企业和创新载体已正式签约入驻。

2018 年是碧桂园多元化发展全面开花的一年，先后宣布进军现代农业和机器人领域。

按照杨国强的计划，碧桂园 5 年内在机器人领域至少投入 800 亿元，将机器人更广泛地运用到建筑业、社区服务、生活起居等各类场景。杨国强希望在机器人领域做出一些有创造性的东西。

"40 年前我种田，40 年后我还是回去种田。"对于涉足现代农业，质朴笃实的杨国强称："公司发展到今天，我还是愿意去做回农民，为乡村振兴多做点事。"杨国强计划把房地产业务交给公司其他人管理，而自己则把主要精力放在现代农业和机器人领域。

年过六旬的杨国强依然精力充沛，这位对新事物充满好奇心的老者被问及退休安排时，他笑言："我也想退休，不过我的女儿说，你看李嘉诚多大年纪才退休，她不让我退休。"

潘石屹：大 V 小胆

文／李乐

那一年，潘石屹买了一个徕卡相机，我拿起来要试着拍一张照片，潘石屹快步走过来说，"小心小心，别掉了，特别贵"——那是在他主办的一场活动上，后来，摄影师成为潘石屹的又一个标签，只不过他的拍摄对象，都是马云这样的中国企业家。

那时 SOHO（中国）早已上市多年，潘石屹和他的妻子张欣，始终位列中国内地的各种富豪榜。但即便如此，潘石屹仍然觉得加上镜头也不过十几万元的徕卡相机很贵，不能轻易假以他人之手。

在相当长的时间里，潘石屹以大 V 的敢言形象示人，但真正能够理解他胆小性格的，恐怕任志强要算得上一个。他曾开潘石屹的玩笑说："他（潘石屹）比较喜欢拐弯抹角，中国社会最大的问题就是不直接，拐弯抹角，藏着掖着，不敢去说。"而在私下，潘石屹一旦被问及自己不想说或者把握不佳的问题时，他就会说，你去问问任志强。潘石屹长于退让，这可以理解为人生的境界与韬略，但似乎又是性格使然。

潘石屹是又一种改革开放年代奋斗者的代表，他的成功之路，在那个年代，已经难以复制。

改革开放受益者

1979 年，也就是中国共产党第十一届三中全会召开之后的第一年，潘石屹考上了兰州的一所中专学校。西北风大，出门戴帽子是必要的生活习惯。送他去兰州的那一天，潘石屹的父亲把自己头上一顶破旧的帽子摘下来，戴在潘石屹的头上，然后再把潘石屹头上原来的破帽子戴在自己头上。

潘石屹后来回忆，父亲告诉他一句话："你要出门了，不管在什么时候，没事不要惹事，有事不要怕事。"这句话，在成功之后，潘石屹时常提起。

成功之后的潘石屹，总是被人们刻意塑造成从农村奋斗，在大城市里成功的传奇人物。不过，他其实是一个好学生，在兰州念中专的毕业考试中，潘石屹是以第一名的成绩，被石油管道学院录取，尽管以今天的眼光看，那不过是一所不入流的专业技术院校。

石油系统即便在今日，也是香饽饽，被人看作"铁饭碗"。于是，潘石屹成功经历中经常不被人们注意的一段出现了：从石油管道学院毕业后，他被分配到河北廊坊的石油企业工作，那里是华北油田的所在地。他工作的部门，是河北廊坊石油部管道局经济改革研究室。用后来的话说，论出身，他和大哥冯仑差不多，一样是"体改系"出身，都是从改革的研究者起步，最终，自己成为了改革者。

潘石屹曾回忆起这样一个桥段，有一天，他的办公室分配来一个新来的女大学生，在分配办公桌椅的时候，那个女孩十分挑剔，这个不行，那个也不行。潘石屹忍不住去问为什么，一套办公桌椅何至于此，对于潘石屹的疑问，那个女孩答复也十分直白：这要跟我一辈子，能不仔细挑吗。

潘石屹害怕了，他似乎以前并未意识到，这个所谓的"铁饭碗"将如此伴随他的一生。

海南岁月

那是一个盛行"下海"的年代，每个人身边都大抵有几个"下海者"，身在廊坊的潘石屹也不例外。这极大地刺激着这位年轻人的神经，他开始知道南方有个地方叫深圳，那里是特区，是一片热土。

潘石屹决定南下深圳。1987 年，他辞去"铁饭碗"，变卖掉了一些家当，凑齐了盘缠奔赴深圳。那时的深圳，还需要边防证才能出入。潘石屹没有边防证，只能绕路而行。最后，没有办法的他，找了当地一位老乡，由他带路，在一处人烟稀少的地方，剪破铁丝网，才得以进入深圳。作为回报，他给了那位老乡十几块钱，在那个年代，这并不是一个小数目。据说，他身上所有的钱加在一起，也不过 80 多元。

潘石屹在深圳并没能取得成绩，于是跟随他人来到海南，开办砖场。如今，网络上的"90 后"们，习惯于把不太好的工作叫作"搬砖"，而潘石屹那时的工作，也不太好，烧砖而已。

此后的故事，更多的人应该耳熟能详，他通过易小迪，结识了冯仑，顺应历史潮流，成就了"万通六君子"的传奇故事。但似乎很少有人意识到，潘石屹骨子里其实仍然是那个胆小的他，这一点，越到他的后来，表现得越明显。

胆子很小

尽管相对于中国绝大部分成功商人而言，潘石屹的高调多少显得有些特立独行。然而，在一点上，他和绝大多数成功人士一样：当你有时间和他深入交流时，他总喜欢回忆一下自己的童年，并和自己当下的某些性格特质联系起来。

他时常回忆起的童年里有鲁迅的《祝福》，还有他老家养的猪。潘石屹把他当下的敬畏在相当大的程度上归结为童年的恐惧。他曾对记者回忆说，你肯定也看过《祝福》，但你是城里人，你感受不到我儿时感受的恐惧。

潘石屹老家在甘肃天水潘家寨，那是一个有狼出没的偏远山村。他总是把自己的童年和《祝福》里的情景做对比。他甚至说，自己后来包毛豆的时候，还时而想起鲁迅笔下祥林嫂的儿子阿毛。阿毛在吃毛豆的时候，被狼叼走，"掏空了肚肠"，然后丧命。小时候的潘石屹，时常听到的就是狼叫。潘石屹没有被狼袭击过，更没有被狼叼走，否则，在近40年后也不会有一段财富传奇在中国内地被反复演绎。然而，他清楚地记得，野狼袭击了他养的猪，尽管没有叼走这笔在当时算得上可观的家庭财产，但却咬坏了猪脸。

"和现在看恐怖片一样。"潘石屹尽管没有太让人艳羡的教育履历，但却并不影响他的语言天赋，"对城里人来说，读过鲁迅文章的人很多，留下恐惧感的没几个。"这个个子不高的成功男士第二次强调他内心真正的恐惧感。

与其说是对野狼的恐惧，倒不如说是对贫穷的恐惧。现在生活富有的潘石屹甚至还记得童年的饥荒以及自己的饭量。他说，在饥荒的年代里，因为他和他的家人饭量较小，所以躲过了逃荒。而那些村子里饭量较大的人家，无一例外地外出逃荒。如果自己举家逃荒，不知又是怎样的命运。

是恐惧还是贫穷，即便是现在的这个语言天赋异禀、逻辑思维缜密的潘石屹，也依然不能给出一个准确的答案。

和别人不一样

是贫穷还是恐惧，潘石屹给不出真正的答案。但他唯一肯定的是，自己跟别人"不一样"。这种"不一样"并非自命清高的"不凡"。比如他时常会和记者提起他的"好友"任志强，并且附上一句话，"我和任志强不一样，他家是高干。"

不管潘石屹自己是否愿意承认，他对"权力"有着天然的敬畏。这在他的话语之间时而流露，比如当潘石屹提起任志强时，会提到"他小的时候家里有警卫员"，尽管任志强总是奋力地反驳说自己挨过警卫员的欺负，而且家里的桌子都贴着国管局的标签。但潘石屹总是能一句话终结这样的争论——"小时候我家没有桌子"。

当2010年历史上最严厉的房地产调控拉开序幕之时，潘石屹的三里屯SOHO开售。销售情况一如既往地火爆，但这个来自甘肃天水的中年男人告诉记者，要

"打折"公布自己的销售业绩，不要说得那么好，为的是避免因"逆市热销"而引来政府部门的"过度关注"。

曾经是主管 SOHO（中国）销售的副总经理苏鑫都能够回忆起上述一幕。他们对潘石屹的"敬畏"都多有感受，这让他们对于外界认知中的那个"大胆、感言、爱作秀"的潘石屹形象多少有些不认同。他们相信，他们看到的潘石屹，才是真正的他。

"潘总这个人整体还是居安思危，虽然有钱，做事还是比较谨慎，这可能跟他吃过苦有关。他吃的那个苦可大了，一般人都没有经历过。吃过苦的人不一样，不像那些人有了钱，拿去赌输十个亿无所谓。他是口袋里有现金，心里就踏实。"身边人曾这样评价潘石屹。

2010 年的一个夜晚，位于北京东直门的银河 SOHO "面市"。在当晚的酒会上，潘石屹拿着自己新买的德国徕卡 M9 相机不停地拍照——这是他的爱好之一。徕卡 M9 是一款价格不菲的相机，当记者从他手里借过相机把玩之时，潘石屹连忙说，"小心小心，别摔了，特别贵"这话发自内心，在场的人绝大多数都是先愣一下，然后哑然失笑。但潘石屹，却一点儿也没有什么不自然。

隐忍退让

怕别人摔了他的相机，那只是潘石屹性情的流露。但他曾在一次闲聊中告诉记者，就算摔了，他也不会怎么样，这并非自己的财富所致，而是他总觉得，这是情谊的事儿，该退就退、该让就让，自己有没有理，并不是那么重要。

"记得小学三年级时，我在一位同学，也是我好朋友的面前炫耀说我爷爷是国民党的军官，他去过外面许多城市。这位同学把我的话告诉了老师。老师在班上开我的批斗会，一连开了好几天，还让同学们往我脸上吐口水，女同学吐的是口水，男同学把鼻涕擦到我的脸上。我的脸像痰盂一样有泪水、有鼻涕、有口水。开完批斗会，我就在小河边上把脸洗干净回家。这件事我从来没有告诉过家人。"潘石屹在将近 40 年后，才愿意将这段经历"公之于众"，似乎是在为自己当下的平和与退让做上一个准确的背书。

潘石屹确实隐忍与退让。当前门商业街改造项目面临被政府收回的局面之时，为了避免这个已经写入 2007 年 IPO 招股说明书的项目引发香港国际投资者的诉讼与纠纷，潘石屹最终采用的解决方法是，自己花钱买回自己投资改造的前门商业街项目中部分商铺的产权，并完成招商。

"吃亏是福，真的。否则是没完没了的仇恨。"潘石屹说。无论是将童年的灰暗记忆铺陈于网络，还是一把火烧掉借钱人的名单，尽管做不到完全释怀，但潘石屹会用自己的方式消解这些充满屈辱、伤痛的记忆。一如对待曾经不堪的少年往事的方式，拔掉仇恨的刺，隐忍就能像电影《功夫》里盛放的莲花一样，成为成功所必要的完美品质。

任志强这样评价潘石屹："潘石屹随和，为了不得罪人，可能会不能真实表达自己的某些观点，他不愿意直白。我们会直接说出来。他（潘石屹）比较喜欢拐弯抹角，中国社会最大的问题是不直接，拐弯抹角，藏着掖着，不敢去说。"

这是不是种境界，潘石屹不愿回答。

孙宏斌：快意恩仇

文／李乐

孙宏斌突然就换了电话号码，而且，并没有广而告之，于是，很多人都找不到他了，以为发生了什么重大的事情。他自己并不觉得这算得上是什么大事情，他甚至对记者说，"现在知道这个新的电话号码的人，不超过 30 人"。那时的孙宏斌，正处在一笔世纪大交易之中，这笔一度价值 632 亿元的交易，来源于王健林的一个电话，孙宏斌当即应允。但是，恰是因为时间如此之短，他接到多位朋友打来的劝说电话，劝他三思而后行。这样的电话接得多了，孙宏斌有点烦了，干脆换了号码。于是，想劝孙宏斌的人，都找不到他了。当然，在换号码之后，他第一时间把新号码告诉了王健林，然后告诉了与融创有密切合作的银行、金融机构的高管们。

实际上，直到此时，孙宏斌的名声才开始迅疾蹿升于地产圈以外。而在大商业圈中的声望，缘于他出手援助贾跃亭而走到顶点。就在这一消息公之于众之前，他曾忍不住对记者说，"我弄了个大事情，乐视网"。

孙宏斌绝不同于柳传志、王石，他是改革开放 40 年间崛起的另一种商业力量的代表。他们野蛮生长，在战斗中学习战斗，有着美利坚勃兴时代的冒险家精神；他们曾经是失败者，但在失败之后又再度成功；他们没有老一代人的四平八稳、韬略纵横，但却更加激情洋溢；他们不是一代人，但正是改革开放，让他们有了同台竞技的沙场。

孙宏斌和柳传志之间，有着颇深的渊源。当年顺驰控股总部的办公地点，一度设在融科智地大厦。融科智地原是联想集团旗下的地产业务平台，如今它已经被孙宏斌收购，不过，收购的资产包中，并不包括联想控股办公地所在的融科资讯中心。孙宏斌一定会对这个办公地点记忆犹新，只不过，并非因为柳传志与联想的原因。记住这里，是因为 2005 年 11 月的一天。

2005 年 11 月 3 日，一个北京冬天惯有的干冷时日里，孙宏斌在办公室等待重要的客人。他的客人来自知名投行摩根士丹利。3 年之后，次贷危机引发的金融海啸，才会从美国席卷全世界。而当时的大摩，对于任何一个中国商人而言，都是神一样的存在，即便对于今日已经对投行十分不屑的孙宏斌而言，当年亦是如此。

其时，大摩可以算是孙宏斌的金主，只不过那时孙氏的企业并非如今的融创，而是昔日的顺驰。在中国土地市场刚刚开始施行招拍挂的年代，顺驰率先读懂了招拍挂年代的房地产游戏规则，年轻的孙宏斌放出豪言，"三年之后 1000亿，挑落万科当老大"。

那一天孙宏斌等待的，是来自大摩的私募投资合同。自此再向前推一个月，孙宏斌和大摩已达成协议，11 月资金会打入顺驰的账户。

然而，在 11 月 3 日这一天，孙宏斌的来客，只有一人。

孙宏斌等来的确实是大摩的客人，然而，这唯一的客人，带给年轻的孙宏斌的却并非是好消息。美国人习惯地耸了耸肩，用十分遗憾并带有戏剧腔的口吻告诉孙宏斌，顺驰的私募投资计划被无限期推迟了，他感到十分遗憾。孙宏斌没有过多追问原因，事实上这位大摩的客人，在他的办公室也未做过长的停留。孙宏斌没有出门送他，只是目送他离去之后，通知自己的董事会成员，紧急召开董事会。据参加过这次会议的人回忆，这次董事会，一开就开到了次日凌晨一点。

多年以后，在中国地产界，融创有了"夜总会"的称谓，也就是夜里总开会。大多数人似乎不清楚，这是从顺驰时代就开始的。

这一切对孙宏斌而言是措手不及。2004 年，顺驰实际上就已经基本通过港交所的聆讯，但当时港交所会计制度的变更，对顺驰非常不利，孙宏斌认为在这样的情况下上市，不利于顺驰，这样的会计制度，也不能体现顺驰的价值。

直到大摩来客朝孙宏斌"摊手"的时候，他仍然坚持不能"以白菜价卖顺驰"。他曾对身边人说起，"我不是拿不到资金，而是不能以白菜价卖顺驰"。但是，市场是残酷的。在送走大摩的客人之后不到一年的时间，一个名叫单伟豹的香港人，走入了孙宏斌的世界。

那一年，孙宏斌 41 岁。那时的他或许并不知道，这个年长他 19 岁的男人，将会决定当时自己人生最大一盘赌局的输赢。

介绍单伟豹与孙宏斌结识的是时任深圳控股的首席运营官张化桥。这位中国资本界的"达人"通过天津市的一位领导将单伟豹和他的路劲基建引荐给了孙宏斌。在此之前，顺驰资金链紧绷，已无当日风光，但赌性甚强的孙宏斌却认定，只要有 20 亿元，顺驰便能恢复往日神奇。

在孙宏斌的记忆中，他所要寻求的只是一个合作者。尽管他不愿承认，他所期望的所谓"合作者"，只是一个能够帮助他和顺驰能渡过眼下难关的人。那时的他曾经再次想到过柳传志，希望他出手相援，让顺驰的品牌和团队得以保留。但是，这一次，他没有再像过往一样从这位爱恨交加的"亚父"那里得到帮助，联想的回复只有一句话，"没有能力管理"。孙宏斌也曾考虑过中海、世茂甚至黄光裕能否成为自己的"合作者"，但是他一一否定。孙宏斌的逻辑看似清楚，他一定不要找一个做地产的"施救者"，因为他们会消解顺驰的品牌和团队，这位曾有牢狱生涯的地产骇客，最不能接受的便是自己倾注心血的顺驰最终消解于他人之手。

他决定赌一把。多年之后，孙宏斌的另一家公司融创（中国）已经在香港成功上市。他曾向身边人回忆彼时选择香港商人单伟豹的原因，他说，原因只有一个，就是路劲基建没有地产业务。即便在这一刻，孙宏斌也未曾想过放弃顺驰。

接受了张化桥的居间牵线，孙宏斌最终引入了单伟豹。事实证明，这一次他赌得满盘皆输。"没有地产业务"的单伟豹最终成为了顺驰的实际控制者。直到2007年底，孙宏斌在自己花心血创办的顺驰中股份只剩下5%，"净身出户"与否事实上也仅仅是个名义问题而已。

在单伟豹掌控顺驰的岁月里，孙宏斌一直不愿对身边人提及的是自己是否"愿赌服输"。他实际上更试图把自己的经历讲成一个"东山再起"的故事，不管是有意为之还是意气使然。

"他从来不愿意承认自己和顺驰时代的孙宏斌有怎样的改变，但这种改变我们是感受得到的。"孙宏斌曾经的一位属下说。在他的逻辑框架内，如果孙宏斌仍然是那个曾经张狂不懂得退让的孙宏斌，那么他宁可在顺驰主导权的争夺上面对单伟豹输得一败涂地，也不会立即就会想起东山再起。

这不是一部励志电影，而是现实、残酷甚至血腥的商战。这一次，孙宏斌学会了留下后路，这条后路就是融创（中国）。在顺驰易手单伟豹之后的第六年，孙宏斌带着他的融创（中国）站在了香港联交所的大厅里。他把上市的铜锣敲得山响，像是在发泄着什么。此时的孙宏斌已经47岁，6年的时间在这个中年男人身上所留下的印记是隐忍。他不愿意将自己比成越王勾践，甚至连朋友发给他的祝贺短信中将他与曾国藩做比，他都会真假之间颇有微词，他不愿意听到的是"败"，尽管他是屡败屡战屡战屡败。

在不得不面对顺驰易手的那一刻，孙宏斌对身边人说，他不怕输，因为他曾经比这次输得更惨，甚至将自己输进了牢狱。那是一个老套的为人熟知的故事，但他也换来了病榻上的柳传志对联想控股董事之一、房地产业务板块掌门陈国栋的那一句"你们要多合作"。所以孙宏斌一直相信，只要有心，就没有什么门槛迈不过去。

融创（中国）就是那个"心"。如今回溯，似乎更可以读出孙宏斌或许更早地感受到了顺驰时代自己的"败局已定"，只不过他不愿承认在与单伟豹掰手腕之前，原来顺驰名下的部分优质项目已经被归置到融创（中国）名下，而后来，恰恰是这些优质项目成了孙宏斌东山再起的资本。

在顺驰败局已定的年代，孙宏斌邀几个昔日的下属一起唱歌，同去的有如今融创（中国）的高管荆宏。荆宏回忆，孙宏斌并不爱好唱歌，但那天喝过酒的孙宏斌把一首歌唱了两次，那就是崔健的《一无所有》，至于那是巧合还是他的有意为之，他此后从未解释。

被理想主义光环与创业激情萦绕十年之久的孙宏斌，从那一刻起，终于开始面对现实，尽管那个现实还没有残酷到"一无所有"。

如果孙宏斌更早一点儿将自己的自负当中掺杂进一些现实，或许顺驰的"大败局"就是另外一番景象。2005 年，孙宏斌的顺驰首次上市失败，摩根士丹利随即登门施出援手，当然，在嗜血成性的美国投行那里，没有免费的午餐。孙宏斌在相当一段时间里并不愿提及这段往事。但他自己也无法否认自己当时把登门施援的摩根士丹利当成了救命稻草。当他苦心孤诣地企图以顺驰 25% 的股权换取摩根士丹利超过 1 亿美元的投资之后，这个资本大鳄却告知孙宏斌，无限期地搁置注资计划。

每当被要求回忆这一段历史时，孙宏斌都是一句"我不知道为什么"草草敷衍，真正的答案，恐怕只在他自己的心中。所谓现实，即是在自己心中面对这段历史即可。

在融创（中国）的上市庆功宴上，孙宏斌对席间自己的新将旧臣们说，在 2004 年顺驰上市之时，作为保荐人的汇丰银行对孙宏斌的牢狱生涯颇为在意，并建议孙宏斌不要出任顺驰（中国）的董事长。"六年之后，当港交所问高盛，孙宏斌能不能当 CEO 时，高盛说能。"孙宏斌将这样的一句话，在席间重复了三次。此时的孙宏斌，或许可以把胜败放在一边，身边的一切，无非快意恩仇。

文／梁锶明
赵毅

1993 年，王传福来到深圳。或许他也没有想过，深圳这片沃土会带给他如此大的创业热情。到深圳一年多以后，王传福就放弃了不少人梦寐以求的"铁饭碗"，创立比亚迪并开始其筑梦之旅。

一晃眼 23 年过去了，这个当初仅有 20 多人的企业，发展成如今 24 万员工的规模，而曾经连"不动产"都搞不清的年轻人，把比亚迪发展成了如此规模。回忆这些年的发展，王传福感叹道，没有改革开放就没有深圳，没有深圳就没有比亚迪。

如今，比亚迪已拥有轨道交通、乘用车、商用车、电子、电池等事业群，定位为"新能源整体解决方案开创者"。王传福向记者坦言，希望能通过技术帮助国家排忧解难，构建绿色的大交通体系。

"不安分"的年轻人

1966 年，王传福出生在安徽无为县一户再寻常不过的农民家庭。在王传福的初中时期，家中曾经历了较大变故。不过，一切的磨难和挑战并没有把王传福"击垮"，而是让他最终"破茧成蝶"。

18 岁那年，王传福考入中南工业大学（今中南大学）冶金物理化学系。1987 年，21 岁的王传福本科毕业，考入北京有色金属研究总院，主修材料学。在研究生期间，他把全部精力投入到电池的研究中。1990 年研究生毕业后，王传福决定留在该院 301 室工作。仅仅两年后，年仅 26 岁的王传福就被破格提拔为该院 301 室的副主任，成为当时全国最年轻的处级干部。

王传福一步一个脚印的努力收获了大家的认可，然而他的故事不会止步于此，因为他的心中一直有个梦想，希望能做一名企业家，将自己研究的技术进行产业化。到了 1993 年，机会终于降临，有色金属研究总院在深圳成立比格电池有限公司，由于和王传福的研究领域密切相关，他被委任为总经理。

改革开放春风拂过的深圳，曾经默默无闻的"小渔村"变成富有活力的经济特区。20 世纪 90 年代，深圳处于快速发展阶段，许多人从全国各地涌向深圳，寻求发展的机会，整座城市充满着生机与活力。

在深圳创业氛围的"呼唤"下，王传福在一年多后选择了脱离比格电池有限公司，下海单干，创立了比亚迪。脱离比格公司，辞去已有的总经理职务，相当于扔掉了"铁饭碗"。王传福回忆道，"作为年轻人，我们不安现状就跳出来了。正好深圳也有这样一个公平竞争的环境，我们没有资本和背景，就凭着热血和干劲在闯"。王传福带着向表哥吕向阳借来的 250 万元资金，领着 20 多人开启了比亚迪的筑梦之旅。

下海初期，王传福只想着把企业稳定下来，给一同放弃"铁饭碗"辞职下海的兄弟们一个交代，从未想过能把企业做得多大。在接下来的 23 年间，从二次充电电池制造到汽车行业、轨道交通产业等，比亚迪已不是那家只有 20 多人的小企业了。截至 2018 年 10 月，比亚迪已在全球共建立了 30 个生产基地，总占地面积超过 1800 万平方米，员工总数达 24 万人。

在 2014 年，王传福获得了当年的"扎耶德未来能源奖"个人终身成就奖。在 2016 年扎耶德未来能源奖颁奖仪式上，比亚迪则赢得大型企业类别大奖。看着比亚迪如今的成绩，王传福感叹道，"改革开放对大家来说都是机会，我们很幸运能赶上并抓住这个机遇"。

创业的"笑与泪"

在这 23 年的成长道路上，比亚迪也并非一帆风顺。有两件事情让王传福至今仍印象深刻，其一是创业初期"找钱"的坎儿，其二是与国外巨头的专利纠纷官司。

在创业初期，困扰王传福的并非技术问题，而是资金问题。王传福笑言，自己曾经对"不动产"的概念摆过乌龙。比亚迪在早期去找银行进行贷款，对方表示没有不动产贷不了款。当时王传福很不解，和银行工作人员说："我们有很多设备，我们的设备都是不动的。"听了工作人员的解释后，王传福才知道，虽然设备不动但可以被搬走，因此这是动产，只有房子那些才叫作不动产。

所幸的是，当时深圳成立了一个支持创新的部门，专门帮那些符合深圳发展方向的企业贷款。后来在深圳有关部门提供的担保下，比亚迪最终拿到了创业初期的银行贷款。王传福直言，深圳营造了富有竞争和创新的市场化环境，潜移默化地推动着企业进行创新，"深圳企业的骨子里头就是创新"。

许多人不知道比亚迪创业初期的艰辛，但想必不少人就比亚迪与日本索尼的官司有所耳闻。

2002 年 7 月 30 日，三洋在美国圣地亚哥法院向比亚迪提起了法律诉讼，指控比亚迪侵犯了他的两个锂离子电池专利技术，要求索赔 1 亿美元。同时，日本市场索尼株式会社也向日本东京地方裁判所（东京地方法院）递交起诉状，要求禁止比亚迪向日本出口、销售最主要的 6 种型号的锂离子充电电池。

当时海内外舆论都对比亚迪持"看空"的悲观态度，东京排名前十的律师事务所都谢绝了比亚迪的诉讼委托。比亚迪客户摩托罗拉、诺基亚还要求比亚迪写保证书，如果因为官司导致其公司有损失，比亚迪要全额赔付。面对如此局面，比亚迪仍选择了背水一战。经过几百个日夜的努力，比亚迪仅索尼案件所提交的辩论文件和证据材料就有 200 份，共计 5000 多页。

2004 年 3 月，比亚迪向日本特许厅请求宣告索尼专利无效，并于 2005 年 1 月获日本特许厅批准。2005 年 3 月，索尼公司提出上诉，但面对比亚迪提供的确凿证据，日本知识产权高等裁判所做出判决：驳回原告（索尼）请求，支持原有判决，索尼无可辩驳。两天后，在美国围堵比亚迪的三洋也宣布撤诉。有观点认为，"比亚迪在此事上战斗到底的行为，其意义超越了胜利本身，或给中国制造企业以启示，要有与巨头掰手腕的勇气"。

如今的比亚迪已打入海外市场，并且迎来了不少海外城市的"回头客"。2015 年，比亚迪向京都首次交付 5 台纯电动大巴，K9 成为首个打入日本市场的中国汽车品牌。此外，截至目前，在纯电动巴士领域，比亚迪在英国市场占有率约 50%，其中在伦敦市场占有率超 80%。

开放姿态迎接挑战

改革开放让深圳特区成长为时尚繁华的大都市，比亚迪的开放策略也让其影响力逐渐扩大。

2003 年进入汽车行业以来，"垂直模式"便一直伴随着比亚迪的发展，即"自己动手，丰衣足食。"2005 年 4 月比亚迪 F3 正式推出，由于其采取了"低价策略"，该车一上市便获得了众多消费者的认可，随后的几款车型也获得不错的销量，让比亚迪逐步在市场站稳了脚跟。

"垂直模式"给比亚迪带来了"甜头"，但当中也存在着发展隐患。王传福发现，初期公司的效率相对较高，战斗力也很强，但是时间一久效率就会开始变慢，对市场变化的敏感度也会减弱。"大家都喜欢和过去比，事业部的确比过去要好，但是不能只和过去比，要和同行来比较。"王传福如是说。

2017 年，比亚迪内部迎来了改革，把各个业务单位的职能进行清晰的市场化划分，在企业文化中也加入了"竞争"。目前，比亚迪的电池已经开始对外销售，并取得了一批新订单。此外，比亚迪正在分拆电池业务，预计2018年底或2019年初全部完成。

近一年来，比亚迪也结识到不少好朋友，比亚迪已与长安汽车签署战略合作协议，且将联合设立以新能源动力电池生产、销售为主营业务的合资公司。王传福表示，"我们尝到了不少甜头，整体的效率和活力都提高了，真正感受到开放才是繁荣。当然压力也大，但压力大也是好事，如果每天没压力就真的是吃老本了"。

如今，比亚迪在开放的路上越走越"起劲儿"。近日，比亚迪召开了全球开发者大会。王传福在会上表示，汽车智能化必然会带来一个万亿规模的新业态，比亚迪采取开放的策略来拥抱智能化浪潮。

据了解，比亚迪将全面开放汽车上的341个传感器和66项控制权。比亚迪目前拥有30万辆搭载开放性能的汽车，到2018年底会达到50万台，2019年将超过100万台。"比亚迪是第一家跳出来开放所有系统的汽车企业，此次开放对整个汽车行业来说绝对是里程碑式的。"王传福如是说。

帮助国家分忧解难

从20人到24万人，从"垂直模式"到"开放模式"，比亚迪有了翻天覆地的改变，而不变的是王传福"将自己研究的技术进行产业化"的目标和"用技术和产业的力量帮助国家分忧解难"的愿景。

在城市的不断蓬勃发展中，城市交通拥堵和空气污染严重成为不少城市难以摆脱的痛。王传福直言，"比亚迪希望能用电动车治污、用轨道交通治堵，构建一个绿色的大交通体系"。

环保部在《中国机动车环境管理年报（2017）》中提到，我国已连续8年成为世界机动车产销第一大国，机动车尾气污染已成为我国空气污染的重要来源，是造成细颗粒物、光化学烟雾污染的重要原因，污染防治的紧迫性凸显。

2017年底，深圳市交通运输委宣布，深圳已累计推广应用纯电动公交车16359辆，除保留少部分非纯电动车作为应急运力外，已实现全市专营公交车辆全部纯电动化。在深圳专营的16000余辆电动公交车中，比亚迪纯电动公交车逾

14000 辆，占比超过 90%。

其实早在 2011 年，比亚迪在全球率先推出"城市公交电动化解决方案"，

王传福慈善捐助启动 2010 年 9 月 29 日中午，比亚迪 M6 新车北京上市发布会召开，巴菲特、查理·芒格和比尔·盖茨共同出席

提出在公共交通领域率先推广纯电动巴士和纯电动出租车。2018 年 1～6 月，比亚迪以 71270 辆新能源汽车的累计销量，占中国新能源市场总销量的 20%。王传福表示，电动化在 2018 年上半年的势头非常好，明显感受到比预期发展速度要快。

除了"治污"愿景外，王传福还希望能通过发展轨道交通治理拥堵，"路的增长只有 2%，车的增长是 15%。路是越修越多，但是车更多，最后还是越来越堵。"王传福给自己提了一个问题，到底是打造一个车轮上的城市，还是轨道上的城市？

数年前的一次在北京出差中，王传福要赶回深圳出席第二天的重要会议，结果一场大雨让北京大堵车，飞机自然也赶不上了。后来，王传福到东京出差发现，东京的人口密度、车辆密度远高于北京，由于具有发达的轨道交通却很少有堵车现象。回国后，王传福组建团队用了 5～6 年的时间，耗资 50 多亿元，打造了跨座式单轨项目——云轨。

王传福憧憬着，能让中小运量的轨道运输（如云轨）和地铁构成轨道网络，将小区的商场、公园、学校等串联起来。"接完孙子，下一站买完菜，然后下一站直接就回家。"王传福向记者描绘道。

看到如此热衷技术和创新的王传福，记者明白为何他被称为"中国汽车行业的乔布斯"了。王传福听闻这个说法后，忍不住笑出声来，"乔布斯是一个艺术家，我不能比，我充其量是一个工程师，还要向乔布斯学习。"

青岛啤酒董事长黄克兴：
三十二年『青啤时间』

文／屈丽丽

11 月的青岛，清风徐来，凛而不冽。青啤大厦 18 层黄克兴的办公室，浮山湾波光粼粼。

黄克兴，看上去比实际年龄年轻。言谈举止间透着一种睿智、内敛与活力；笑容可掬，语气沉稳但不失激情；访谈间思维逻辑清晰缜密，看问题视角独特。在青啤工作了整整 32 个年头的黄克兴，眼底沧海，心底波澜，说起自己，已然全是关于青岛啤酒的故事……

"一个百年企业之所以能生生不息，就在于这个百年企业能够与每一个时代的特征进行互动。"这是青岛啤酒董事长黄克兴对拥有 115 年历史的青岛啤酒的高度概括。

改革开放 40 年来，青岛啤酒一直踏着时代的节拍，勇敢屹立潮头。从 1978 年坚守质量，设立"提升质量纪念日"活动，到 1987 年成为中国第一家拥有进出口权的生产经营外向型啤酒企业；从 1991 年创办"青岛国际啤酒节"开创了节庆文化的体验传播模式，到 1992 年在意大利设立欧洲办事处，率先勾勒出中国啤酒行业的世界版图；从 1993 年在香港发行股票破冰资本市场，到 1994 年率先开启中国啤酒行业的异地收购，以及 1998 年在实施"大名牌战略"下开启中国啤酒行业的大规模兼并扩张浪潮；从外延式增长到整合与扩张并举再到高质量发展，青岛啤酒成长为中国啤酒行业的龙头企业，成为世界级的品牌。

而黄克兴，也在 32 年的时间里，推动并见证了青岛啤酒成为国际一流品牌的整个过程，在质量及产品战略、渠道战略、营销战略、产业及其投资战略上做出了一系列创新性尝试。

2017 年 5 月，黄克兴从青岛啤酒公司的总裁位置上接任董事长，外界对他的评价显示，"黄克兴先生具有长期丰富的啤酒行业战略规划、投资并购及营销管理经验，多次统筹策划了青岛啤酒公司的重大资产重组和项目并购。"

可以说，服务青啤 32 年的黄克兴董事长，提供了一个观察青啤的极佳视角，而在黄克兴推动青啤不断成长的背后，也展现出了一位企业家或国企掌门人的理念和决断。

在《中国经营报》记者对他的采访中，黄克兴不仅从战略家的角度阐释了这个百年品牌坚持与时俱进的好产品和勇于变革创新战略的坚持；也回顾了青岛啤酒在每一个关键节点上的关键决策，以及决策背后的战略考量。藉此，人们不仅可以从中窥见基业长青企业伴随时代变迁而前进不辍的脚步，更能透过改革开放后市场不断发展的力量，深入理解啤酒业乃至消费品行业发展的特有规律。

质量烙印　筑牢有质量发展根基

1986 年，作为优秀大学毕业生入职青岛啤酒厂的黄克兴，对当年因产能不足而只能凭票供应青岛啤酒的景象记忆犹新，但更让这位年轻技术员印象深刻的是，全厂没有因为销量好而放松质量，整个工厂都铆足劲儿严抓质量管理。这让"质量为根"的认知深深地烙在了这位年轻人的心上，也贯穿于他在青啤 32 年的角色变化中。

　　一直以来，中国企业"走出去"经常面临着物美价廉、"中国制造"的尴尬局面，而青岛啤酒却始终是个例外。青岛啤酒出口海外60余年，始终以"高品质、高价格、高可见度"呈现出了中国品牌本该有的模样，在全球激烈的啤酒市场竞争中，获得了不同国家消费者的一致认可。青岛啤酒如何能够满足全球消费者挑剔而多元化的需求？对此，黄克兴给出的答案异常简单——质量竞争力。

　　恰如近日青岛啤酒连续荣获"世界啤酒锦标赛"金奖和"欧洲啤酒之星"大奖，从全球2000多款啤酒中夺金摘星，折射出业界对青啤品质的高度认可，也向世界展现了啤酒酿造的"中国功夫"。

　　在黄克兴看来："青岛啤酒全球化战略和基业长青的根基就是质量。每一瓶青岛啤酒不仅是酿酒师的尊严，也是向世界递出的一张中国名片。速度终有上限，质量永无止境。在推动中国制造向中国创造转变、中国速度向中国质量转变、中国产品向中国品牌转变的进程中，品质提升不仅是企业在经济新常态下的战略机遇，也是转型升级给消费者带来的最大红利。"

　　"这里的质量，不是传统意义上的产品质量，而是整个企业的发展质量，用企业有质量的发展推动和引领未来。"

　　在黄克兴看来，质量管理首先就是"企业文化的管理"，是"企业价值观"的塑造，是顶层设计的核心。青岛啤酒"好人酿好酒"的品质文化，不仅是青岛啤酒独特的价值体现和差异化的品质竞争优势，更是青岛啤酒领先全球市场的核心竞争力。由此，他坚持用"文化引领、创新驱动和体系管理"相结合的"质量管理"战略，将青岛啤酒的品质管理带向了一个新高度。

　　黄克兴一直倡导"360度"的大质量观念，以此深化推行全面质量管理。将产品质量、品牌质量、服务质量、物流质量等涉及产品各个方面的工作都纳入质量管理体系，提升质量管理的系统性和全面性。在他看来，质量控制不仅仅是停留在传统的保证产品品质这一层面上，而是要向产品的上下游进行延伸，建立一整套从研发、原料、生产、物流、售后到消费者的全过程的品质保障体系的闭环式控制过程。

　　基于此，青岛啤酒独创出"双叠加三解码"的质量管理模式，重新定义好啤酒就是："基础质量+特色质量"的双叠加。通过消费者需求解码、产品解码和工艺解码的"三解码"路径，满足和引领消费者对高品质、多元化、个性化的舌尖需求。

时代发展，企业如何创新产品、塑造品牌，以发展质量赢得速度，并藉此提高企业的核心竞争力？

黄克兴认为，新时代的消费者视野开阔，需求更加多元化、细分化、个性化，对高品质的追求前所未有地趋向一致。人们从原有的重视外在、重视价格、重视表象逐渐回归到重视内涵、重视品质、重视精神世界，这些"以人为本"的回归都给青岛啤酒的发展带来了更大的机遇。青岛啤酒115年坚持"只为酿造好啤酒"的品质信仰和"有质量发展"经营理念在这个时代会得到更好的响应。"因此，青岛啤酒始终坚持锐意创新的引领精神，不断挖掘、激发和满足消费者对高品质的内心渴望。"

"这是一个比拼速度的时刻，但所有的速度一定是建立在有质量的基础上。"黄克兴说。

关键节点　踏准时代的节拍

20世纪90年代，从专业技术人员转战青啤工程公司，再成为青啤公司战略发展部门的负责人，总裁助理，分管战略的副总裁、总裁，直到青啤董事长，黄克兴经历了啤酒行业扩张、整合、整合与扩张并举、有质量发展的全过程。

回顾改革开放以来的行业发展，黄克兴认为我国啤酒行业的发展经历了特点迥异的四个阶段。事实上，青岛啤酒历史上的每一个关键阶段，甚至每一项战略性决策，都深处行业发展的历史过程之中，都能看到那个时代的背景，以及在那个时代背景下青岛啤酒对矛盾冲突的理解，并直指时代问题的焦点。作为参与者，黄克兴感悟尤深。

中国啤酒行业第一个发展阶段是在20世纪90年代中期以前，当时中国啤酒行业处在一个自由发展的阶段，行业的特点就是高度分散，几乎每一个地方，都有自己的啤酒厂和啤酒品牌。

这也是青岛啤酒在历史上经历的第一个关键节点，黄克兴告诉记者，"在

1995 年青啤进行行业扩张之前，当时青啤面临的一个问题是品牌的影响力非常大，但规模和市场占有率非常小"。

第二个阶段是 20 世纪 90 年代中期到 2010 年，在长达 15 年的时间里，啤酒行业进入整合阶段。

1994 年，青啤收购了扬州的一家啤酒厂，这是国内整个啤酒行业的第一起收购案。从此，整个啤酒行业的整合正式拉开了序幕。后来，外界称其为跑马圈地式的扩张阶段。这一阶段的特点就是大的啤酒企业开始收购小的和弱的啤酒企业。当时称为"大鱼吃小鱼"，基本特点就是大的企业开始扩张。

"虽然 1994 年我们收购了第一家工厂，但真正大规模的收购还是从 1997～1998 年开始，这是一个重要的节点。当时我们做了很多研究和讨论，找了很多专家学者一起开研讨会，研究到底青岛啤酒能不能'走出去'的问题。"黄克兴告诉记者。

考虑到未来的发展，1998 年青岛啤酒提出了大名牌发展战略。所谓大名牌发展战略，就是把青岛啤酒品牌发扬光大，从此拉开了青啤在全国性布局和扩张的序幕。

2001 年，青岛啤酒迎来了另一个重要节点。经历了五六年的扩张式收购，青啤在全国的企业已经有 40 多家。这时面临一个很重要的问题就是企业的规模增长很快，但是管理能力已经跟不上企业规模化发展的步伐，此外，企业的经营利润也不理想。这时要继续规模扩张，还是要停顿下来练内功，整合现有资源，提升自己的管理能力，就成为一个重要的问题。

黄克兴对这场系统性调整印象深刻。体量迅速膨胀带来了企业"消化不良"，让"量大利薄、大而不强"成为中国啤酒行业的通病。黄克兴回忆，当时的青啤站在发展的十字路口，是继续开产能并购的"快车"，还是"踩刹车"，企业面临取舍的纠结。青啤最终选择了后者，由"做大做强"向"做强做大"转变，"由外延式"向"内涵式"发展转变。黄克兴说，这次系统整合是青啤内部的"涅槃重生"，涉及组织架构、资源配置、机制保障、人力资源管理、信息化、文化支撑等诸多层面，价值链得以全面重塑。直到 2006 年，青岛啤酒才进一步提出了整合与扩张并举，也就是进入了高质量扩张的阶段。

大约在 2010 年前后，啤酒行业外延式扩张机会的窗口关闭，进入行业发展的第三个阶段。

在这一阶段，收购兼并进入尾声，企业开始进入有机增长和内涵式发展时期。当时行业的特点是形成了寡头竞争的态势，各大集团利用自身的优势争夺市场。

2014 年是啤酒行业的转折点，在此之前，中国啤酒行业一直保持中高速增长。从 2014 年下半年至今，啤酒行业进入连续五年负增长的时期，虽然行业停滞增长，但企业更加注重自身质量的发展，主要体现在更加注重品牌的建设和盈利能力的提高。

在这一阶段，青岛啤酒抓住了有质量增长的关键节点。黄克兴非常敏锐地发现了行业变化，"不能再单纯地对消费者进行灌输格式的广告，因为消费者的观念在变，他们更加追求特色化、独占性、个性化，追求多元化消费和便捷式的购买方式。"

所以，为满足消费者的需求，在产品层面，通过对消费者个性化和独特口感的研究，依托行业内唯一的生物发酵国家级重点实验室，青岛啤酒独创出风味图谱解析技术，将数字化指标转化为青岛啤酒独特的配方和酿造技术。近年来，青岛啤酒形成了 20 多个品类，1500 多个品种规格的产品矩阵，满足了消费者多元化、个性化的需求，发挥了市场引领作用。

同时，在渠道上，青岛啤酒除了既有的线下渠道之外，进一步发展了电商、手机 APP 等各种现代渠道，以此满足消费者对购买便捷性的要求。

"对于啤酒行业来说，现在中国市场的竞争就是全球的竞争。在国内，我们不仅仅是和中国本土企业和本土品牌竞争，而是和国际一流企业和品牌进行竞争。"黄克兴告诉记者。

不过，黄克兴也认为，正是消费者观念的转变，给各大啤酒企业带来了机遇。对于青啤来说，除了 115 年积累的品牌优势和历史积淀外，还有其独特的质量魅力，加上青啤的创新精神，在产品创新、渠道创新、管理创新、机制创新等方面做出的努力，让这家拥有 115 年历史的企业，在每一个发展阶段都踏准了时代的节拍。

"与每一个时代的特征互动，才能适应这个时代的发展，适应这个时代的潮流，企业才能基业长青。"黄克兴告诉记者。

回忆行业发展的历程以及企业当年的决策过程，黄克兴告诉记者，"每一个重要的节点，我们都是经过反复的论证，反复的讨论，甚至出现过一些争执。当然，青岛啤酒的文化是鼓励大家各抒己见，而在坦诚的争论中，根本性的问题也就容易浮现出来。"

在黄克兴看来，正是这样的决策模式，让青啤在历史的每一个关键节点都做着正确的事情。

"营销大师"眼中的 40 年营销史

在外界眼中，黄克兴身上有两个特别重要的特点，而这两个特点直接影响了青啤近 40 年来的战略演进。一个就是极度吸睛的"战略专家"角色，另一个就是他作为"营销大师"的身份。

黄克兴告诉记者，"四十年中国营销史，经历了从'点子大师'到'标王'，再到渠道为王的时代，到现在营销不再是告诉消费者提供什么产品或给予什么承诺，而是一系列的营销组合，其中包括了产品的研发、质量、品牌、企业形象等。"

正是看到了这些变化，黄克兴认为当今时代的营销核心就是要为消费者创造价值，而青啤的营销策略也紧紧围绕为消费者创造价值展开。

"以消费者为中心。消费者喜欢喝什么口味，我们就推出什么口味。不仅仅是消费者喜欢，我们还要进行供给侧结构性改革，消费者不知道会有什么好的产品可以选择，但是我们通过供给侧研究出来之后，就可以发挥引领消费的作用。"

按照这一策略，青岛啤酒首先从价值链上下功夫，在研发阶段就要挖掘出全球最好的产品是什么？流行的趋势是什么？其次，在生产环节和采购环节，要采用最好的工艺，用最好的原料，生产出最好的产品来。最后，在流通环节，要以最便捷的方式，送到消费者手中，给消费者带来愉悦的享受。

2016 年 7 月，时任青啤公司总裁的黄克兴主动兼任青岛啤酒营销总裁，带领青岛啤酒营销团队开启了新征程。一年多时间里，围绕营销体制机制、顶层设计、产品战略、品牌战略，以及沿海、沿黄河、大山东基地市场圈建设、海外市场发展等，黄克兴实施了一系列富有成效的改革创新和市场推进策略。青岛啤酒从技术研发到产品创新，从营销模式到管理创新，从企业文化到组织创新全面落地。近年来，青啤先后开发并上市了黑啤、白啤、果饮、原浆、精酿 IPA、皮尔森等新产品，其中白啤、皮尔森啤酒的成功上市，推动了行业标准的建立。与此同时公司大力推进营销创新，快速发展特色新产品业务，引领消费升级。在组织创新上，青岛啤酒成立了创新营销事业总部，激发员工创业创新活力。

此外，黄克兴带领团队构建了青岛啤酒品牌传播、产品销售、消费者体验、粉丝互动四位一体的品牌推广模式；积极布局新兴市场，推动了立体化、结构化、层次化的市场布局；推出"全球举杯共分享"计划，使青岛啤酒在国际市场的品牌影响力和占有率不断提升，成为中国文化在海外的积极传播者和推广者。

2017 年，青啤出口超过 100 个国家；目前以 1455.75 亿元的品牌价值连续15 年蝉联中国啤酒行业首位。2018 年上半年，青岛啤酒公司营业收入 151.54 亿元，可比口径同比增长 4.93%；净利润 13.02 亿元，同比增长 13.39%。

文化传播者　　百年青啤文化为根

在黄克兴看来，青啤参与国内以及全球竞争的每一个关键阶段，甚至每一项关键决策，背后都有青啤文化的支撑作用，而正是这样的文化，让青啤得以长盛不衰。

在解读青啤文化时，黄克兴告诉记者，"首先，青啤最核心的文化体现在和谐二字上。它不仅仅指内部员工的和谐，同时青啤也一直力求与外界所有利益相关方保持一种和谐的共赢。再往大，还会包括企业与自然、企业与社会的和谐等，这是青啤和谐的文化，很有特点。"

"其次，青啤的文化体现在创新上。100 多年来青啤在每个时代能存活下来并且都能发展，源自创新。如果墨守成规，青啤肯定活不下来。所以创新是青啤得以不断传承的重要基因。"

"最后，青啤的文化还体现在包容上。在关键问题上，大家各抒己见，充分发言，不是一言堂的文化，这既是和谐又是包容。同时，青啤在全国20多个省有60多个生产工厂，30多个销售公司，这些公司都是收购自不同文化背景的企业。不同地域的人，不同的文化，青啤要有海纳百川的包容。"

正是在这样的文化浸润下，黄克兴对自己的要求30年来一直没有改变。"第一做事实事求是；第二要脚踏实地；第三就是要积极进取，不断创新。"

基于对自己的要求，黄克兴对于团队也提出了四个自信和四个勇于，"四个自信即要有战略自信、品牌自信、产品自信、团队自信；四个勇于即要勇于变革、勇于创新、勇于开拓、勇于担当。"

"中国产品走出去、品牌走上去、文化走进去"是黄克兴推动的国际化进程"三部曲"。中国文化源远流长、绚丽多姿，做大世界级中国品牌，就要把中国优秀文化与现代商业文明有机融合起来，让中国品牌植入中国文化元素，更显独特性与差异化。八仙过海、中国结、青花瓷等系列"中国风"纪念产品和青岛啤酒的独特口感一道，赢得了大批海外年轻粉丝的青睐和点赞。作为首家策划推出"跟着中国品牌看中国"的中国品牌，青岛啤酒力争在品牌塑造中融入中国元素、讲好中国故事，传播中国文化，彰显文化自信。

最关注的问题：做好四个关系的平衡

站在新的历史起点上，青岛啤酒要"因改革而强，向未来而行"，在新起点上乘势而上，实现新突破，提升中国品牌的全球影响力。面向未来，黄克兴认为，"对于一个企业，或者一个企业家来说，我认为非常重要的问题是处理好四个关系的平衡。"

第一是要有效地平衡好员工的利益、股东的价值、消费者的利益和社会价值四者的关系。第二是企业的经营利润和市场份额的关系。第三是企业短期内做大做强和长期持续发展的问题。第四是企业的成本质量和效益的关系。

如今，在鲜酿啤酒厂遍布每个小镇的啤酒故乡德国，当地啤酒普遍售价在0.8~1欧元，而青岛啤酒的售价则达到3欧元左右。美国人买半打当地啤酒需要6美元，而买半打青岛啤酒需要9美元。

而这，应该就是青岛啤酒做好各种关系平衡的结果。"上面的几种关系，放弃任何一种平衡，对企业发展都是不利的。但是怎样平衡好这些关系，每个企业会有不同的方式和方法。"黄克兴告诉记者。

梁昭贤：制造业守望者，一生只干一件事

文／高瑜静 赵毅

　　2018 年 8 月 24 日，台风"西马仑"横穿日本，多地遭遇暴风雨，大量无法起飞的航班滞留机场。按原定计划，梁昭贤在结束对格兰仕日本研发中心的定期沟通会后，将在这一天搭乘飞机返回广东。一场不期而遇的台风，显然为他的既定行程带来诸多不确定。

　　风雨不动信如山。正如纵横商场数年来经历风雨、应对变化时那样，梁昭贤带领着格兰仕据守"诚信"这方基地，以不变应万变。

　　8 月 25 日，在周六的一场高管例行晨会后，梁昭贤如约接受了《中国经营报》记者独家专访。谈起父辈创业、企业经营的人本之道时，透过眼镜片也能看到他眼中的光彩闪烁。

　　创办于 1978 年的广东格兰仕集团有限公司（以下简称"格兰仕"），与改革开放同龄，经历着改革开放四十年间的激荡。创始人梁庆德在顺德河边荒滩搭

起窝棚创业，从羽绒加工贸易做起，再以微波炉生产进入家电制造业，在微波炉市场登顶。格兰仕集团现任董事长、总裁梁昭贤是创业期的见证者和参与者，他和梁庆德一起开启了格兰仕的第二次创业，引领着格兰仕从轻纺业走向家电业，从广东顺德走向全球。

继往开来间，格兰仕也步入不惑之年。对于志在"百年企业　世界品牌"的格兰仕而言，现阶段仍然是年富力强。在访谈间，梁昭贤多次强调，格兰仕不是一个家族企业，是中国的格兰仕，是世界的格兰仕，按国际惯例办事，通过一套完整的现代企业管理制度，走向世界。

言传身教

在改革开放的总设计师邓小平的"工程图"中，改革开放分多维度展开：改革从安徽开始，开放从广东开始。从安徽凤阳小岗村发起的家庭联产承包责任制，冲击着原有的经济意识形态，随后改革以"燎原"之势触达城市。个体户、私营企业等民营经济形态逐渐恢复生机，地处前沿阵地的广东顺德最先感受到"春意"。

在这期间，梁庆德成为民营经济再生潮中的弄潮儿。1978 年，他奉上级党组织之命，带着23人在河边荒滩上搭起窝棚，向附近村民收购鸡鸭毛，制成鸡毛掸子卖到城里去。那段时期，在少年梁昭贤的印象中，父亲长期吃在工地、睡在工地，一两个月都没有回家一次。直到有一天，父亲由于突发胃出血，被工友背送回家。"当时我对胃出血、胃病都不太理解。看到他在吐血，就感觉很严重。"梁昭贤回忆道，双目中泪光闪烁。

父亲创业经历中的这场急症，让梁昭贤真实地感受到创业艰辛，父亲也成为梁昭贤对经营管理之道的启蒙老师。

"那场胃病，给我上了一堂大课。通过那一次，我知道了什么叫艰苦，什么是创业。也通过那一次，跟随父亲创业的23人全部去医院看他，我知道了怎么样身体力行去团结一班人，带领一班人，大家一条心。这对我一辈子都影响巨大。"

在梁庆德与 23 个工友的凝心聚力下，桂洲羽绒厂成立了，这便是格兰仕的前身。

梁昭贤至今仍记得改革开放初期时物资匮乏的情景。当时父亲创业时，由于没资金，只有选择在土地成本最低的海滩区。自己那时中学还没有毕业，每逢寒暑假都要参加劳动。他认为这段经历磨炼了他的意志。"我这样奋斗了整整七八年，一直到 1985 年，我才重新通过成人高考，上了大学。在上学的过程当中，一周 5 天上学，2 天回来参与企业的各种经营活动，我们那代人就是这样走过来。这些对于现在的年青一代，听上去是不可思议的。但我们改变不了时代环境，只能改变自己，用自己的汗水去赢得明天。"

如今，格兰仕确定"向日葵计划"，每年 10~11 月从全国高校招聘优秀大学毕业生，为企业基层人才队伍输送"新鲜血液"。

今年的前辈分享会上，在格兰仕工作 37 年的陈锦聪给后辈们传授学习观时说："梁总（梁昭贤）现在做多少生意你可以不学他，因为现在在你可能还不是这个阶段。但是要学他二十几岁的时候，正是跟你们同龄的时候，他这种魄力，这种对工作的追求。他的工作态度我们必须要学，要研究他，为什么他当时有这种憧憬并且还做到了。"

以身教者从，以言教者论。在环境熏陶中，格兰仕的经营理念、管理之道承袭相传。

父子兵与上下级

1978 年，改革开放拉开帷幕，本着"实践是检验真理的唯一标准"这一原则，系列改革举措也在实施中不断检验、调整。

前国家经济体制改革委员会综合规划局局长、国务院经济改革方案研究办公室副主任杨启先教授总结称，1978~1987 年的十年中，国家进行了两次宏观调控。在经历早期的从国外进口资源与技术建设项目，银行四处放贷后，经济发展掀起首轮热潮。

在这一时期，同处顺德的美的、万和、容声、蚬华等一批家电品牌，如雨后春笋般冒出。众多家电制造企业聚集顺德，也让这个岭南小镇此后以"中国家电之都"的身份为外界所知。

不过，当时在电视、冰箱、洗衣机、收录机等优势产品领域，长虹、海尔、小天鹅等品牌已占据制高点，跟进者要想从中分一杯羹，实属不易。

1987年，梁昭贤大学毕业后正式加入格兰仕。上阵父子兵，梁昭贤与父亲以特别的默契合力护持着企业运行。

全面参与格兰仕经营不久，梁昭贤专程到日本市场调研，寻求转型之道。这次调研，让他看到了进军微波炉行业的商机，意欲另起"炉灶"进军家电市场。

彼时，产值过亿的桂洲羽绒厂，获得"中国乡镇企业十大百强"荣誉，已然是珠三角的"金凤凰"。在企业发展的黄金时期要实现自我否定，转身寻求未来的突破点并非易事。更何况，最终决定企业航向的人，是自己的上级。

"一个组织里面，永远都只有一个决定者。当时德叔是企业的班长，我必须要无条件、绝对地服从，绝对地执行他的决定"，梁昭贤说道。

如何在父子关系、上下级关系的身份间理性切换，考验着梁昭贤的平衡力。在这样的身份置换间，格兰仕的一代管理者与二代管理者的经营理念也磨合贯通。

"德叔在工作上是我的上司，但是回到家里面，他是我的父亲，也是我的长辈。所以，如何要处理好工作关系和家庭关系，感性和理性要如何真正摆正。尤其在某些时期，对于一些重大的业务判断和决策，双方有不同意见的时候，我不能够在办公室，更不能够在工作时间跟他争论。只能够在晚上12点、凌晨1点，等父亲心情放松的时候，再把自己的想法毫无保留地说出来。"

当梁昭贤回忆起这段时光时，以"孤独"描述。这种孤独，既有外界偶然的不理解，也有随时承担一切的自我担当。"整个过程当中，怎样为企业经营增添活力，又维护决策者的执行力，这才能增加企业的战斗力。一开始都太难，但是慢慢都成为了一种工作方式。"

父辈的经营风格、艰苦创业精神早成为根基，融入骨血，在梁昭贤的每一个经营决策间透射无遗。

信生利　利及人

改革开放 40 年间，我国经济从低水平发展到总量跃居世界第二、贸易总额位居世界第一。快速发展的制造业更让中国成为"世界工厂"。格兰仕凭借"两手抓"，一边做世界工厂，一边做世界品牌，在国际化潮流中独树一帜。

不过，中国制造业企业在最初打开国际市场时，可谓是"道阻且多艰"。一方面，中国企业要与外国企业进行商务洽谈合作，相关人员往往需要外企发送的邀请函才能申领签证；另一方面，申领的签证一般只有七天的有效期。七天之内，要让对中国制造企业知之甚少的国外卖场了解产品、信任生产商并下放订单，考验重重。

诚者，天之道；思诚者，人之道。诚信，成为了格兰仕开拓国际市场的高效通行证。

梁昭贤讲到了当年赢取外国厂商信任的关键一战。"终于争取到法国一个零售商的首批订单，答应 30 天要交货。但由于整个采购、供应的环节不受控，延误了整整大约 5 天的时间。当时该零售商明确表示必须无理由按期交货，已经做了很多推广宣传海报，如果不能够准时交货，对格兰仕产品的销售以及双方今后的合作影响很大。在这个时候，我二话没说，马上决定要空运。空运一台微波炉，等于 5~6 台微波炉不收钱。我当时还是下了决心，通过深圳报关，然后转到香港再空运到法国，保证了货物第一时间交付，这一次应该说赢得他们非常高的评价。"

通过一批批订单，格兰仕的产品从广东顺德出发，遍及全球。如今，格兰仕每天有 10 万台不同规格、不同功能的微波炉走下流水线，销往全球各地。

"在国际化的过程当中，只要你讲诚信，应该说机遇任何时候都偏向你。对于诚信，格兰仕是怎样理解的呢？说是一种承诺，做是一种兑现，当说和做一样，才叫诚信。所以，我们承诺过的任何东西，必须要百分之百兑现，这是格兰仕的一个基本要求。"梁昭贤总结道。

在他看来，商业的本质要回归产品。不管是在中国市场，还是在全球市场，生意不仅仅是物价交换，而是将产品作为一种沟通媒介，使企业与营销伙伴交心、与消费者交心。

正如日本经营之圣、京瓷与 KDDI 的创立者稻盛和夫在论及经营之道时，一语以概之，"经营需要技巧，但施展技巧的人的根基是关照对方的利他之心。"这种利他之心，所折射的是一种商业人本主义，也是消费者为先的商道。

"当时我父亲也讲，为商之道，必须要感情开路，利益保障。首先要有感情，没有感情，再多的利益都没有用。怎么团结一批人，赢得人家的信任，赢得人家的尊重？要如何用自己人格的魅力，要去赢得人心？我感觉到是最有意义的，应该说赢得人心，才是商业的真正本质。"

专注制造

率领一个庞大、已入不惑之年的家电企业前行，压力之大可想而知。更何况，这是一个传统行业中，直面各种机遇、挑战的前沿阵地。

20 世纪末，房地产迅速成长为国内经济的主导产业，进入黄金时代。而刚走出亚洲金融危机阴霾的中国制造业，尚在恢复生息。相比之下，地产行业的高利润让制造业企业黯然失色。

跨界投身房地产，成为现金结余丰厚的家电企业的不二选择。海信 1995 年就进入房地产行业；海尔集团在 2002 年专门成立海尔地产公司；格力、美的、长虹等家电巨头，陆续在房地产市场上排兵布阵。

而格兰仕则继续把守微波炉市场占有率首席之位，并于 1999 年被国家工商总局认定为"中国驰名商标"。名盛一时的格兰仕收到了地方政府招商引资部门的橄榄枝，其中不乏跨界房地产的优惠政策。"格兰仕第一个成功的市场是在上海。当年上海市政府负责招商引资的团队来到格兰仕，我后来也专门到上海去。当时在浦东看到很多烂尾楼，浦东区的领导允诺说，如果格兰仕有意愿接管建设这些高楼大厦，政府可以帮助格兰仕落地上海，进一步投资发展。"提及当年面对的跨界之机时，梁昭贤历历在目，"当天我在浦东区政府的招商办公室，最后我讲我还是选择做制造。"

在梁昭贤看来，自己对房地产没什么研究，从未打算触及。况且，自己既然选择做家电制造了，就必须义无反顾地坚持走下去。

不过，当格兰仕凭借这样的"义无反顾"蜕变为全球最大的专业化微波炉制造商时，微波炉行业已不复当年蓝海市场的光景。经过十余年的积淀，这个行业吸引了近百家企业鱼贯而入，国外财团也跃跃欲试。

站在行业金字塔尖的企业往往最早察觉行业天花板。因此，"微波炉大王"格兰仕着力开拓第二战场。从 2000 年斥资 20 亿元进军空调、冰箱制冷业，到之后定位综合性、领先性白色家电品牌，格兰仕在"国民家电""品质家电"之路上步伐坚定。而客户需求成为格兰仕专业多元化之路的出发点和落脚点。

"用户需要什么东西，你要吃通吃透。你吃得越通、吃得越透，你的整体经营、整体的产品、整体的研发就能够满足用户的需求。每一个产品，你都需要做到极致。不管怎么样都好，我们必须要真正让不同层次的消费者都满意。"梁昭贤说。

海纳百川，取则行远。在改革开放催生的机遇浪潮中，有无数企业顺势而生，恰似百舸争流。而只有明确方向，有的放矢，方能在潮涨潮落中行稳致远。

2018 年 9 月 28 日格兰仕创业 40 周年晚会，格兰仕员工进行合唱表演

谈及格兰仕在机遇潮中始终坚守制造业，梁昭贤表示自己并不后悔。"改革

开放给格兰仕带来的机会，就是让顺德的格兰仕走向全中国，走向全世界。在参与世界的大分工、大合作的过程当中，经过四十年积淀的底蕴，我们更加自信，从过去的产品占有率和较低层次的分工，到今天我们重新出发，要全方位实现格兰仕新的国际化道路，以一种新的姿态，新的能力走向世界。"

身为一名伴随中国改革开放成长起来的实业企业家，梁昭贤是一个专注制造业的"守望者"和"偏执狂"。

"做企业一定要专注，要有所为有所不为，一定要干自己最擅长的事，要么不做，要做就要做到最好。"梁昭贤说，格兰仕是专注制造业的实业企业，整体发展原则是稳健经营，业务方向上会坚持走格兰仕特色的道路，未来的发展，聚焦先进制造，打造科技型信息化平台企业，是格兰仕全新出发的着力点。

文／李静

颠覆者周鸿祎：一个『非主流儿童』的奋斗史

2018 年 2 月 28 日，穿着标志性红色上衣的周鸿祎在上海证券交易所敲响了上市的锣声，三六零安全科技股份有限公司（以下简称"360"）正式宣告从美国退市回归，在 A 股借壳上市取得成功。

围绕周鸿祎发生过很多在中国互联网发展史上具有典型意义的案例，他曾把传统计算机杀毒软件的收费商业模式变成免费模式，向 CNNIC 宣战，和巨头腾讯之间展开著名的"3Q"大战……而在 360 私有化到 A 股上市的一年多时间里，周鸿祎的炮"熄火"了。

"我是一个非主流儿童"

周鸿祎从小就不是一个传统意义上循规蹈矩、好好学习的乖孩子，不服、叛逆是他人生的底色。

20世纪70年代里的一天，阳光洒落在郑州市测绘局家属院里，一群孩子正在嬉笑地玩着滚铁环、弹玻璃弹珠等当时流行的游戏，其中有一个瘦小的男孩就是周鸿祎。大院里放养长大的周鸿祎与其他孩子没有什么不同，他会和小伙伴一起用面粉自制泡泡糖、复制露天电影院，还自己用缝纫机的木头线轴做小车，但是周鸿祎却说："我就算一个非主流儿童，'听话'这个评价从来没有被用在我的身上。"翻开周鸿祎小时候的照片，两个眼睛瞪得圆圆的，透露出懵懂而又不服一切的感觉。

周鸿祎是一个麻烦制造者，很少消停。"印象中，我经常追跑打闹，因为把同学的裤兜拉开了线而遭受到老师的训斥，最后的结果通常是，我不得不拿着同学的衣服回家，让我妈用缝纫机重新缝好。"周鸿祎回忆道。

在最开始的驻马店小学，周鸿祎直接跳级到了三年级。后来，因为父母被调动到郑州市工作，周鸿祎也转学到了郑州。但是老师因为他个子太小、身体瘦弱，坚持让他从小学二年级开始上。当老师和父亲讨论把他放在二年级哪个班时，周鸿祎抗议般地吐出了三个字"我都会。"不服输的性格从小显露无遗。

周鸿祎学习成绩虽然一直不错，但课堂表现却好似"学渣"，放在今天来看就是一个标准的熊孩子。他过剩的精力常常无处挥洒，上课说话、做小动作，被点名、罚站是家常便饭，被粉笔砸过，也挨过戒尺打。

直到小学五年级，周鸿祎遇到了一个能真正纵容另类孩子的数学老师——王芙蓉。上课时，周鸿祎经常有一半多的时间走神，穷极无聊的他在作业本上画画打发时间。王芙蓉没有气急败坏地指责他，而是饶有兴趣地问周鸿祎能不能连着画出100匹小马，后来他真的画出来了，之后常常和王芙蓉老师交流画画心得。

王芙蓉老师没有压制周鸿祎的另类个性，也没有助长他的叛逆，反倒是给他打下了良好的数学基础，并暗暗奠定了他对计算机的兴趣。

初中时候的周鸿祎依然一副营养不良、发育迟缓的瘦弱模样。他拥有广泛的阅读兴趣。"学校的功课对于我来说，只花去了三分之一的精力，吃不饱的感觉有点强烈。"周鸿祎说，我把大量的时间放在看书上，并且从中发现一个自己从未接触过的领域。

20世纪80年代的美国硅谷欣欣向荣，中国计算机产业如同一个刚学步的孩子，艰难起步。父亲单位里分来一个做计算机工作的大学生李明德，李明德和周鸿祎很投缘，他把自己对计算机世界的理解描述给周鸿祎听——计算机语言可以编辑程序，可以进行复杂运算……

渐渐对计算机流露出浓厚兴趣的周鸿祎开始摸索着自学 Basic 语言，李明德也会把大人看的《计算机世界》拿给他阅读。周鸿祎曾经手抄过报纸上的 Basic 程序带到学校的机房，就想知道程序在计算机上运行的样子。后来，他学会了用 Basic 语言写小程序，甚至可以让计算机写几句歪诗。

那时候很多人都觉得周鸿祎是个异类，他完全沉浸在计算机的海洋，走在街上的他一头倔强的鬈发，眼神中略带不羁，充满对整个世界的不服气。

通读图书馆所有计算机书籍

在系统学习计算机理论之前，很多问题都是周鸿祎自己领悟出来的。在高二那年的一次谈论自己理想的班会上，周鸿祎登台发表了自己唯一一次有关理想的演说："我的理想很明确，这辈子就要做一个电脑软件的开发者。做一款产品，改变世界。"

在别人还没有完成高考的时候，周鸿祎提前被西安交通大学录取。在前往西安交大的绿皮火车上，他和同伴一起高声谈笑，还和一个陌生的旅客大谈特谈自己未来做软件公司的梦想。那一年，他年仅17岁。

1988年是改革开放第十个年头，周鸿祎成为西安交大的一名学生。依然还是那个不服气的少年。第一年因为为同学打抱不平，他在学期结束时被狠狠地报复了一顿，不仅进了校医院缝了几针，辛苦积攒的五十多元钱也被抢走。琢磨如何把损失弥补回来的周鸿祎，开始了人生中的第一次商业活动——摆地摊儿。他把高中同学用过的高考参考书收集起来，没费什么劲就卖给了上暑假补习班的高二学生。卖完参考书，周鸿祎为了还债，又做起另外一个生意，自己编写程序用计算机进行科学算命。这可能是他第一次做和计算机相关的项目。

暑期结束回到学校的周鸿祎面临专业选择，他遵循自己内心的志向——做编程软件、创办电脑公司，因此毫不犹豫地选择了计算机专业。开始系统学习计算机专业课的周鸿祎心中唯一的感觉就是老鼠掉进了米缸里，长年存留在他心里太多的问题，在大学课堂里得到逐一解答。

回想大学时对计算机的疯狂，他说："不成魔不成活，如同《霸王别姬》里的程蝶衣，那个时候我为上机狂。内心的感觉就是'哪怕缺少一个时辰都不行'。"

他用尽各种手段争取上机操作的机会，比如冒用逃课者的名字、偷偷溜进实验室等。《中国青年》中一篇描述青年人创业的文章深深地印刻在周鸿祎的心里，那就是他想要的人生，他生活中的一切都是为将来"创业"的终极目标服务的。

有一年的元旦，他没有过节，而是早早地进了实验室，用了一个通宵的时间做出一个可打印贺年卡的程序。大三暑假开始，周鸿祎开始在校外兼职做与计算机相关的业务了。

回顾大学生活，周鸿祎说道："大学期间出于主客观因素，我把所有的精力都投入到学习当中。我把图书馆中所有关于计算机的书基本都通读了一遍，那是一个人的日夜狂欢。正是西安交大严谨的学习氛围，我完成了从一名计算机爱好者到专业计算机从业人员脱胎换骨的蜕变。"

两次创业失败

本科毕业后，周鸿祎被保送到西安交大的研究生院，立志创业的他选择攻读管理专业。不过，刚开学几天，周鸿祎就失去了兴趣，开始逃课。

"没有进入过任何公司就学习管理简直是天方夜谭。我当时心里有一个声音：此时不创业更待何时？"周鸿祎一头扎进了市场，要去做一个产品疯子。经过一番思考之后，他做出了宿命般的选择——做一款清除计算机病毒的电脑外接卡，简称反病毒卡。

确定方向之后，周鸿祎找来负责技术的范刚和负责统筹的石晓红开始创业。三人常常溜进机房研发反病毒卡，样品成型后有时候需要打开电脑机箱进行测试。每次用螺丝刀拧开机箱测试时，三个人都提心吊胆，心里想着"千万不要把机器给烧坏了"。

样品测试成功后，周鸿祎去深圳采购了一批集成电路和元器件，自己焊接、包装，然后找销路。为了卖掉产品，他北上北京，去了瑞星，又去了联想，但接连碰壁。

"真实世界的洪流把我淹没了。我做了一个产品，以为大家会竞相追捧，其实这只是一个实验室中的产品，放在商海里，马上被淹没得无影无踪。"周鸿祎回忆道，虽然第一批产品挣了一些钱，但随着时间的推移，他感觉反病毒卡做不下去了，主要问题是反病毒卡不能及时更新，跟不上病毒的变化。加上反病毒卡内部团队因利益分配问题而分裂，周鸿祎的第一次创业"流产"了。

但很快周鸿祎就在市场上捕捉到了新的商机。他又做起了平面创意广告系统，其实就是将国外成熟的软件产品进行汉化。不过，由于销量不够强劲，周鸿祎不专注的毛病又逐渐显现出来，他的精力又转移到汉化其他软件上，希望能够创造出新的盈利点。最终因为汉化软件产品几乎没有壁垒的特点，加上周鸿祎的兴趣分散，这次创业折腾了一年就不了了之。二次创业再度失败，周鸿祎选择回到学校，继续因创业而中断的学业。

"年轻时候两次失败的创业给我留下了深刻的教训。我忽然意识到其实我需要这个硕士文凭，自己创业行不通，我必须学习商业知识，再把所有新的积累重新消化再去理性创业。"周鸿祎说道，"经过两年的摔打，我清楚地认识到我本质上还是技术人才，不是商业人才。"毕业之后，周鸿祎进入北大方正，他要去那里学习计算机公司是怎么进行管理的。

在北大方正的近三年时间里，周鸿祎完成了从单纯程序设计、开发软件到接触互联网的全部过程，并且积累了很多管理经验，也结识了很多优秀的同行。

1998 年，改革开放二十年之际，互联网在全世界掀起一场汹涌的革命。中国互联网快速发展，正在进入一个全面兴起前的酝酿阶段。当时，第一代互联网创业者纷纷裸辞，丁磊从宁波电信局辞职，马云向杭州电子科技大学提出辞职，周鸿祎也离开了北大方正，带着两个部下搬到了中关村的一间出租房里，又一次开始创业。他这次的想法很简单：中国人上网不再以 www 开头，不用再输入斜杠和 http，扔掉上网地址簿，直接在地址栏输入中文即可。后来他们给这个网站取名 "3721"。

花了一年多的时间，用方正淘汰下来的电脑，周鸿祎的团队在出租屋里没日没夜地做 3721 客户端的开发工作。1999～2000 年，互联网成为资本的宠儿，3721 产品发布不久就拿到了 IDG 投资的 200 万元人民币。不再为资金问题愁眉苦脸的时候，周鸿祎创业不专注的毛病再次复发，他又想开发上网加速器，还想开发网络电子名片工具，但是方案都不够严谨。

周鸿祎回忆道："早期在开发 3721 时，就像在挖井，先在地下挖了三米，没有发现水，就会换一个地方接着挖。很多方向都是半途而废。"

中文上网之争

2000～2001 年，互联网行业热潮之后迎来了寒冬，纳斯达克开始了世纪股灾。3721 在世纪股灾之前幸运地拿到了融资，不过危机也在向周鸿祎靠近。拥有微软背景的美国公司 RealNames 准备进入中国市场，这家公司的业务模式和 3721 几乎一模一样；另外，号称由国家主管部门批准设立，负责我国域名注册管理的唯一机构——CNNIC（中国互联网信息中心）让民营公司 3721 感到风雨欲来的危险。

周鸿祎的初衷是和 CNNIC 合作，增加应对 RealNames 的胜算。不过在和 CNNIC 经过漫长的磋商和讨论之后，周鸿祎接到的是八条 "霸王条款"，条款要求双方合作之后周鸿祎要交出技术、注册系统、解析以及源代码等核心机密。

"我越研读 CNNIC 和 3721 的合作方案，就越发觉这就是一个巧取豪夺的设计。"
周鸿祎说。在谈判即将破裂的时候，他尝试着去信息产业部了解情况，却发现
CNNIC 所谓的官方身份与权威只是含糊的或者根本不存在的，它并不属于任何
国家政府编制里面的机构。

后来，谈判破裂，CNNIC 公开宣战，不和 3721 合作，独立做网络实名。
2001 年 8 月 CNNIC 对外宣布"通用网址技术研究组"成立，并宣布中文域名和
网络实名的市场非常混乱，需要 CNNIC 来规范这个市场。为了掩人耳目，CNN-
IC 把 RealNames 和 3721 的名字都放在了这个技术研究组名单中。

于是，周鸿祎第一次在媒体上发表《严正声明》对 CNNIC 直接开火。声明
中称"CNNIC 是非官非商、亦官亦商、唯利是图的'非营利机构'。""这是媒体
第一次领略到我的炮火的力量，看上去我火力十足，毫不示弱，甚至特别犀利，
咄咄逼人。"周鸿祎说。战争从 2001 年下半年持续到 2003 年，周鸿祎成为经常
见诸报端的人物。在媒体上经常可以看到周鸿祎和 CNNIC 互相吐槽的新闻，为
了防止对方删掉软件，双方你来我往，把软件变得难以卸载，用户体验变得非常
糟糕。

2002 年下半年，微软与 RealNames 合同到期，与 3721 达成战略联盟，微软
的 IE 浏览器直接支持 3721 网络实名，中国用户无须下载任何软件就可以使用中
文访问互联网。

在周鸿祎和 CNNIC 大战期间，从硅谷回国创业的李彦宏带领百度实现了从
面向 B 端到面向 C 端的转型，自己运营搜索引擎，依靠竞价排名广告盈利。
2002 年 6 月，百度开始发力，和 3721 争夺流量。为了迅速抢占市场，百度推出
了一个极具杀伤力的手段——用户在选择百度的同时必须删除 3721。周鸿祎对
于当时的小玩家百度选择了以牙还牙的办法——你删我，我也删你。围绕地址栏
的战场，百度、CNNIC 和 3721 一起演绎了一场"三国大战"。

为了抢占网站资源，2003 年初，百度联合 CNNIC、网易、广东易信等公司
组成搜索联盟，同年 7 月，3721 和慧聪网组建搜索联盟，这场战斗已经发展为
贴身肉搏。

2003 年 9 月和 10 月，百度以不正当竞争为由，前后两次将 3721 告上法庭。双方在法庭上你来我往，判决、上诉、反诉，互不相让。周鸿祎说："那段时间，打官司成了公司日常运营的一部分。"

从雅虎到 360

2003 年，Google 还没有正式进入中国，但已经开始了中文服务，百度还处于尚未起飞的阶段，雅虎在中国市场一直不温不火。3721 在和百度交手过招之后，周鸿祎模模糊糊地意识到搜索的力量。但当时的 3721 已经开始依托渠道实现盈利，周鸿祎没有对 3721 进行转型，经历几轮商战的他隐隐产生了几分退意。

2003 年底一纸协议出炉，雅虎以 1.2 亿美元价格收购 3721，周鸿祎放弃对 3721 的控制权，出任雅虎中国区总经理。"当时我没有意识到，失去公司控制权的安排让这个职位陷入了形同虚设的危险当中。"周鸿祎回忆道。

出任雅虎中国区总经理，站在雅虎的肩膀上，周鸿祎的野心最终还是转向了搜索。作为定位理论的忠实信徒，他坚信每个品牌都要集中火力于狭窄的细分市场，所以他执意要开辟一个独立于雅虎的搜索品牌。但失去公司控制权的周鸿祎已经处于一个典型的外企职业经理人的尴尬位置上，直接面对的是美国文化和中国文化格格不入的冲突。于是，沟通成了最大的成本消耗，"双方充满了鸡同鸭讲的对话，一切慢慢地开始变得很滑稽。"周鸿祎说。

后来周鸿祎终于主导雅虎中国艰难地推出了"一搜"。当时为了将一搜快速推向市场占领市场份额，他向雅虎总部申请把一搜嵌入到当时中央电视台最火爆的节目——王小丫主持的《开心辞典》。因为雅虎总部既不知道王小丫，也不知道《开心辞典》，虽然周鸿祎一再提交陈述报告加以解释，但雅虎总部最终也没有通过此方案。在和雅虎总部痛苦的沟通中，周鸿祎参透了很多道理，在外企工作，最大的成本是沟通；对于中国市场，雅虎的眼里死死地盯住了收入和利润，没有更多的考虑战略。意识到公司只是需要一枚言听计从的棋子后，周鸿祎于 2005 年 5 月提出辞职。

　　离开雅虎后，因为竞业禁止协议，周鸿祎做了一年的投资人。2006 年，他入主投资了的一家互联网公司"奇虎"，第四度开启创业之旅。虽然 3721 错失了进军搜索的好时机，但周鸿祎已经有了搜索情结，此时的百度在网页搜索领域已经占据了制高点，所以奇虎选择了做社区搜索的聚合。"我们提出的口号是'打造一亿个门户'，希望网民定制自己喜欢的内容，打造自己的个性化网站。与今天在移动端的内容翘楚'今日头条'客户端的想法颇为类似，只不过奇虎把这个理念提前执行到了电脑的客户端。"周鸿祎说。

　　不过，社区搜索并没有收到预期的效果。2006 年"流氓软件"开始在网络上肆意横行，周鸿祎决定把自己年轻时打开的潘多拉魔盒关上，开发一款产品消灭这类软件，也就是后来的 360 杀毒软件。

　　软件推出后，周鸿祎祭出免费模式，乱拳打死了不少安全领域的老师傅。随着免费杀毒软件在中国的普及，中国网民安全软件的普及率从不到 10% 提升到 95% 以上。免费模式之下，安全产业的市场进入高速增长时期。360 快速崛起之后，周鸿祎最害怕的事情还是发生了，他曾说："做互联网的人，一定会遇到三个无法回避的问题：生、死、腾讯"。2010 年春节期间，互联网领域惹人注目的"3Q 大战"爆发，腾讯上线 QQ 医生，功能与 360 软件相仿。

　　从早期腾讯的默认勾选、后台安装带 360 的隐私保护器、360 扣扣保镖，再到 2010 年腾讯 QQ 与 360 安全卫士史无前例的"二选一"。用户权益不断受损，周鸿祎甚至不得不"出逃香港"。与此同时，周鸿祎还在秘密筹备 360 赴美上市的细节事项，但原定的上市主承销商还是被"3Q 大战"吓得临阵脱逃。最终，这场灾难在政府的介入之下得到妥善解决。

　　为了反思"3Q 大战"，腾讯举办了 10 场"诊断腾讯"的研讨会，开始反思商业模式，逐渐从自建网络帝国走向通过收购、投资和兼并的方式构建以腾讯为核心的产业生态圈。

　　2010 年 11 月 10 日，360 与腾讯恢复兼容的当天，360 顺利启动上市工作会。4 个月完成上市过程。2011 年 3 月 30 日，360 正式在纽约交易所挂牌上市。五年后的 2016 年 3 月 30 日，360 宣布私有化。

"如今，互联网的安全局势比以往更加严峻，希望 360 回归承担起构建网络安全核心技术能力的企业责任，成为维护国家安全的重要力量。"周鸿祎说，这也是他考虑私有化的起始点。

如今，随着大安全时代的到来，"万物均要互联，一切皆可编程"，我们的生活越来越多地运行在网络上，网络攻击将会穿透虚拟空间，直接映射到物理世界，影响我们的财产、生命安全，甚至造成社会混乱。

万物互联也造成了网络攻击可以从任何一个节点发起，"一招一式"的古典式的防御已经被淘汰。与此同时，网络攻击成本的降低将导致网络战、网络恐怖主义的网络犯罪成为常态，应对未来网络威胁需要新的举措。

360 今年通过综合利用安全技术、大数据、云计算、人工智能和物联网等新兴科技，孵化出了"安全大脑"这一大成式产品。360 安全大脑具备感知、学习、推理、预测、决策五项核心能力，可以实现对网络安全威胁的分析、判断、处置、响应、反制等决策进行辅助，是守护万物安全互联的全新解决方案。

周鸿祎表示，我们愿意把我们的经验、数据、技术、能力开放出来，与安全公司一起把网络安全生态做起来，把安全大脑打造成国之重器。

除了安全大脑，作为国内最大的安全公司，360 也将重点发力 IoT 领域，把安全技术运用到智能产品上，给用户带来贴身的守护。360 近期推出的安全套装，包括智能门铃门锁、智能摄像机、扫地机器人、360 儿童手表、行车记录仪等，就旨在重点守护用户的家居与出行安全。

"360 此次回归不仅希望可以为国家、社会安全贡献价值。同时，我们也希望通过黑科技产品，给用户带来安全感，承担起万物互联时代的守护责任。"周鸿祎说。

出海者王冬雷：向光而行

文／伍月明

　　泰康人寿董事长兼 CEO 陈东升是"92 派"这个名词的发明者，1992 年，大批在政府机构、科研院所的知识分子受邓小平南方谈话的影响，纷纷主动下海创业。典型的代表是碧桂园、万通这样的房地产行业，20 世纪 80 年代末到 2008 年这 20 年，特别是最近 10 年是地产商的黄金时代。然而，也有不少企业家低调潜行，扎根实体经济，在制造业行业埋头苦干，不断推动传统制造业转型升级。德豪润达董事长王冬雷则是其中较为典型的代表人物。

　　时值改革开放 40 周年，《人民日报》刊文曾提及"92 派"企业家，任何一段有关改革开放的叙述都不会忘记，正是星火燎原的企业家群体，顺应了改革也推动了改革。

　　在位于珠海的雷士照明办公楼，《中国经营报》记者眼前所见到的王冬雷，有着一代徽商的特质。徽商称雄商界数百年，"贾而好儒，肯吃苦、讲诚信、勇创新则是一代徽商驰骋商海的根基。"跟了他多年的公司高管形容他，"胸中有山河、手中有尺量、谈笑灭樯橹，方圆见真情"。

2012 年德豪润达并购雷士照明，成为雷士照明的第一大股东。经过了三次大变革以及吴长江的出局，德豪润达董事长王冬雷临危受命，兼任雷士照明的董事长。

2018 年 6 月 8 日，雷士集团再次登上中国 LED 照明灯饰行业百强榜首。雷士集团 2017 年销售业绩已达到 103.7315 亿元，是照明行业首家销售业绩突破百亿的企业。

"雷士照明走过了恢复期，与德豪润达的整合正向前推进，德豪润达上游的 LED 芯片、封装技术和产品，与雷士下游渠道打通，提高资源运营效率，成为一家全产业链照明企业。"对于两家企业的未来，王冬雷有着坚定的信念，"从创业之初我们定下了数一数二战略，到今天还在坚持。我们的目标非常坚定，那就是全球前三。"

制造者出海

1981 年，17 岁的王冬雷考上了大连理工大学船舶工程专业。5 年后，王冬雷毕业并被分配到了中国船舶工业总公司做工程师。1996 年调往国家内贸部工作。

1992 年发生在"春天的故事"改变了他的命运。邓小平到武昌、深圳、珠海、上海等地视察后，发表著名的"南方谈话"：改革开放的胆子要大一些，敢于试验，看准了的，就大胆地试，大胆地闯。此次南方视察在中国经济界产生了强烈的震动，有数据表明，至少有 10 万党政干部纷纷下海，一头扎入了变幻莫测的商海洪流中。王冬雷也是其中之一。

每每从北京出差至广东，王冬雷看到红土地上热火朝天的建设时，内心便激荡起了属于年轻人的那份躁动。他渴望找到一个适合自己的创业项目，挑战自己。当时，中国的改革开放掀起了一个新的高潮，也是中国刚刚融入世界供应链的一个特殊时期，全球市场对中国来说是一个新的概念。王冬雷发现，在全球市场上，中国制造有着天然的成本优势，只要做一个有效满足国际市场需求的东西，就能赚到第一桶金。

回忆起初次创业，王冬雷话语中按捺不住当年的兴奋劲儿，眼睛有些发亮。"我到美国商场去转的时候，感觉遍地都是黄金，恰似美国西部淘金热的盛况。"

王冬雷称，1991年的一天，《参考消息》上的一篇关于面包机的小文章引起了他的注意，文章里说当年美国的新产品的销量排名，第一名是笔记本电脑，第二名是面包机。王冬雷看中了面包机的市场。当时找遍了全北京的商场也没有看到面包机，只能托朋友从海外代购回来。学理工科的他自己设计了第一套图纸。

1996年，王冬雷辞掉人人欣羡的公职南下，在珠海香洲区租下厂房，创办了德豪润达前身——珠海华润电器有限公司。从没有客户，再到将面包机的性能改进，再到不断吸引到美国、新西兰和澳大利亚的客户，王冬雷的面包机被越来越多人知晓。

在那样的特殊环境、机遇下起步，王冬雷很快就挣到了第一桶金。

到2000年时，德豪润达的面包机市场占有率已达全球50%以上，烤炉、烤箱的销量占全球总量的30%，电炸锅的销量达20%。

壮士断腕

下海后的他，像猎人一样四处寻找更为刺激的商机，也历经数次转型，但在王冬雷看来，却是一种基因决定的自然选择，并非特意安排。

2004年德豪润达收购了面包机销售全美第一的美国ACA北美电器（珠海）有限公司，取得该品牌在亚洲的永久使用权。2004年5月，深交所中小企业板块由证监会批复在主板设立，德豪润达作为中小板的老八股，代码002005登陆资本市场。

德豪润达一度发展得风生水起，据统计，当年A股上市公司仅1300多家。王冬雷介绍，当时，德豪润达早已是世界上第二大小家电制造企业，公司从96名工人起步，高峰期阶段厂区内雇用了3万人，达到4亿多美元的销售额。

正当公司发展正处于势头尚好的阶段时，2008年爆发了金融危机，中国制造面临着转型升级的挑战。

原材料价格、劳动成本不断上涨，人民币不断升值，而出口退税却在降，许多小家电企业都被这些不利因素压得喘不过气来。"金融海啸给德豪润达以重创，公司的营业利润、净利润均一度急剧下滑，亏损超过 6000 万元。"王冬雷回忆起那段时间做出的选择很痛苦。

"当时我们的出口贸易做得非常好，当主要市场需求萎缩时，作为一个制造业，一个重资产公司，压力就非常大。"王冬雷说，"做企业经营每天都要处理不同的市场情况，比如现在中美贸易战对于企业的影响都需要准备预案。"

为了使企业存活，王冬雷带着壮士断腕的决心，当机立断。"我们用了两年时间，关掉了在深圳的六个工厂，13700 名员工的工厂用两年时间关掉，是一个非常痛苦的选择，也正是因为我们迅速做出了压缩规模，压缩品类，提高产品品质的战略决策，才能够使得我们有着三万员工的出口型企业在经济危机中存活，并推动我们向高精尖 LED 行业转型。"

2009 年初德豪润达战略投资广东健隆达，成功涉足 LED 封装领域。彼时，国家及地方政府扶持新兴产业及推行节能减排政策不断对 LED 市场释放利好信号。2011 年 7 月，国家科技部颁布《"十二五"科学和技术发展规划的通知》，节能环保位居七大战略新兴产业之首，半导体照明又被列为四大节能环保技术之首。此后，国家发改委、商务部、海关总署、国家工商总局、国家质检总局五部委联合印发《关于逐步禁止进口和销售普遍照明白炽灯的公告》，淘汰白炽灯路线图逐渐明晰。

那一年，王冬雷这一举动被媒体称为"面包大王的背水一战"，幸运的是，他成功了。

双驱动变革

对于进入 LED 产业，王冬雷始终觉得自己是幸运的。"作为企业家来说，一辈子能碰到一个产业革命的机会，并且能参与到其中，是很不容易的。"

2010 年，雷士照明在香港联交所主板上市。2012 年德豪润达并购雷士照明，成为雷士照明的第一大股东。经过了三次大变革以及吴长江的出局，德豪润达董事长王冬雷临危受命，兼任雷士照明的董事长。2015 年 1 月，"雷士风云"过后，王冬雷正式出任雷士 CEO，宣布全面整合雷士与德豪。

而当时，互联网给消费模式带来的冲击也正在显现，雷士既有的数千家专卖店会不会成为巨大的包袱？摆在王冬雷面前的无异于一次价值链重塑。

变幻莫测的经营环境改变，使得王冬雷的压力骤然增加，"一是向互联网转型，二是向 LED 转型。"王冬雷觉得有些欣慰，"在这两个压力下，完成转型并同时实现高速增长，不是一件容易的事，但在过去四年完成了这个双转型，取得了可以给股东们交代的成绩。"雷士在向互联网转型路上，不断刷新成绩。2018 年"双十一"期间，雷士照明以全网 3.46 亿的销售额夺下天猫、京东、苏宁易购三大电商平台灯饰照明行业第一。

激烈的竞争、剧烈变动的产业环境下，外加技术研发以及政策环境等变量，几乎所有的照明巨头都是拼命改变自己以适应产业的变革，甚至有部分巨头已经退出了照明市场。在王冬雷看来，当这些全球巨头失去了技术的垄断，丧失了获得垄断利润的基础。用 20% 的综合成本就能获得不错的产业效益，管理效益远高于他们，雷士照明是有机会在全球照明市场做一些事情的。

如今，推动雷士回 A 股是王冬雷目前着手进行的计划。在港交所上市 8 年的雷士照明，价值长期被低估。目前雷士照明市值仅在 20 亿港元出头，市盈率在 6 倍左右，而同一梯队的 A 股上市公司欧普照明市盈率接近 40 倍。

对于雷士与德豪润达的未来发展，王冬雷有很明确的发展目标，要将 A 股市场的德豪润达打造成中国最大的 LED 的制造公司，而将目前在港股平台的雷士打造成照明产品为主、泛家具产业的渠道型公司，双方进行整合后预计达到资本市场的聚变效益。

不过，谈及整合的进度，王冬雷直言有一定难度，他解释，"推动港股、A 股市场的两家企业重组，对于两家的投资者、游戏参与者来说，都是共赢的。但由于法务环境、规则环境等因素各有不同，在程序性上、法规上以及外汇管制等方面都较为复杂，目前进展稍有缓慢"。

现代化管理企业

市场化企业的成长离不开企业家的现代化管理体系。

如何平衡客户、员工、股东、创始人利益问题，一直是中国民营企业不得不面对的难题。对于王冬雷来说，也不例外，也一直在寻求这一问题的答案，直到他遇到这一理念——以奋斗者为本，他眼前一亮。"我在重建雷士文化时，选择的企业文化标杆为华为文化。华为的经营思想和经营理念非常适合中国企业。"王冬雷向记者解释，以奋斗者为本，解决了在企业管理界一个巨大的命题。

他认为，"奋斗者怎么定义？我认为就是对雷士贡献最大的人。资本方是不是奋斗者？是，因为它提供了我们赖以生存、赖以发展的基础。员工是不是奋斗者？那些对公司做出巨大贡献、优秀的员工是奋斗者。领导者是不是？是，也不是，如果他对公司做出极大的贡献，他就是。所以这些人才是雷士要尊重，要给予最大回报的人群"。王冬雷又补充说，在雷士文化重建中，提出了以客户为中心，以奋斗者为本、推崇专业精神，品牌至上，极致产品主义，开放合作共赢分享等一系列原则。

谈及过去因雷士公司管理层控制权纷争而导致的品牌受损，王冬雷感到痛心。"我们不愿意再提起此事，我们致力于保护好雷士所有员工认为最珍贵的东西——我们的品牌。"王冬雷坦言，"在雷士的体系里，每一个员工，包括几万个经销商，将近七八万人，都像珍惜我们的眼睛一样珍惜我们的品牌，所以不愿意让它受到伤害。"

在雷士的恢复期内，王冬雷在培训教材中写了一篇序言激励士气："种种境遇在驱动我们必须变革，关乎雷士……我们尊重且珍惜每一个愿意与我们并齐入列的斗士……星光起场便退去暗淡，理想若在便可无悔。"

技术攻坚成市场撒手锏

相对于企业的管理工作，从事科研或许更是王冬雷心头所爱。"倒退三年前，我其实还在科研一线做些工作。"王冬雷笑称，"管理层一些高管曾经跟我说，老板，你不能总跟工程师在一起，你应该跟基金经理们在一起，跟银行家在一起。"

重视科研，成为雷士企业文化的特质之一，也是争夺 LED 市场的撒手锏。

照明行业正处于产业升级过程中，LED 技术的发展将改变行业的竞争模式，从而带来新一轮的行业洗牌，注重科研的王冬雷带领企业争夺 LED 市场的撒手锏便是打造中国"芯"。

LED 倒装芯片概念早在 2012 年就被提出，因为市场和技术不够成熟被搁置。如今，倒装芯片已被认为是 LED 的最新发展方向。国内大规模的技术引入和支持补助政策很快造成了产业的红海，行业一度产能过剩，终端价格走低。为再次领先行业，德豪润达适时投入研发 LED 倒装芯片。2014 年 6 月，德豪润达发布了"天狼星"新一代 LED 蓝光倒装芯片，以及"北极星"CSP LED 白光倒装芯片。

王冬雷直言，德豪润达每年上亿元的科研经费主要都投在了芯片研发上，高峰期时研发金额甚至达到一年几亿元的水平。

自主研发出海

王冬雷经历了"制造者出海"到"自主研发出海"的历程。这两种身份的转变，使他经历了"冰火两重天"的待遇，这也是中国制造业再出海经历的缩影。

纵观行业发展，近年来，国际照明三巨头接连退出市场。飞利浦剥离照明资产单独上市，欧司朗与 GE 重复同样的动作，也在剥离出售照明资产。王冬雷直言，综观全球主要工业行业，中国的照明行业是有机会拿到全球第一的。在王冬雷看来，当国际品牌产品失去了垄断性的技术优势以后，作为后起的品牌雷士，有望在全球高端市场上分一杯羹。

王冬雷介绍，"曾经做小家电出口的时候，虽然有自主品牌，但数量不多，主要给世界著名的品牌去做 ODM，归根结底是一个制造型产业。类似于富士康"。"这时候你做的产品很好，每个客户都夸你，因为你是他们最好的补充。他在前面打仗，你给他送子弹，造枪，造炮，造得更漂亮。这个市场上有十块钱，他拿走八块，给你留两块，大家各得其所。"通过分析，他深知在市场巩固自身优势、提升核心竞争力才是立足的关键。

蛰伏多年后，当王冬雷再度带领自己的制造企业出海时，在国际舞台上以自主研发、高端化、国际化的民族品牌出现，准备参加新一轮市场角逐时，却发现"暗礁"防不胜防。"当我们刚刚以企业竞争者态势进入国际市场的时候，就遇到了阻力。对方觉得你是竞争者，而不是以前的合作伙伴，就采取预防式打击的方式延缓我们的成长步伐。"王冬雷坦言苦楚，"我们在美国遇到诉讼，其实已经打了5年官司。"

不过，王冬雷并不畏惧。与过去做OEM出海不同，德豪、雷士现在已经在欧美主流市场，中东、北非以及发展中国家都占领了大份额的市场，整个出口总额将近4亿多美元（近30亿元人民币），而整个集团的营业额达到110亿元左右，其中1/3为海外市场。

在谈到未来企业的机遇时，王冬雷显得意气风发，"世界向中国企业敞开了一扇窗，中国企业就有可能变为这个行业的翘楚，作为中国照明企业或者中国照明行业的领军企业，我们应该去努力试一试"。"中国民营企业的平均寿命两年半，德豪和雷士都走过了20年，属于相对长寿的。我们希望这两个企业都能基业长青，能够再走20年。"王冬雷坦陈，"因为每天世界都在变化，企业生生死死是正常现象，我们要努力去做，但也要有平常心。"

文／索寒雪

从各种商战中归来的梁建章，坐在盘古七星酒店的采访室里，腼腆得仍似三十年前编程写诗的少年。

"那个时候，收集了很多的诗，然后编程写诗。"梁建章微笑着说道。

在梁建章的人生称谓中，不仅仅是携程CEO，他还曾经被称作编程天才、电脑诗人、电商悍将。现在，他有了另一个身份——人口学者。

被数字化的诗歌

在记者采访过的创业者中，生于1969年的梁建章，童年更多了一抹"金色"。

梁建章童年的大部分时光是在上海度过的，当时"改革"这个词还没有诞生。1978年党的十一届三中全会之后，"改革"一词才开始广泛流传，在此之前，全国上下讲的都是"革命"。

1978 年，9 岁的梁建章已经不满足于简单地学习学校教授的知识，而是在自学更多、更难的数学命题，他被老师认为是数学天才。

"有一天，老师挑了几个数学好的同学，让我们接触电脑，学习编程。"梁建章回忆。"其实，第一次还不是电脑，就是一种可编程的计算器，跟手机差不多大，我们一开始就是在中学里面用这个机器写一些最简单的算法。那当然就觉得非常神奇，这个可以做一些计算器不能做的工作，而且确实有时候比人要快，所以就觉得非常神奇。"当年的情形依旧历历在目。

20 世纪 70 年代末到 80 年代初，以 IBM 为代表的人工智能计算机开始崭露头角。一个坐在电脑前的东方少年立志将计算机定为自己的职业选择。

至今上海电视台还保存着一段历史资料片——天才少年梁建章坐在一台旧式电脑前，专心致志地看着屏幕，而周围的同学正在饶有兴致地观看他设计的作品。这个时候的他面庞清瘦，带着一副厚厚的眼镜。

在四十年前，这样的画面如果印刷成海报，足以让全中国的少先队员感到羡慕。

"那个时候，电脑不是哪里都有，就拿大城市来说，北京、上海有一些，在少年宫有一些。"梁建章清楚地记得"我们用的第一代的电脑是苹果电脑，很多都是海外华侨捐的。然后有一些重点中学的孩子也开始有机会接触电脑。"

在上海电视台的历史资料中，还保存着梁建章的获奖证书，"上海市青少年计算机程序设计选拔赛金奖"，这个时候梁建章刚满 15 岁。

在少年时期，梁建章的书单上出现了很多跨界的书籍：《人工智能原理》《人工智能》《数据库原理》以及逻辑学、语言学，还有唐诗三百首、千家诗新注、学诗百法、子史精华、渊鉴类涵、唐诗鉴赏辞典、诗韵合璧、中华诗韵等。在参加计算机程序设计选拔赛中，他递交的作品便是设计了一个计算机诗词创作系统程序。

很难想象，如今这位面容冷峻的中年人，曾经有过那样一个诗情画意的少年时代。

"古诗确实是一种意境，但意境又是比较有规则的，因为它通过一种韵律能够很好地表达出来，而计算机又非常适合这种规则。意境似乎是不可以被人工智能化，很难做，但其实后来归归类，也没那么复杂。诗里的意境也无外乎那几个，大部分是送别跟思乡的。人工智能其实没有那么神秘，与古诗可以结合得很好，所以我就有了这样的创意。"

当年的编程和微信的小程序相比，更加难能可贵，在多数资料没有被数字化的前提下，梁建章需要进行最原始的资料采集。梁建章微笑着回忆自己的少年时代，"当时数据采集还是比较原始的，不像现在可以海量地去发掘。就是取了可能几千首诗的数据，所以是可以做出一些有点意思的诗。"

梦想家的创业史

真正进入命运转折期是在梁建章 15 岁那年。

20 世纪 80 年代，在美籍华裔物理学家李政道建议下，中国一些高校开始创建少年班，其宗旨就是发现天才少年，推进中国的科技发展。15 岁的梁建章考进了复旦少年班。很多媒体曾为他这段历史惊呼：英雄出少年。

北京 5 月的一天，从小被冠以"天才"称呼的梁建章坐在盘古七星酒店接受记者的采访时，很少提及这段时光。

梁建章的人生就是一个标准的天才的成长路线——13 岁通过电脑编程写诗，15 岁考上复旦少年班，21 岁获得乔治亚理工学院电脑系硕士学位。

他回忆 15 岁的自己时，语速开始放慢。"小时候的理想，是我将来研究人工智能，可以去 IBM，那时候的 IBM 是最牛的公司，就相当于现在的谷歌，击败了国际上绝大多数公司。我梦想未来的计算机可以怎样改变每个人，所以想去 IBM 工作。"

几年后，梁建章去美国留学，但他并没有去 IBM 而是去硅谷的 Oracle。在 1991 年联合创办携程网之前，梁建章曾于 1991~1999 年在甲骨文美国和中国公司担任多个技术和管理职务，包括 1997~1999 年在甲骨文中国的 ERP 咨询部门担任负责人。

1998 年，梁建章在一场酒局中遇到两位时代的传奇人物——沈南鹏和季琦，他们一时兴起，讨论起未来的创业设想，于是携程的构想慢慢形成。

此时，中国互联网产业迎来了迅猛的发展。那是一个值得记录的互联网创业年代。1994 年中国正式接入国际互联网；1997 年 6 月，丁磊创立网易公司；1998 年张朝阳正式成立搜狐网；1998 年 11 月马化腾创立腾讯；1998 年 12 月，王志东创立新浪；1999 年 9 月 9 日马云带领下的 18 位创始人在杭州正式成立了阿里巴巴集团；2000 年 1 月 1 日李彦宏在中关村创建了百度公司。在前后三年的时间内，当今国内的互联网巨头都在那个时期崭露头角。

此时的梁建章充满激情地认定，携程将是一个伟大的公司。

从创业者到社会学者

一入江湖岁月催。

梁建章很快遇到了冬天，2000 年，中国的互联网泡沫破灭，很多互联网公司倒闭。

"2000 年以后，很多互联网公司就不行了，但我确实觉得当时的选择是正确的。也就是说我们做电子商务，但是没有做全部，做全部电子商务的公司很多就死掉了。"梁建章回忆。

"旅游电子商务有一个优点就是它可以不用借助于配送，不用借助于支付，尤其是酒店，完全可以通过互联网完成交易，甚至于可以通过电话来完成交易。所以这个业务还是相当健康的，而且确实有实际的收入。所以当其他互联网公司都不行的时候，我们还有相当漂亮的财务报表，因此我们在经历了 A 轮融资以后很快就盈利了。其他的一些互联网公司，或者没有专注做旅游的互联网公司，或者做旅游的，但没有专注做酒店预订的互联网公司，都没有过得了这个冬。所以冬天过了之后，就剩下少数几家公司，包括艺龙，还有一两家其他的公司，这个时候我们的优势就逐步显现出来。"

在携程发展的进程中，曾经历过多次考验，尤其是面对艺龙、去哪儿等这些半路杀出的劲敌时，梁建章几次带领团队力挽狂澜，使携程得以保住现在的行业地位。

1969 年出生的梁建章早已经跨过了不惑之年。虽然，他的眼神中还经常充满着激情和斗志，但是更多的是思考。"我 15 岁的时候想做的一些事，后来想想，过了一代人，才刚刚开始实现，因为从计算机击败国际象棋大师，到击败围棋大师，竟然用了一代人的时间。"

人工智能依旧是他从少年起便无法放下的梦想。"我确实也研究过这方面的算法，当然现在的算法跟当时完全不一样。当时让计算机作诗，现在我们可以做一做旅游的照片，做得比以前当然好了，但也没有到革命性的地步，人工智能还是会一步一步地发展，它也不可能发展那么快了。"

2018 年 7 月，在骄阳似火的一天，沈阳东软软件园里，东软集团（以下简称"东软"）创始人、董事长兼 CEO 刘积仁告诉《中国经营报》记者，未来，东软将变成平台型公司，在平台上既有传统软件业务，也有高增长的大健康、大汽车业务，每一个业务单元都可以发展为独立的产业，并最终实现利益的最大化。这就是东软日后的发展目标。

东软的前身是东北大学下属的沈阳东大开发软件系统股份有限公司（以下简称"东大软件"）以及沈阳东大阿尔派软件有限公司（以下简称"东大阿尔派"）。这两家公司都是 1991 年成立的，但其"母体"——东北大学计算机网络与工程研究室的成立要追溯到 1988 年，迄今已有整整 30 年的历史。

东软是全国股份制改革最成功的校办企业之一，1996 年登陆 A 股，是首家在 A 股上市的软件公司。2008 年，东软实现整体上市。2016～2018 年，在"中国软件和信息技术服务总和竞争力百强榜"上分别排在第 10 名、第 9 名、第 8 名。而东软的缔造者刘积仁则是中国软件行业的传奇人物。刘积仁不仅是 20 世纪 80 年代中国第一个计算机应用博士，也是当时最年轻的大学教授。20 世纪 50 年代生人的刘积仁，早已是知名企业家，但今天仍被称为"刘老师"，就是因为早年间讨厌别人叫他"刘总"。

但回顾过去 30 年发展历程，刘积仁又庆幸自己投身中国软件产业，因为"中国必须有软件产业。中国不差一个教授，但真差一个软件产业"。

高考：人生转折

1955 年 8 月出生在辽宁丹东的刘积仁在青春期撞上了"文化大革命"。

"等到我上学，所有人无非是几种选择，一是当兵，二是当工人，三是当农民。因为我经常给同学补课、人缘好，我们那一届每个班选一个人去工厂，我选上了，去本钢（本溪钢铁）动力厂当工人。我们那一届大部分同学后来都下乡当农民了。"刘积仁说。

本钢始建于 1905 年，位于辽宁省本溪市，距离沈阳 63 公里。在本钢，17 岁的刘积仁有了人生的第一份工作——煤气救护工，工作时脸上戴着防毒面具、后背背着氧气罐、穿着很厚的工服，负责检查并修理泄漏的煤气管道。

"这个工作危险，但有好处，就是没有紧急任务不需要出场。"刘积仁说，"我就在工厂打篮球、练单杠双杠还有木马，练习画画，画毛主席的头像，挂在屋里，做木刻，刻毛主席的头像。一天，工会领导看到了，就问谁画的，有人说是小刘。工会领导就说，这人借给我们吧。就这样，我后来到总部工会搞宣传。"

在工会，刘积仁是摄影记者，每天骑着一辆俄罗斯生产的摩托车，背一台照相机，早上拍工人上班，晚上拍工人下班，拍完了在暗室洗照片，洗出来每个月换一次黑板报。当时，刘积仁还兼职工厂电影院的放映员，文艺宣传队的二胡伴奏手，总之是个活跃分子。因为多干了洗照片、放映员、二胡伴奏手这些工作，刘积仁一年能挣 443 元，别人一般挣 349 元，多出了几十块钱。

实际上，就在刘积仁进入本钢的 1972 年，中国高等院校已经开始恢复招生。

公开资料显示，1970 年，为了落实毛主席"大学还是要办的"指示，北京大学、清华大学等部分高校开始招收工农兵学员。1971 年，全国教育工作会议规定，高等院校恢复招收新生，招收初中毕业经过两年以上劳动锻炼的工农兵学员。

"我们国家 1977 年恢复高考招生，1977 年之前招的都是工农兵学员。工农兵学员的选拔办法是国家先给单位名额，然后由单位自己推荐。"刘积仁告诉记者，"本钢动力厂的工农兵学员先从车间开始选，每个车间推荐一个，总共七个车间，报到总部，再答辩和选拔，最后决出两个人。"

刘积仁是本钢最终决选的两个人之一。1975 年，刘积仁在本钢工作已满三年，按照当时的规定，可以报考大专，刘积仁报的是一个学校的给排水专业，但最后没去。1976 年，刘积仁在本钢工作已满四年，可以报考本科。当时，有山东大学物理系和东北大学（前身为东北工学院）计算机系可供选择，刘积仁当时选择了东北大学。但刘积仁说，"那时候我也不知道啥是计算机，还以为是学计算器，也挺好玩的"。

但当时，刘积仁并没有意识到，国家恢复高等院校招生，并让他在 1976 年上了大学，成为他一生命运的转折点。

"那时候就一个念头，如果不好好学习，就会被退回工厂，那就完了。即使到现在，我还经常做噩梦，梦到被退回到原来的煤气救护站。"刘积仁说，"所以上大学的时候我最努力，每天早上五六点就起床，宿舍门锁着，就找个窗户跳出去，读书背单词，上完课就去泡图书馆。本科毕业的时候，东北大学自控系大概六七个班，只有两个人考上了硕士，我是其中之一。"

创业：无心插柳

刘积仁 1976 年进入东北大学读了四年本科，又读了三年硕士，1983~1984 年在东北大学计算机系任助教，之后又读了两年博士，1986~1987 年经老师推荐到美国国家标准局继续攻读博士学位，最终在 1987 年成为中国第一个计算机应用博士。1988 年回国以后，刘积仁在东北大学任教，成为当时中国最年轻的教授。

"李华天教授是我生命中最重要的一个人。他毕业于哈佛大学，最初在美国工作，20 世纪 40 年代回国参加建设，是中华人民共和国成立后我国计算机领域十分有影响力的一位学者。从研究生到博士生，我一直师从李华天教授，后来也是由他推荐到美国留学的。"刘积仁告诉记者，"1987 年完成博士学位以后，很多人劝我留在美国，犹豫之际，我征求李华天教授的意见。他说，一个国家从贫穷到富足需要一批人做出牺牲，不然这个国家就不能进步。他还说，我当初选择回国，虽然当时国内环境不如国外，但我从来没有后悔。这番话触动了我，我最终选择回国，在东北大学任教，跟李华天教授一起做研究，在 1988 年我 33 岁时被破格提拔为教授。"

从 1988 年开始，刘积仁既是东北大学教授，也是东北大学计算机网络与工程研究室主任。"李华天教授带着我找到校长，希望让我成立一间属于自己的实验室，也就是计算机网络与工程研究室。一方面这是老师带给我的幸运，另一方面这个实验室的研究方向和我在美国的学习方向完全一致。"刘积仁说。"这个实验室是东北大学软件研究中心下属机构，一开始就是以企业形式注册的。当时，东北大学提出要搞产学研一体化，既希望我们在学校里面做研究，又希望我们能把学校的研究变成产业成果。"但这个实验室起点很低——在东北大学的一间半教室里，只有三个人、三台电脑、三万元经费。"成立实验室初衷是为了更好地做研究，至于后来成立东软并逐步发展到今天的规模，根本不在我的计划之中。"

后来一次偶然的机会，日本一家专门做汽车软件系统的公司——日本阿尔派株式会社的创始人峇泽虔太郎一行到东北大学访问，希望跟东北大学推进产学研合作。校方让刘积仁去跟日方交流，他就把自己在美国留学时的博士论文的方法论介绍给对方，峇泽虔太郎听后很感兴趣，并邀请刘积仁前往日本。

"当时，我非常实在地跟他说，我没钱买机票。最后，他们承担了往返的机票，并安排我住在他们公司的公寓。在日本，我跟他们的工程师做完报告以后，得到很好的反馈。峇泽先生把我叫到办公室，问要多少钱才能跟他们合作这个项目。"刘积仁说，"当时汇率大概是 1∶5，我想我们一年至少需要 3 万元经费，我按照 30 年计算，开口要了 30 万美元。结果，这位老先生眼都没眨，说就这么定了。"

这笔钱没有用 30 年。回国以后，刘积仁拿着和日本人签的合同，跑到北京预订了一批先进的设备，拥有了一个当时在中国一流的实验室。

再后来，日本人又来到东北大学，看到计算机网络与工程研究室惊人的发展速度非常吃惊，提出要成立合资公司。"我指着实验室说，我就以实验室的全部资产，占51%股份，剩下资本全部由你们出。就这样，东大阿尔派成立了。"刘积仁说，"合资公司成立以后，我们又成立东大开发软件系统股份公司，主要是做除日本阿尔派之外的客户项目。"

东大阿尔派和东大软件都是1991年成立，并且是在东北大学计算机网络与工程研究室之下成立的，共同构成东软的前身。其中在东大软件，员工集体一开始就共同持有25%的股份，这在当时并不多见。

实际上，刘积仁创办东软，算是无心插柳，因为其理想还是做教授。刘积仁说"我33岁做教授，感觉很自豪，别人看我也不一样。当时，我对商人的印象也不好，感觉商人把钱看得很重。所以我当时很纠结，做买卖谈钱时心理压力很大。那时候，在名片上我们公司都叫研究所，当有人叫我刘总时，我非常不舒服。"

改革：顺势而为

在创业的最初两年，东软的业务乏善可陈。

在前世——东北大学计算机网络与工程研究室时代，东软就有了在国内的第一个客户——辽宁抚顺铝厂，主要提供软件编程服务。在最初每年的3万元经费中，有1/3是辽宁抚顺铝厂这项业务提供的。从东大阿尔派成立开始，日本阿尔派株式会社就成为了主要客户，公司的主要任务是帮助这家日本企业开发汽车软件系统。这项业务也奠定了东软今天向大汽车方向发展的基因。

此后，在1992年发生了中国改革开放历史上著名的邓小平南方谈话，一度中断的企业股份制改革试点工作重新启动，标志性事件就是1992年5月国家体改委发布《股份制企业试点办法》。刘积仁抓住国家鼓励高技术企业进行股份制改造的机会，"1992年让员工成为公司股东，大家集资入股，一块钱一股，持股比例是25%。"

接下来的1993年，《公司法》横空出世，《股票发行与交易管理暂行条例》也出台了。"我们把（东大阿尔派和东大软件）两家公司合并，进行股份制改造，还吸收外部资本，既包括国内银行的投资，也包括海外的投资，形成一个新东软，一个混合所有制企业。我们让员工在新东软继续持股，但经过这次融资，员工集体持股比例摊薄到了 10%。"刘积仁介绍。

经过股份制改革，东软被彻底激活了。公开资料显示，1993~1995 年东软营收从 1860 万元增至 2871 万元、4769 万元，净利润从 190 万元增至 452 万元、1038 万元。高速增长直接促成东软在 1996 年 6 月成功登陆上交所，成为 A 股第一家上市软件公司。

很多人不知道，20 世纪 90 年代的东软就是今天的 B（百度）A（阿里巴巴）T（腾讯），刘积仁当时也被视为中国的比尔·盖茨。

东软上市不久后的 1996 年 9 月 10 日，北京大学教授、北大方正创始人王选还专门在《光明日报》发表了题为《从东大阿尔派的崛起谈帅才》的文章，其中提道："东北大学前任校长蒋仲乐对我说，'东北大学软件中心之所以成功，归根结底，就是因为刘积仁这个人。这些政策给了别人，也收不到效果。'"

直到今天，刘积仁对王选教授当年的肯定仍然念念不忘，"我十分感谢北京大学的王选教授，他在《光明日报》刊登的文章里面对我的认可，给了我很大的鼓励。尽管我们没见过面，但我在心里告诉自己，北大教授可以做北大方正，东大教授为什么不能做东软？"

东软的上市也带来了巨大的造富效应。公开资料显示，1996 年上市之时，东软只有 199 名员工，几乎是全员持股，其中刘积仁本人持有 32800 股，占比 0.06%，内部职工共计持有 400 万股股票，上市后持股比例稀释到了 7.27%。

"IPO 非常成功，当时还是一个万元户就是有钱人的年代，东软就有了一批百万富翁。"刘积仁告诉记者，为了让员工继续保持斗志，自己没少花心思，"大家在资本市场兑现以后，我们开始建别墅区，让大家改善生活。我的想法就是，要把公司和员工的发展捆绑在一起，这样才能激发积极性。但员工有了财富必须花掉，这样才有动力再去创造更多财富。"

东软 1996 年通过上市募集的资金不过 1 亿元，而东软 1994 年在东北大学对面的浑南高新技术开发区拿下 800 亩地，准备建一个可供几千人办公的沈阳东软软件园却至少要花费 5 亿元以上。同时，东软还接手了东北大学的一个科研攻关项目——国产 CT 机研发项目，这个项目后来奠定了东软向大健康领域全面扩张的基础，但当时也是巨大的挑战。

东软需要继续扩张。就在沈阳东软软件园的前期资金投入快要"见底"之时，1998年宝钢准备给东软投资2.4亿元。"因为宝钢跟东北大学有一个很好的渊源（两家都属于当时的冶金部），所以在我们需要资金的时候，东北大学校长和我就找到了宝钢。"刘积仁曾经如此介绍。

为了吸纳宝钢投资，同时避开烦琐的审批程序，刘积仁决定不以上市公司为主体吸收投资，而是另设母体。另外，刘积仁原本就打算在上市公司的上层设立控股母公司，因为"上市以后，东软还要继续发展，发展就需要融资，融资之后我们的股权还会不断地被摊薄，就担心有一天会失去对公司的控制权，所以打算成立东软集团。"刘积仁告诉记者。

于是，由东北大学计算机网络与工程研究室的上级单位——东北大学软件中心和宝钢集团、东软经济技术发展有限公司分别占股49%、50%、1%的东软集团在1998年成立了。东软集团成立之后，陆续收购东北大学软件中心、沈阳资产经营公司、建行沈阳信托等股东在上市公司的股份，成为上市公司的大股东。

在东软集团成立过程中，同样安排了员工持股，而且一开始集体持股比例就超过30%。"在此后的发展中，东软集团和东软上市公司进行了整体合并，最终在2008年实现了整体上市。这次整体合并、上市又创造了上百亿元的价值，使得我们有一批创业者、员工得到了更大的激励，也使得我们的事业得到更大发展。"刘积仁说。

扩张：一路狂奔

在资本市场取得成功以后，东软逐步进入快速扩张期和战略调整期。东软的商业模式也在期间发生变化。其实，不仅外界当时将刘积仁视为比尔·盖茨，东软自身也曾经提出要成为中国的微软。"每个人都会有梦想，我们当时的梦想是希望成为一家软件产品公司，做中国的微软、Oracle。我们还推出了一款叫作Leader Report的报表软件，本质是一个程序的自动生成器。一开始卖得很好，不久以后就被盗版了，连说明书都一模一样，只是换了公司名字。"刘积仁告诉记者，"在当时，很多人不知道什么是软件，我们的软件卖到几千块钱，大家都觉得太贵。"

"后来我们研究，在当时的中国，东软有两条路可以走，要么把软件变得不可被拷贝，要么让别人不敢拷贝。不可拷贝就是软件和服务结合，让自己变成解决方案提供商，不敢拷贝就是软件和硬件结合，比如 CT 机这种看得见、摸得着的产品，让自己变成系统集成商。"刘积仁说。

在两条路上东软都是一路狂奔。1998 年，中国联通、中国社会保障系统信息化项目开始启动，让东软看到了市场的机遇，公司马上提出"要成为面向行业解决方案的提供者"的口号，加快进入电信、电力、社保、企业、政府等行业信息化领域。2000 年以后，东软更是明确提出"数字圈地"战略。

最新数据显示，截至 2017 年底，东软占据了中国社保信息化业务 50% 以上的市场份额，覆盖人群超过 6 亿，覆盖参保单位超过 1000 万，在医疗信息化领域，东软累计服务了海内外 2000 余家医院，其中在中国覆盖的三级医院超过 400 家。

在软硬件一体化的系统集成领域，东软不仅做出了第一台国产 CT 机，还将自己的触角延伸到 MRI、X 射线机、B 超等多种医疗影像设备领域。第三方统计数据显示，目前东软在全球范围内已经是仅次于 GE、西门子的第三大数字医疗设备提供商。

在沈阳东软软件园之后，东软在大连、成都等城市也建立了类似的大型软件园。截至目前，东软在全球拥有 2 万名员工，在中国已经建立 8 个区域总部、10 个软件研发基地、16 个软件开发与技术支持中心，在 60 多个城市拥有营销和服务网络。

目前，东软已经是一个拥有多元化业务的企业集团。根据 2017 年财报显示，东软的营收规模超过 70 亿元，净利润超过 10 亿元。在 70 亿元的营收版图中，分行业来看，医疗健康以及社会保障板块 16.14 亿元，智能汽车互联板块 11.58 亿元，智慧城市 21.74 亿元，企业互联及其他 21.83 亿元；分产品来看，自主软件、产品及服务占了 57.70 亿元的营收，系统集成占了 12.77 亿元。

另外，值得一提的是，东软还开设了大连东软软件信息学院、成都东软学院、广东东软学院三所大学，目前在校学生超过 3 万人。

潮汕人刘志雄：『听』者有心

文／吴文婷

　　南山区，位于深圳市西南角，东起车公庙与福田区相邻，西至南头安乐村、赤尾村与宝安区毗邻，北背羊台山与宝安区接壤，南与香港元朗相望。在这陆地面积180多平方千米的土地上，汇集了深圳的大部分高新技术企业，腾讯、华为、大疆等，因而被誉为"中国硅谷"。每年毕业季，全国各地的IT青年纷纷涌向南山，这里的空气似乎都徜徉着一种自由与创新的气息。

　　三诺集团的总部大楼"三诺智慧大厦"，正好就在腾讯滨海大厦旁边。巧合的是，它的掌舵人刘志雄与腾讯的马化腾都来自潮汕。

　　近日，《中国经营报》记者来到三诺智慧大厦，在21层的挑空大堂里见到了刘志雄董事长。言谈举止之间，他表现出的是低调从容，而之所以能够在一个行业当中深耕20多年，必然又与他的勤奋、务实密不可分。用他的话来形容，做事不怕辛苦，讲诚信，有合作精神，敢冒险，愿意去创新，这些都是潮汕商人拥有的特质。

刘志雄于 1996 年 8 月 26 日创立三诺，彼时改革东风正劲。从 1997~2007 年，三诺从简陋的模具加工厂发展成为蜚声海内外的中国音频设备原创品牌，作为全球第一家在韩国上市的外国企业，改写了韩国证券史。2008 年迄今，三诺进入多元化产业和高新技术产业领域，逐渐成长为一家以智慧生活为核心的双百亿规模的国际化科技产业集团。

不过，在成长的背后必然伴随着血与泪，三诺也曾经几度面临困难的时刻，这使得刘志雄深刻地意识到打造品牌还要靠质量做保证。所谓"塞翁失马，焉知非福"，在往后的日子里，三诺加强了"内功"的修炼，更将"创新基因"深植于企业，即便在激烈的国际化市场竞争中，也走出了一条差异化发展道路。

承包工头

1978 年，对于中国而言，是一个特殊的年份，党的十一届三中全会做出了改革开放的伟大历史抉择。1979 年，位于广东深圳湾的一个小渔村获批立市，第二年又被批准设立深圳经济特区。

当时的刘志雄还不到 10 岁，生活在潮汕的一个农村里。由于身边的兄弟姐妹纷纷到深圳打工，而深圳离香港又很近，所以经常会给年幼的刘志雄带回来一些新鲜的物品，这是他对深圳最初的印象。

而刘志雄真正来到深圳是在 1989 年底。原本家境非常好的他在 14 岁那年遭遇了家庭变故，父亲因为车祸失去了劳动力，母亲因为劳累过世，家里的钱全部都给了父亲治病，连他每个月二十块钱的学费都供给不了。迫不得已，他暂且放弃了学业，东拼西凑了一百块钱来到深圳，开始了打工生涯。"燕雀安知鸿鹄之志！"他当时只有一个信念，那就是要靠自己。他下定决心，流自己的汗，走自己的路。

所谓万事开头难，尤其是在举目无亲的情况下，刘志雄刚开始进入一家公司做文字工作，一做就是一年。当他赚了学费准备回家继续读书之际，看到了一个让他改变一生的机遇——模具。

"当时我对模具充满了好奇，因为它是包含有物理、工程、数学等组合在一起的技术活。但当我去一家做模具的香港公司应聘时发现该公司不招学徒，我对他们说我不要工资，替你们干活。主管听见后很吃惊，觉得我很执着，便勉强答应了。最终我很幸运地进入到工厂做学徒、学模具，掌握了一门手艺。"刘志雄说道。

然而不幸的是，这家香港公司一年之后就搬迁了。于是，刘志雄再次出去找工作，这次是一家民营企业，也是做模具。"我说我要做技工，那年我才20岁，大家都觉得我年龄太小，不靠谱。我讲了一个善意的谎言，告诉老板我来自一个模具世家，很早就开始学习做模具了。我对老板说，你给我三个月，如果我做得好，你再给我技工的工资。"

实际上，刘志雄当时也不知道自己能不能做好，但进了企业之后，他发现之前在香港那家公司学习的模具制作本领帮了他很大的忙。两个月之后，他就当上了技工。没多久，又当上了组长，接着升为主管、经理，至此真正在深圳顶住了生存压力。

就在那时，刘志雄产生了一个大胆的想法：为什么不将模具制作承包下来呢，这样不仅能支配自己的时间，还能够多跑一些客户的订单。于是，他对当时的老板说，你接单，我承包，有问题我负责。然后开始招学徒、招员工，帮各个工厂承包模具。就这样，他成为了一个包工头，开始挖掘人生的第一桶金。

据他回忆，当时的经济情况很不好，有一家即将倒闭的香港工厂要卖掉自己的设备，趁着这个机会，他采取分期付款的方式把这家工厂的设备租赁下来，拥有了自己的车间。"我又做总经理、又做会计、又做师傅、又做营销，借助我以前做模具的良好口碑，第一年承包下来，我赚了100万元！"

想起自己的第一桶金，哪怕时隔多年再次提起，刘志雄依然有一丝兴奋。"你做的任何一件事，都在树立你的名声和品牌。你做得好，人家才敢相信你，才敢将东西交给你做。"

信守三诺　成就三诺

1995年8月，刘志雄有了自己真正的工厂，取名"迅鸿达"，为多家全球知名音响品牌做模具加工，而且他自认为他做的很多音响模具都非常好看。

当时，国外品牌垄断了中国的音响市场。刘志雄在深圳赛格、华强北，或者北京中关村看到的国产电脑音响，非黑即白，粗糙简陋。他认为应该要做一些让人惊奇和喜悦的产品推向市场。

1992 年，恰逢邓小平南方谈话。让刘志雄非常惊讶的是，当时深圳市宝安区的领导对科技企业很重视，能够提供资金支持企业搞科研。虽然这个科研经费是要还的，但当时一两百万的资金支持，对刚创业、发展初期的企业而言，是有非常大的帮助的。

刘志雄多次提到，要感恩这个城市，感谢这个伟大的时代。"政府不但不找你麻烦，还给你一些科研经费，帮助企业发展壮大。而且这个经费没什么利息，过一两年后再归还。所以我当时最大的感受是深圳作为一个包容、创新的城市，政府也很支持创新力量的崛起，对此，我内心满是浓浓的感恩之情，也感谢这个伟大的祖国和时代。"

到了 1996 年，"迅鸿达"正式更名为"三诺"，并从模具配套加工转做音响产品，正式推出自主品牌及拥有自主知识产权的多款多媒体音响。三诺多媒体音响一上市，就风靡了当时的市场。刘志雄把企业叫作"三诺"是有深意的，他要给社会一个承诺，即"品质·服务·价值"，意味着"追求卓越品质、提供完美服务、创造超凡价值"三个方面的承诺。

"当时'三诺潮'很流行，因为我们的产品不只是一个音响，而且是一个艺术品。"刘志雄说道。随后，三诺又推出了符合中国国情的"合成影院"，发出震撼全中国音响界的"中国声"。这场革命，让三诺风靡全国，勇夺销售量、销售额和市场占有率三个第一，并获得中国电子音响协会颁发的家庭影院最高荣誉标志"A"称号。

不过，企业的发展从来都不会一帆风顺。1998 年，刘志雄遇到了其成长过程中的一个大挫折。"当时发展得实在是太快，很多商家开始争夺我的代理权，公司一下子就赚大了。市场供不应求，工厂日夜赶班，产品出现了质量问题，新出的产品上市不到半年，开始频频退货。"刘志雄说。这是一次特别严重的质量事故，大家都认为没救了，但是货发出去了，钱也收到了，公司很多员工都劝刘志雄把公司关了，一下子赔出去几千万乃至上亿不值得。

"在这个问题上，我从没有犹豫过，我拒绝跑路。我对当时的员工说，既然我的公司叫三诺，我就一定要信守承诺。直面这个质量事故，是我们的问题我就应该承担，企业诚信大过一切。钱，我可以不要。"刘志雄说，他坚持承担了所有责任。当时，三诺的很多员工都离开了，销售部就剩下他一个人，事业突然间跌入了谷底。

"光是这个事故，我缓了两三年。在渡过这个难关的过程中，我学会了如何治理企业内部的结构，怎么将产品质量体系搭建好，如何提高企业的'硬功夫'。"随着内部管理的日渐规范以及"言出必行"的良好信誉，三诺具备了构建国际化质量体系的能力，开始拓展国际化道路，成为众多世界著名品牌可信赖的长期合作公司。刘志雄说，塞翁失马，焉知非福，唯有信念是无坚不摧的，面对困难和人生，永远不要选择回避。

创新驱动　逆势成长

走出谷底，创业进入了第十年，刘志雄开始思考科技产业与资本的结合，而思考的结果是 2007 年 8 月 17 日，三诺成功在韩国证券市场上市，成为了韩国历史上第一家在韩国上市的外国企业。

为何会选择到韩国上市，而不是在深圳本土或者邻近的香港？刘志雄始终认为，企业上市不只是为了简单融资。

"从 2005 年开始，韩国已经在数字经济、工业设计方面走到前面了。当时韩国有四大企业，背后有大量的中小企业、创新的技术和设计能力，而我特别重视设计，想去和这类韩国的中小企业在产业生态上合作。另外，当时中韩建交十五周年，两国总理在韩国会面，我作为中国青年代表团的一员也去了韩国。双方在见面会上讨论能否在经济、产业、资本市场上有一些合作，所以我也是怀着一种尝试的心态走这样一条全新的道路。"刘志雄说。

这时，他又不得不面对另一个危机——全球经济形势的逆转。2008 年 9 月 15 日，市值曾经位列美国第 4 的投行——雷曼兄弟因投资次级抵押住房贷款产品不当蒙受巨大损失，向纽约南区美国破产法庭申请破产保护。雷曼兄弟的破产成为一个标志性事件，它被看成是 2008 年全球金融危机的引爆点。这场危机始于美国，却波及全球。

美联储的一项研究表明，2008 年金融危机使每个美国人的终生收入平均损失 7 万美元，大多数受冲击的国家经济增长下降，失业率上升。而在中国，很多企业因"体力不支"而面临业务萎缩甚至被淘汰。

刘志雄告诉记者，这种危机的到来其实在公司上市前就已经有迹象了。幸运的是，公司上市之后股票逆势上扬，连续 12 个交易日每天 15% 涨停板。

"世上本无路，路是人走出来的。"刘志雄始终相信这一句话。三诺上市打开了韩国和中国证券合作的一条路，在三诺上市后，越来越多的中国企业在韩国上市，两国资本市场交流也越发通畅。而他因此被评为"2007 年韩国证券市场风云人物"及"2007 年证券期货人奖"，有幸成为韩国证券史上获此殊荣的第一个外国人。

在刘志雄看来，2008 年是三诺成长最快的一年，源于创建了一种全球独有的商业模式——OPM。所谓 OPM，指原创产品策划设计提供商，以市场为导向，为客户提供设计、开发、制造等一站式的差异化产品整体解决方案，创造更高的附加值。刘志雄表示："通过 OPM 模式，三诺拥有独立的知识产权和相对的议价权、主导权，成为全球优秀品牌原创设计制造的服务平台，该模式入选中国人民大学商学院企业创新典型案例。"

面对金融危机，一般品牌的企业会缩减研发投入和中间环节。这对三诺来说反而是个机会，因为其拥有设计和研发制造能力，能够为客户提供策划、设计、研发、智造、推广等一站式整体解决方案，所以在当时拿到了客户大量的订单，得以逆势成长。

而经过此事，也让刘志雄更加坚定三诺要以设计创新作为驱动力。据了解，三诺从做品牌开始就连续 10 年举办了三诺工业设计大赛，这个大赛号召清华大学、北京大学、湖南大学等全国各地几十所学校的学生来参加，获奖者将获得创业孵化基金及国际交流学习机会。大赛，一方面为三诺储备人才，另一方面也在间接性地推动深圳工业设计的发展。三诺从做品牌开始就连续举办了工业设计中国大赛，把所有大学最优秀的学生吸引过来，在比赛中获奖的选手可留在三诺工作。当时三诺已经开始有自己的设计公司，而且设计公司和设计中心已经获得红点颁发的全球设计第十三名的奖项。

"一般而言，大家理解的设计创新只是产品创新，那是 1.0 维度，产品设计创新是解决差异化附加值产品体验。而三诺强调的 2.0 维度则是商业模式创新，即独创的 OPM 模式。3.0 维度指的是组织创新，三诺把组织打开，拥有了设计能力、工业能力、智能制造能力，同时也拥有了适当的资金和资本能力，以及市场。在 4.0 维度我们发扬企业家精神，承担企业家责任助力国家战略。"刘志雄说道。

成就自己　帮扶他人

刘志雄曾经提到过自己酷爱高尔夫运动。"高尔夫是一种全身心的平衡运动，长杆短杆都是一杆，决胜在于细节。不利时如何救球，如同面对企业陷入逆境时该如何挽救一样。高尔夫要求你打好每一杆，教会你永远向前看。2004 年我下决心做好音响时，也把球打好了。"

此外，他还有一个爱好，便是书法。在刘志雄的办公室里，笔墨纸砚随处可见，而在他的办公桌上，有一个用他的书法作品"天道酬勤"做成的摆设，这几个字似乎也是他的一种信仰。

在刘志雄的带领下，三诺发展日新月异，从最早的代工转向了自主品牌经营，然后再从自主品牌转向了国际化，第三阶段从科技产业企业转向了与资本结合，实现了上市，最后从上市资本化完成后开始走向一个产业多元化、智慧生活产业集团的布局。

2014 年被业界誉为"智能家居"元年。专家认为，当前的智能家居热是移动互联网带来的"连锁效应"。随着移动互联网的快速发展及新的无线技术的出现，智能家居产业的技术瓶颈已经被打破。

一时之间，众多传统家电企业纷纷出手智能家居领域：继 2014 年 12 月美的集团与小米公司携手进军智能家居市场后，海尔集团与恒大集团签署战略合作协议，创维与阿里巴巴和优酷携手发力等都代表了这种趋势。

同在 2013 年，三诺发布了智慧生活创想家蓝图，其中包含了智慧家庭、智慧工作以及智慧出行。在三诺看来，未来"智慧生活"的中心在家庭，与家庭生活相关的科技应用都是三诺开发的重点。

"我们原来做的产业有两大核心，第一，是声音。声音随着人工智能的到来以及技术的发展变成一个最主要的交互方式，声音上接互联网，下接物联网，一旦与物联网、人工智能深度结合，声音将撬动未来十年深圳更长时间的产业世界，我认为未来十年是一个声觉时代。第二，三诺还做了一些信息科技，通过物联网，连接更多的这种设备和项目。"刘志雄介绍道。

另外，三诺还围绕集团产业布局对上下游产业链展开投资，比如全球排名第一的第三方物联网云平台艾拉物联、全球首创激光学降噪麦克风的以色列创新企业 Vocal Zoom、致力于成为互联网电视第一品牌的暴风 TV 等。就在 2018 年，刘志雄的"声音+"家族又迎来了一个新成员，一家由三诺声智联与搜狗、喜马拉雅合资成立，以声音交互作为入口的物联网产品、平台服务有限公司——阿拉的（深圳）人工智能有限公司。

刘志雄认为，一个好的投资人应该具备洞察未来的能力和眼光，对所选择的投资进行正确的判断以及逻辑思维能力、行业风险意识、风险判断能力、控制能力和承受能力、自律的能力、独立思考的能力，还要有足够的耐心。过去风投和金融企业帮助了很多创新产业的崛起，当时大家投的都是一些成熟的模式，看得见的财务报表。但是现在整个社会已经从传统产业走向了互联网信息时代，从信息时代又走向了智能时代，大家更多的是对技术发展趋势的投资。

按照刘志雄的说法，资本不是简单地投所谓看得见的数字，而投的是这个公司未来会成长为一个什么样的企业，它内部的团队、组织力、创新力，这些都需要产业界的人来做一些判断。我现在所做的投资更多的是对我所在的产业、生态能够形成协力，对核心技术有所帮助的企业。

对于三诺而言，其创业史就是一部创客的成长史，而刘志雄深知创业的艰辛，深圳是国家创新创业的标杆城市，但刘志雄发现由于创业和产业割裂，当前创新创业 99% 将会走向失败。如何让他们少走弯路更快成功？"我常常在思考，在产业变革新常态下，什么是我们这一代企业家、我们这些深商的责任？我觉得应该是成就自己，帮扶他人。"对创客的感同身受和对深圳的感恩，刘志雄通过自身的努力，充分发挥所拥有的设计平台、市场平台、智造平台、资金平台等综合优势，为中国乃至全球创客打造一个具有国际影响力的一站式、全链条的创业创新生态链。

成就自己，帮扶他人。20年过去了，刘志雄不忘初心。2015年，在"大众创业、万众创新"的时代主旋律下，三诺启动"创意+、创客+、创想+"的"3+计划"，发起创立国内首家生态型创新加速器"珊瑚群创新加速器"，通过设计创新驱动，整合全球创新资源，帮助创业者加速走向成功。

创变者唐宁：投身『美好的事情』

文／李晖

在中国金融科技并不长的发展史上，宜信是一个颇为独特的样本。

过去 12 年中，这家金融科技机构在网贷、财富管理、私募股权、众筹、智能投顾、智能保险、2B 企业服务、区块链、企业征信等分支都已有积极有效的实践落地，且在多个领域扮演着引领者的角色。从中国网贷模式的创造到财富管理观念的改造以及金融科技各个领域业务的布局投资，一系列路径选择与发展步骤展现出极为准确的趋势判断与时机把握。这些成绩，与创始人唐宁难以分割。

不同于草莽英雄式的创业家，唐宁人如其名，给人的印象温和谦逊又积极圆融。创始人的高度决定企业的高度，唐宁的气质和视野也很好地解释了为什么宜信可以让普惠金融和财富管理两大业务版图并行不悖，可以同时服务好最贫穷和最富有的群体。

宜信是习惯"放下身段"和"接地气"的。作为国内普惠金融的践行人，直到今天，唐宁仍保持着鲜明的创业人习惯——没有助理、不备秘书，每天通过邮件来敲定好细密精确的日程表。他出行时最常见的装束是白衬衫、卡其色裤子，提着一个分量不轻的电脑包。在每一个活动或采访现场准时前来，独自离去。甚至有几次，宜信的员工在地铁里与刚刚参加完活动赶往下一个行程的老板正面"遭遇"。

宜信也是充满精英气质和国际视野的。从解决中国客户的中国需求，到覆盖中国客户的全球需求，发展至如今的解决全球华人的全球需求，宜信的国际化路径方向清晰。这位出身华尔街做过天使投资人的创业者具有敏锐的捕捉行业风向的嗅觉，唐宁每年都会有大量的时间辗转于硅谷、华尔街、以色列、英国、东京、新加坡等科技创新的前沿地带，与学界、业界交流，考察市场，选拔人才，发现"未来的种子"。

回看过去 12 年的发展，宜信的可贵之处在于始终清晰的与实体经济共同发展的定位——努力捕捉实体经济的需求，积极参与到经济和时代的大变革中，并通过金融与科技的融合为中国经济的发展转型提供动能。

如果从更加纵深的角度观察，不难发现，从中国 P2P 模式的创造到资产配置财富管理观念的布道，再到疆域广阔的各类金融科技业务实践，"创变"是宜信始终鲜明的关键词——主动创新、拥抱变化，在不断迭代中重塑企业，努力成为推动时代变革的重要力量。

唐宁倾向从三个层面去解释这种企业不断创新和变革的动能：拥有一个足够远大的目标，这个目标可能是超越商业范畴；具备拥抱变化和不确定性的心态和能力，信奉事在人为的逻辑；在执行层面有一套可行的管理方法论，比如五年重塑一次企业，并通过不断重塑让目标最终达成。

信用拓荒

宜信对金融科技的理解和趋势判断反映了唐宁个人的金融理念与经验。在唐宁看来，这种理念的核心出发点在于"洞知未来十年、二十年客户需求的变化，真正能够发现真实的长线的，处于隐性的客户需求和社会需求。"

　　这种敏锐来自于唐宁早年间天使投资的经历——其从华尔街投行回国后，参与创办了专注早期投资的华创资本，在与中关村最初一批"一穷二白"创业者接触的过程中，从帮助企业找模式、谈客户、拉合作、搞融资，甚至说和劝架，唐宁在深入的投后服务中，几乎"把企业创新创业可以经历的一切头疼脑热都经历了一遍。"这也为他日后在洞察机遇、把握趋势甚至避免"掉坑"积累了重要财富。

　　唐宁坦言，Peer to Peer 借款模式是"逼出来"的创新。在早期天使投资的过程中，他发现有许多还没进入工作岗位的学生拥有成就更好自己的愿望。"一个人，已经苦哈哈的学了这么多年，他还愿意继续学一些更好的、更适应社会的东西，他的意愿是可以肯定的。在他学成之后，他的能力也是可以预见的。"唐宁当时就想，能不能让学生少交或不交钱，先接受培训，找到工作后再分期还款。

　　彼时，国内信用体系建设尚在起步，借钱给陌生人仍是天方夜谭。人大财政金融学院教授吴晶妹曾经谈到，虽然唐宁的理念同其理论研究非常一致，但是在宜信最初开展普惠金融业务的时候，她认为在中国当时的信用环境下这简直不可思议。

　　但唐宁认为"值得一试"。新模式的发现总是来自对市场需求的敏锐捕捉，而新模式的成立则来自"相信"和"试错"的勇气。在他看来，信用体系的建设关系借款方，也关系出借方，如果出借方不能做到敢于信任、善于信任，这种体系也难以建立，"守信是一种美德，但信任是一种能力。哪怕信错了，这样一条信息和数据也能够把那些可信的个体发掘出来。这一步走出去，就有了越来越多的数据信息，可识别性就会增强。"事实上，这也是金融核心——风险管理的关键逻辑。

　　唐宁与合伙人最终帮助数以万计的学生实现了梦想，他的天使投资也得到了可观回报——2006 年他在北京正式创办宜信公司，选择通过激活信用价值，帮助小微群体满足金融需求。而这距离后来被称作互联网金融元年的 2013 年，大规模互联网金融形式的集中爆发和探索，要早了七年之久。

　　不难想象，如果没有当初走出"关键一步"的勇气，中国借贷的模式可能仍要在很长一段时间内停留在传统的抵押担保模式上——依靠同学、老乡、朋友的熟人关系。陌生人之间的信用关系建立无从谈起，普惠金融的中国实践就失去了一个重要突破口。

融入实体

事实上，这种对市场需求孜孜不倦的捕捉几乎贯穿了宜信每一个发展的关键点。

在 2006 年宜信正式将目光锁定小微群体的金融需求时，普惠金融的概念在中国还非常边缘。事实上，这一概念是 2005 年刚被联合国首次提出，其诞生背景在于：当时的金融体系并没有为社会所有的人群提供有效的服务，联合国希望通过小额信贷和微型金融发展，促进形成有效、全方位为社会所有阶层和群体提供服务的金融体系。

因此，在宜信发展的早期，这片领域几乎是"无人区"——既无理论支撑，又无成熟模式参照。由于最初点对点的纯线上网贷模式很难走通，唐宁选择线上+线下的模式去解决最关键的风控问题。虽然现在看来，这种运营模式显得有些"沉重"，但在当时的环境下却是基于普惠金融境况最务实的解决方案。

在最初的几年中，唐宁的状态经常是"拎包就走"，由于大部分小微企业的管理水平有限，必须下沉到客户身边才能了解企业的真实状态和精确需求，也是在这一过程中，唐宁发现小微群体需要钱，但需要的远不仅仅是钱，由此，普惠金融"三步走"的理论逐步在其观念中成形。

自我启迪和精准提炼是唐宁一项让人印象深刻的能力。他擅长总结，可以将宜信的业务实践和战术迅速进行理论化锤炼输出——不管是普惠金融"三步走"，还是财富管理领域的资产配置黄金三原则，以及天使投资人时期的"六脉神剑"理论，甚至内部管理上的"5、3、1""支持部门游到河对岸去"等方法论均带给行业启发和借鉴。

事实上，"小额信贷、综合性金融服务、能力建设服务"的普惠金融"三步走"理论对行业影响深远，这种"先解决最紧迫问题，再解决根本性问题"的思路从实体经济的需求本质出发，因此实用性很强。

　　宜信普惠产品与运营中心总经理田颖这样理解"三步走"：资金是这一群体最紧迫的需求；而在获得资金后，他们会发现自己对金融的需求是多元的，不管是发展生意还是升级生活，都需要触及保险、理财等综合服务；在此基础上，还要解决这些基础薄弱群体如何管理资金，甚至如何管理企业，让好生活可持续。

　　上述理念也得到了学界认可。在去年中国人民大学中国普惠金融研究院发布的《2017 中国普惠金融发展报告》中就指出，普惠金融的真正目的不是仅仅提供贷款、提供融资，而是通过金融去挖掘或开发出"中小微弱"的潜在能力，从根本上解决问题。

　　而在这种战略框架下，宜信普惠金融端涉及的诸如信贷、理财、农村金融、企业端云平台、智能保险等业务脉络和相互关系就非常清晰。

　　在宜信模式创立的早期，一定程度上解决了理财者的一个需求——把闲余资金小额分散地借给很多信用良好、用途正当的借款人，帮助其求学、创业等。但随着服务理财者、投资人的深入，唐宁和团队很快发现，如果从一个面向未来的视角去观察他们的需求，欧洲、美国式的以资产配置为核心的财富管理逻辑一定是主流方向。

　　值得注意的是，普惠金融和财富管理对应的群体并非割裂的，而是紧密联系在一起的，宜信则成为连接双方的桥梁。在唐宁看来，15 年前在中关村做天使投资，就是把华尔街的"高大上"跟中关村的"一无所有"对接起来，把曾经的赢家资金对接给未来可能的赢家。

　　如何"让曾经的赢家和未来的赢家对接"不仅是"连接"宜信业务版图的需要，更是"连接"中国新旧经济的重要出发点。通过将旧经济受益者的资金输送到新兴行业，新金融的"动能"价值被体现得更为深刻。

　　在唐宁看来，这些高净值人群很多来自进出口、房地产、制造业等传统行业，是过去 40 年改革开放的受益者，但他们的企业和财富在经济转型的当下面临着巨大挑战，他们怎么去拥抱互联网和金融科技？这即是宜信深耕财富管理领域并推出私募股权投资母基金的背景和动因。"用一种层层风险分散的方式让资金投入到各种不同的前沿新经济中，正是将过去改革开放 40 年创造出来的财富与未来新经济 40 年需要的资金有效对接了起来。"

关键担当

唐宁对定义一家优秀企业有自己的见解：第一，有没有发现和创新的能力——发现需求，判断在自己能力所及的范畴内有哪些创新可以整合到一起，去把需求满足好。第二，敢不敢坚持做正确的事情。"比如当一个连客户都没有洞察到的隐性需求出现了，你要不要去做？因为这可能在当下是不合时宜的，是反人性的。这需要企业家做出大胆、精准、有担当的判断。"

事实上，与上述在业务部署上的"做正确的事""做别人没做过的事"相比，企业在一些行业关键时刻的选择则更能体现其价值观。

唐宁是一个乐观的人，行业破冰期的艰难在无数采访中总是被他草草略过。但对行业中的一些重要年份，他愿意谈及，也记忆犹新：2015 年末，两个标志性事件的先后发生对中国互联网金融行业影响深远，一个是 e 租宝庞氏骗局覆灭，另一个就是金融科技第一股宜人贷的上市。

资本市场入冬、行业发展前景不明，重大同业恶性事件突发，宜人贷选择这个时机上市，用唐宁的话讲，曾是"命悬一线"。那么支持他做出上市决定的动机是什么？

事实上，这种非常时期下的非常之举也受到了学界关注。哈佛商学院在2016 年将宜人贷上市事件收入教材，作为课堂上两方激烈辩论的讨论案例——辩论的主题就是宜人贷在当时的环境下到底应不应该上市。在辩论中，几乎一半以上的学生对此持反对意见——他们从估值、财务、资本市场环境等层面提出了诸多不利因素。

唐宁当时也在课堂上旁听，"其实在那个环境下，商业小账是算不过来的——资本市场环境不好，网贷行业前景充满不确定性，因此只能算大账。这个时候需要中国能够有领先的头部企业站出来，去告诉国内以及世界到底互联网金融应该怎么做，去进行标杆示范，提振行业信心。"

这种选择显然需要面对严苛的考验。尽管美国已有了 Lending Club 等同类公司，但中国网贷机构市场环境、商业模式甚至信用环境等跟美国仍有不小差异，这也导致美国证券交易委员会（SEC）当时已有的审计规则难以直接套用在中国的公司上。宜人贷在彼时受美国证监会、律师、会计师、投行、机构投资者等数轮盘问，面对着极高的透明度要求，收到 SEC 对第一版招股说明书的详细回复就涉及 40 个问题，反复修改、极其艰辛。

一段"宜人贷纽交所上市 24 小时"的视频披露了唐宁和当时宜人贷上市团队在千钧一发时刻的状态，"坚持是需要胆量的，决策是需要胆量的，拍桌子是要承担责任的，要是拍错了怎么办？如果拍错了，宜人贷就不会是中国金融科技第一股，所以当时是命悬一线！……"在视频中，一向平和的唐宁表现出少有的激动。

但这种一家企业"吃螃蟹"的艰苦给行业带来了贡献——在宜人贷上市之后，中国的互联网金融行业逐步稳定并迎来合规发展的全新阶段。在此后的两年内，十余家金融科技领域公司先后敲响了美国资本市场的大门。

超越商业

作为一家以创新作为核心动能的新金融机构，保持对市场的敏锐洞察和前瞻无疑是重要的。每年，唐宁都会耗费大量精力用于国外考察，了解美国乃至全球金融科技市场的最新风向，用他的话说，"这是在捕捉未来的种子。"

事实上，宜信的新金融产业基金近年来已经在海外投资了多个项目，通过这种方式，唐宁可以了解金融科技发展最发达的地区又产生了什么新技术、新模式。就在近期，这只基金投资的英国首家网贷平台 Funding Circle 成功上市，"这家机构是专注小微企业金融而不是个人金融，这对于中国市场也是一个值得关注的信号，小微金融、农村金融在普惠金融领域大有可为。"唐宁对此感到欣喜。

对于一个做过天使投资人，并拥有漫长而丰富创业史的领军者，唐宁对于企业的责任、价值以及持续创新的动力有着独到理解。

十多年前，唐宁在做天使投资的时候，和团队开发了一套被称作"六脉神剑"的企业评估体系——Marketing（市场）、Model（模式）、Money（资金）、Men（团队）、Mobile（泛指移动和互联网）以及 Motivation（动机）。即用六个重要的指标去判断这个企业面对的市场是否足够大、商业模式是否足够好、有没有清晰的资本策略，十年、十五年之后能不能成为千里马、独角兽。

在他看来，其中最关键的维度是 Motivation，即创业的动机——这样一群人力求创新，这个组织、这个团队不断去努力，到底是为什么而去做这个事情？"是他真正有激情，有使命感，有深层次的兴趣，乐不知疲？还是因为看到美国有一个模式，差不多，我也抄一个？我不同的动机，给企业带来的未来是不一样的。"

对于宜信，在中国从事金融财富管理工作是非常严肃的一件事情。"如果我们的目标仅仅是做出一个上市公司，获利，那我觉得这个价值太小了。我们的职责应该是通过自己对于资源的配置，能够让稀缺资源包括长线的、有耐心的钱、商业机会、信任等，到达德才兼备、有担当的个人和组织那里，去创造更大的社会价值。"

在唐宁看来，打造宜信这家新金融企业，已经超越了简单的商业价值，社会责任是非常大的。在宜信和他的字典里，对"成功"的追求没有一个固定和具体的指标，"它是非常大的，也是变化的、永续的。随着企业家、企业不断拓延自己对客群理解认知，会形成新的洞察，因此这种创造和创新没有止境。"

"不久前我在新加坡跟美国金融界传奇 Michael Milken 交流时，随行客户问到了人生幸福感和动力的问题。"唐宁说，Michael Milken 的回答是，他从来没有一天认为是在所谓狭义定义的工作——如果做一项你觉得有意思、有意义的事情，把它与个人价值有效地匹配的话，是无比幸福的事。"所以从这种意义上来讲，我们的确也遇到过千难万险，有很多沟沟坎坎，并不是每天都很容易。但如果有这个机会可以去利用科技、资本、全球化的力量解决传统金融没有解决好的问题，岂不是一件应该去努力做好的、美好的事情？"

章燎原：『疯狂的』松鼠老爹

文／吴蓉

　　有一句话，一直挂在三只松鼠股份有限公司办公室走廊的墙上："要么第一，要么灭亡"。这是三只松鼠创始人兼 CEO 章燎原心底的声音。他始终认定，"宁可做鸡头，不做牛尾，就是我宁可把事情做小，但也要争第一。"章燎原的野心，可以从他犀利的眼神里看到。按照公司员工的形容就是，他的眼睛"像鹰一样"，走路的时候，步伐很快。

　　章燎原 1976 年出生于安徽绩溪农村，2001 年加入安徽詹氏食品有限公司，2011 年创建互联网品牌"壳壳果"，2012 年离开詹氏，带领只有 5 人的团队在芜湖自创互联网坚果品牌"三只松鼠"。通过 6 年的发展，三只松鼠牢牢占据线上线下同业态坚果零食全行业第一名，累计卖出超过 160 亿元的零食。

　　可以说，改革开放这四十年，是时代背景下创新驱动的革命，也是来自民间力量的革命。一批批创业者们从边缘走向中心，通过现代化手段不断推动着人们生活方式的更新与升级，而三只松鼠就是其中具有代表性的一个。章燎原（花名松鼠老爹）用他和他"疯狂的"的创业故事，鼓励着年青一代创业者。

从业务员到总经理　从打工到创业

章燎原是中专学历，出来"闯江湖"时不到 20 岁。他年轻时尝试做过很多事情：摆地摊、开冷饮店、卖 VCD，但从来没有成功过。后来，他进入安徽一家名叫詹氏的农产品企业，从搬货、送货做起，从业务员一直做到董事总经理，把一个销售额不足 400 万元的小公司，打造成销售额近 2 亿元的品牌企业。深耕坚果行业 9 年时间，使他对这个传统的食品行业有了深刻的了解。

2010 年，网购热潮席卷而来，越来越多的年轻人热衷于网上消费。此时的詹氏已经有了不小的规模，但作为一个区域品牌，视野还是相对有限。章燎原对电子商务未来趋势非常看好，野心也更大，"能否让全国的消费者都来买我们的产品，以后将产品销售到国外也不是不可能吧！"

很快，章燎原在淘宝上开了家詹氏旗舰店进行试水，两个月时间里，店内的销售量并不乐观。随后，章燎原找到志同道合的人，决定一起开创詹氏的电子商务之路，开始自建平台——新食纪网。但当时的章燎原想得太简单，这个网站玩的还是传统行业模式，只是将詹氏的产品搬到互联网上去卖。不久之后，新食纪网由于没有业务支撑关闭了。

章燎原开始更深的思考，他将淘宝平台上所有卖坚果的商家都仔细浏览过后发现大多数卖家都是个体创业者，在体验了平台上每一家的产品之后，他觉得自己找到了一个新的方向，"他们的产品质量并不是很好，包装也很一般，且他们品牌意识薄弱。"他思考着创造一个时尚好记的、与坚果有关联的、年轻人喜欢的新品牌。之后，他打造的新品牌"壳壳果"凭借包装和高品质，赢得了不错的销售业绩——8 个月内销售超过 1000 万元，成为当年电商界的一匹黑马。

不过，受制于传统企业的瓶颈，章燎原无法大展拳脚。顶着周围人不理解的目光，章燎原毅然地从詹氏辞职。在被问及为何辞职时，他表示，"格局决定未来吧。"詹氏是由传统企业发展起来的，想要瞬间转为以线上为主确实有很多困难，这是詹氏的格局问题。而他的格局已然在改变，更为重要的是，他不想错过借助电子商务来发展坚果行业的宝贵时机。

章燎原对傻子瓜子、洽洽、来伊份等品牌做过不少研究，发现这类品牌几乎每隔十年就会诞生一些。20世纪80年代改革开放之初，没人敢在街上做买卖，傻子瓜子却做得风风火火；90年代中国商超刚刚崛起，洽洽把产品带入了超市；千禧年之后中国市场上出现了连锁经营，来伊份等做起了连锁门店的生意。这些每隔十年诞生的新品牌不断迭代食品行业的基因。章燎原觉得，网购的崛起必将改变人们的生活方式。

上线5个月　三只松鼠一战成名

在离开詹氏之后，章燎原开始创业。2012年，当章燎原带着100万元家当来到芜湖，他心里有个听起来让人有些"疯狂"的目标：借助互联网，打造一个全国性的坚果品牌。但是，创业之初总是艰难的。章燎原在芜湖注册成立了"三只松鼠"，从居民小区租房创业。而最初的创业团队只有5个人，而且这几个人的关系还处在磨合期，章燎原在中间起着调和剂的作用。他将创始团队中的几个人按照各自的性格特质，分别放置在客服文员、品牌策划、店铺推广、物流生产管理和质量安全的岗位上。有人曾问过章燎原在管理中处于一个什么样的角色，他笑笑说，"一个拿着鞭子的人吧。"

凭借对行业的深刻理解和一份十几页的PPT，章燎原拿到了IDG150万美元的风险投资，数额虽然不是特别大，但在当时也创下了农产品行业融资的新纪录。150万美元仅仅是三只松鼠拿到的第一笔投资，在此之后，章燎原已经充分了解了VC们的脾气，他想要做的是让三只松鼠越来越大，他觉得，要迅速占领更大市场就需要更多资本的推动。2013年三只松鼠完成了B轮融资，加上IDG的跟投，共计融资617万美元，2014年公司完成了C轮融资，共计1.2亿元人民币，2015年，又拿到了峰瑞资本的3亿元人民币投资。

为什么松鼠老爹章燎原能拿到钱？在与VC建立投资关系的过程中，章燎原能做的是"投其所好"，同时"保持清醒"。他抱的态度是"相互欣赏，彼此成就"。2013 年初，一个月甚至会有 8~10 个风险投资人走进他的办公室。在他看来，投资和被投资是基于双方的信任关系，为此他拒绝了很多只认识钱但并不了解公司事业的 VC。

在拿到第一笔融资之后，很大部分只用来做了一件事，就是购买淘宝的直通车、搜索广告位、参加聚划算等活动。在上线的前两个月这些工作就花了 300 多万元。这种推广的疯狂之处在于敢在一个月内拿同样的推广费去换同样的销量，这样做的前提当然是要相信长久的效应。为了增加三只松鼠的曝光量，所有的推广广告上的关键词都是"坚果、三只松鼠、包邮、低至三折"。包邮和低至三折这样的关键词，带来了最初的销量市场，这种方式同时也在给用户潜移默化地植入三只松鼠这个形象。在章燎原的概念里，造一个品牌，第一步什么都别讲，就是卖货，先把货卖出去再说。

创业初期，章燎原敏锐地发现了网购人群的心理需求，他们不仅追求物美价廉，更重视消费体验和情感满足。三只松鼠跳出了传统的商业模式，不断强化消费者的购物体验和文化认同。自称松鼠老爹的他对所有消费者都叫一声"主人"。在章燎原的带动下，每一名员工都有一个以鼠开头的花名，自称小松鼠。把消费者称作主人，与主人在旺旺上聊天互动。为主人寄送的包裹里，还贴心地赠送了开箱器、湿巾和垃圾袋等，带给消费者超预期的消费体验。创业初期，靠着卖萌的营销手法，三只松鼠很快打开了局面，特别是 2012 年"双十一"期间，三只松鼠一战成名。从此，媒体圈里有了一句戏言："亲"是淘宝的，"主人"是三只松鼠的。

疯狂的创业有了不错的成效。2012 年 8 月 25 日，三只松鼠上线 65 天，在天猫坚果类目销售跃居第一名；在天猫"双十一"购物狂欢节上，单日销售 766 万元；当年实现销售额 3000 万元。从 2012 年的 766 万元到 2018 年的 6.82 亿元，在互联网人口红利递减的几年中，三只松鼠持续保持高速增长。

跑出"加速度"，三只松鼠加快布局新零售

"没有创新，就没有三只松鼠。"三只松鼠的发展可以分为三个阶段，而这

三个阶段中，创新始终贯穿其中。

第一阶段，借助互联网技术，三只松鼠带动了上游的500多家合作伙伴，下游则对接了7000多万名消费者，共同分享互联网红利。同时，自建中央品控云平台和中创食品检测有限公司，把农产品的生产者和消费者连接起来。"依靠云平台，我们将生产者和消费者进行了重新的连接，改善产品的研发、品质、销售服务的各个环节。其实，三只松鼠并没有过多参与食品的生产制造，而是用数字的方式将行业迭代。"章燎原说。

第二阶段，三只松鼠开始进军全品类零食。早在2014年，公司就开始尝试跨界销售，从坚果扩大到全品类零食。目前，公司的产品品类达到600多种，包括坚果、花茶、果干、肉脯、烘焙等，此外，公司还相继推出松鼠周边文化、动画片，不断试水跨界产品，持续强化三只松鼠的品牌IP。

经过多年积累，三只松鼠正从电商企业转型成为数字化供应链平台企业，这是三只松鼠发展的第三阶段"从多到强"。三只松鼠通过掌握的大数据，数字化改造并赋能传统供应链，进一步提升食品行业的生产效率，通过柔性制造和智能制造，创造更优质和个性化的产品，成长为基于信息技术和大数据下的供应链平台企业。

在新零售的赛道上，三只松鼠加快布局，章燎原是个实战型的战略家，他对行业的观察和趋势的判断极具前瞻性。创立三只松鼠之前，章燎原就预言电商终会消失，线上线下融合一体化模式将成为未来的必然趋势。他一直关注行业发展最新动向，并带领三只松鼠提前布局新零售。

2016年，三只松鼠在芜湖开出首家线下投食店（体验店），目前投食店在全国落地已达48家，未来布局将超过1000家。"三只松鼠的新零售，创新点在于充分挖掘松鼠品牌IP的文化内涵。"投食店被称为"城市歇脚地"，店内不仅提供坚果、水+轻食，还有文具、抱枕、服饰等一系列品牌周边产品。

在章燎原看来，零售本没有新旧之分。电子商务是新零售，投食店也是新零售，三只松鼠要进军更为广阔的线下市场。2018年5月，三只松鼠牵手阿里零售通，瞄准线下便利店市场。9月，三只松鼠首批4家松鼠小店正式对外营业，据了解，松鼠小店也将会在5年内遍布全国各地。

打造特色企业文化　引领平凡人创造不凡业绩

创业公司的文化很大程度上是创始人的文化，决定着这家公司未来的发展边界。章燎原曾表示，"从创业第一天开始，我就决定用年轻人。公司的员工平均年龄只有 25 岁，我几乎跟每个员工都聊天，把我的经历讲给他们听，激发他们的梦想，形成一种创业团队的初始文化。我认为企业文化应该亲力亲为，感染和影响前期的员工，他们又会感染后来者"。

在员工管理上，章燎原觉得自己更多是感染员工，而不是"管"。他介绍说，公司的上下班时间不是很明确，上班睡觉也可以。"90 后"不需要去管，管了反而反感。他们要的是自我价值实现、存在感，我们通过平常的一些分享、培训、讲话、沟通，去激发他们的热情，让他们有梦想，有奋斗和创业的欲望。"90 后"这一代人，看似没有责任感，但你一旦把他的存在感激发出来，他的责任感比谁都强。

2012 年，三只松鼠首个"双十一"取得了 766 万元的销售额，不过，火爆的销售却让三只松鼠遇到了发货危机。如果不能在约定时间发出包裹，天猫商铺将被强制关闭。经过反复考虑，章燎原暂时关闭天猫商铺，控制销售量，并发出公告。同时，他亲自加入到发货队伍中去，全体员工都被动员起来。大家奋战了 9 天 9 夜，最终在 11 月 19 日发出了所有包裹。

"'双十一'赶发货，我指挥大家义无反顾地冲到一线去，没有说你去发货，我奖励你多少钱，但是事后我会拿出一大笔钱去奖励他们。2013 年（销售额）破 3 亿元的时候，我们给创业初期的 5 个高管一人一辆汽车，之前他们都不知道。企业文化应该是从务虚开始，到务实结束。不是让员工记住企业的价值观和使命是什么，而是员工一言一行所折射出来的都是企业的想法。"章燎原表示。

2016 年 3 月加入三只松鼠的汪磊，在松鼠的云体验销售平台上负责提供线上解答"主人"们的咨询交流工作。他回忆起去年底的工作画面，"由于当时正值年货季，接待量很大，有一次我工作最长时间达到了 24 小时。主人们购买的意向都很明确，用于春节备年货或者送礼，快递量暴增导致物流压力很大，个别线路甚至出现短暂停滞。这时候催促快递的主人特别多，有的主人态度还比较强烈。说实话，当时我们都很着急，面对连续的责问我也感觉心里很崩溃。不过，我是一只小松鼠，我们的使命就是让天下所有的主人爽起来。因此，我们坚持给主人道歉、安抚和解释，遇到特别着急的，耐心给出有针对性的解决方案。"

对于如何加强员工凝聚力，章燎原有自己的一套想法，"让员工快乐，我们每周六下午都有自由开放的活动，厨艺大赛、扮小丑、卖萌什么的。我就是把舞台搭建起来，让大家去表演。我对公司文化有两个基本要求：第一，不管做什么，首先要让员工很快乐；第二，在他快乐的前提下，植入我们的文化。"

三只松鼠公关内容合伙人王磊说，三只松鼠是一家透明、简单、信任的公司，松鼠文化是相信美好的企业文化。他举了几个小例子："在三只松鼠内部，员工之间是以鼠名来互相称呼，大家拥有平等交流的文化氛围；公司成立了'CEO与家长们的基金'，当员工或员工的亲属遭遇到无法承担的重大变故时，可以申请基金的无偿资助，渡过难关；想要跟三只松鼠合作的供应商，必须先通过松鼠廉洁的培训和考核。三只松鼠把廉洁文化植入企业文化底层，为打造廉洁、透明、高效的新商业文明做出了积极探索。"

启动数字经济新引擎　打造超级国民品牌

5个人、100万元，成立于2012年的三只松鼠，发展至今已经成为拥有员工3500人、年营业额近70亿元的大企业。但是，创新永无止境，创业永远在路上。在三只松鼠2018年7月7日举行的全球伙伴共创大会上，章燎原把2018年定义为三只松鼠新时代创始元年，发布了启动数字经济新引擎，打造超级国民品牌，未来服务2亿家庭的新目标。

"未来，三只松鼠要打造产业经营共同体，共建一个超级国民品牌"，章燎原阐述了三只松鼠的新目标，并发布了针对供应商的"360吸星计划"和"365年度无忧产品"。目前三只松鼠已有供应商伙伴500多家，其中不乏小王子、炎亭渔夫、林家铺子、多鲜、乐锦记、黄老五、含羞草等细分品类的知名品牌，甚至也有亿滋、旺旺这样的综合类巨头。

2018 年 10 月 17 日，在第八届澳洲坚果大会上，章燎原分享了他对坚果市场的观察与思考。"三只松鼠是从互联网起家的，我们试图从互联网所发现的一些现象，去思考中国坚果未来的消费趋势有哪些。从总体上来看，过去一年国内各电商平台坚果销售额在 150 亿~160 亿元，其中三只松鼠贡献了 40 亿元。从数据上看，2012~2017 年，整个坚果行业在互联网上呈现出高速增长的趋势，但从 2017~2018 年发生了一些变化，其中最大的变化是增速放缓。"章燎原觉得，互联网市场上的增速放缓对三只松鼠而言不利，但也不乏好消息和变化。

"增速放缓的同时也呈现出以下四个新变化：一是精选高品质坚果产品的增幅超过 20%；二是消费者对营养的需求变得十分明显，比如每日坚果产品，这个品类占到互联网坚果产品的 20% 以上，增速超过了 200%；三是新鲜程度成为消费者对于坚果产品最为关注的指标，坚果品类搜索热词 Top100 中，有 9 个词涉及新鲜的坚果；四是消费场景的个性化更为凸显，今天，坚果在中国已经开始走向个性化的分类，比如运动健身、孕妇、老年人、儿童等，在过去一年表现得非常显著。这些变化给我们带来新的思考，在新技术和新生代面前，我觉得未来存在四大机遇，分别是新消费、新零售、新制造和新场景。"章燎原说。

章燎原认为，在新零售领域有三个方面是需要三只松鼠去探索的，"一是更了解。过去互联网在前端已经形成了数字化，每销售一袋坚果就会形成一个数据链，每天都会产生大量的数据，这些数据我们能提供给生产端，未来能给到每一个果农每一棵果树，完全形成可追溯。在今天新零售的背景下，我们从线下也能获取到数据，所以我们会更了解消费者的需求。二是更便宜。2012 年以前，在庞大的中国市场中无法诞生一个超 10 亿的坚果品牌，原因在于流通效率的低下，但在 2012 年之后出现了。你会看到新零售的背景下，很多东西会发生变化。比如全国有 680 万的线下夫妻小店，把坚果放进夫妻小店里销售在今天成为可能。今天的技术可以实现跨过中间商，直达终端，使成本更低。三是更方便。中国线上线下融合的过程是西方国家不具备的优势，很多业态已经分不清是线上还是线下，在任何一个场所任何一个时间需要坚果的时候，产品都能送到你的手上，这是新零售给中国坚果行业带来的改变。"章燎原说。

2018 年，三只松鼠回归产品，全面创新。章燎原明确提出，创新是中国企业的新动能,作为行业领军品牌,三只松鼠将竭尽所能引领行业创新竞争。在创新与变革中,三只松鼠逐步确定了全新的"五位一体"商业模式:深耕产品、玩转全网、立足线上、赢在全国、沉淀能力。

2018年"双十一",三只松鼠交出新时代创始元年的首个"双十一"成绩单,全渠道销售额达6.82亿元,同比增长30.51%,再次刷新了由自己创造的行业纪录。全新造货模式下的11款创新产品,在此次"双十一"收获了5000万元的销售额,充分彰显了三只松鼠的创新能力。"线上造货、立体卖货"的三只松鼠,用造货重新定义零食,将继续引领行业的全面升级。

李惠森：传承与创新

一个小时能做什么？能看一集电视剧，能吃一顿饭，或者能走五公里。对于李惠森来讲，一个小时是无限极（中国）有限公司创立的过程。

1992年，李惠森和时任李锦记集团主席的父亲李文达在广州结识了第一军医大学的老校长及几位中医药专家。经过短暂会面之后，父子二人对中国健康养生文化有了初步了解，当即决定创办无限极，这个过程只用了一个小时。

而作为李锦记家族第四代传人之一，李惠森热爱滑雪，勇于挑战，即使多次受伤也从不气馁，被家人称为"容易受伤的男人"。"永远创业"作为家族基因给予李惠森持续创新、大胆尝试、不断挑战的勇气。

家族

在李锦记家族的字典中，找不到"守业"二字，取而代之的是"永远创业"。"永远创业"传递的是一种精神和理念，即不断地保持创业般的激情，不断突破，做自己没有做过的事情，去创造新成就。

这种精神和理念，也始终贯穿于李锦记集团的发展历程中。1888 年，创始人李锦裳在广东珠海南水镇发明蚝油，李锦记集团由此诞生。此后，1902 年集团迁往澳门，并于 1932 年进军香港市场。20 世纪 60 年代，集团又开始将业务重心转移到北美及欧洲。伴随李锦记集团的成长，其业务也在不断地发展壮大。

顶着蚝油发明者光环的李锦记集团并没有故步自封，而是不断加深了解消费者的需求。有一次，李文达去了一家乡村的饭馆吃晚餐，觉得当晚蒸鱼的酱油汁味道特别好，就跑到后厨去问做这道菜的厨师。偶然的美味邂逅，给予了李文达灵感，他想要研发出专门用来蒸鱼的酱油，让消费者可以方便使用。经过李锦记集团研究人员的反复研究，"李锦记蒸鱼豉油"最终面世并很快风靡大江南北，受到专业厨师和广大消费者的喜爱。据了解，除了"李锦记蒸鱼豉油"外，李锦记集团还先后创新地推出"李锦记 XO 酱""李锦记豉油鸡汁"等经典产品。

家族环境的熏陶，也让李惠森勇于尝试新的挑战。"只要大方向是对的，有六七成把握就要勇于尝试，不要等一切都准备得十全十美了才开始，那样可能就会错过最好的机会。"李惠森说。无限极的创立就是这样，从 0 到 1 只花了一个小时。尽管达成全新的商业合作，通常需要长时间的谈判和复杂的风险评估等过程，但双方仅仅交谈了一个小时，就签订了合作意向书，打破了一般商业合作的常规定律。

李锦记集团就此得到跨越式发展，业务从酱料扩展到中草药健康产品，翻开了历史的新篇章。

永远创业、务实诚信、思利及人、造福社会——李锦记家族在实践中提炼出了一整套家族精神。这种精神被奉为家族的传家宝和所有成员的共同理念，将家族成员凝聚在一起，并在传承中不断丰满，成为家族永续、基业长青的基础和保障。

为了让企业代代相传，李锦记家族还进行了一系列制度化的安排。在家族第三代和第四代成员的共同努力之下，李锦记于 2002 年成立了家族委员会，作为家族最高决策单位。委员会的合法性基于家族成员的共识，主要功能包括制定与修改家族"宪法"、指导全体家族成员的学习与培训、挑选和委任家族企业董事会成员参与董事会主席的选拔和任命、挑选和委任家族委员会下属各机构的负责人等。

借助家族委员会这个平台，李锦记家族建立了家族事务运营的固定机制，确保家族成员能够上下一心、行动一致，在家族代际之间形成良好的互动和衔接，并通过委员会所有成员的整体决策，杜绝"家长制"和"一言堂"，凝聚整个家族力量帮助家族事业持续发展。此外，为了确保这一系列家族治理制度的高效运作，李锦记家族还在家族委员会下面设置了家族会议，它是为各个小家庭、家族成员之间加强联系建立的平台。家族会议属于家族成员间比较正式的沟通机制，每年召开两次，会将集团近期的业务发展向家族委员会的成员进行汇报，让他们了解家族业务最新的发展情况并参与其中。

不仅如此，李锦记家族还经常采取其他形式安排家族成员进行交流、沟通和联系，如定期举行家族聚会等。这些正式或非正式的会议、活动，为家族成员增加信任与了解，加强沟通和协作提供了坚实的基础。

当前，李锦记家族关心的重心已经放在第五代身上——他们代表着家族的未来。据悉，家族委员会的9个成员中有5位第四代、4位第五代，而第三代李文达夫妇则作为顾问。在家族会议或其他活动时，家族也会有意让第五代扮演比较重要的角色。第五代的加入对于李锦记家族而言具有里程碑的意义，一方面说明李锦记在家族企业传承方面展开的工作是有效的；另一方面也有助于引进新思想，架设代际沟通桥梁，为明日领袖的培育做准备，为家族企业代代相传付诸真正的行动。

创业

1992 年的春天，中国内地掀起了新一轮改革开放的热潮。面对千载难逢的历史机遇，李锦记集团投身弘扬中华优秀养生文化事业，创立了无限极。

秉承"思利及人"的核心价值观，以"弘扬中华优秀养生文化，创造平衡、富足、和谐的健康人生"为使命，在二十多年的时间里，无限极形成了独特的文化和理念优势，2017 年品牌价值高达 658.89 亿元，赢得了广泛的社会认同。

"几年前，我因阑尾炎手术住院，既不能随便吃东西，也不能工作，更不用说运动或社交了。那段时间，感觉整个人因为健康问题而失去了自由。"李惠森说，这次住院让他对健康的重要性有了全新的认识，对于无限极事业的意义，也有了前所未有的认识。

无限极创办之初就秉承着养生固本的健康理念，依托历史悠久、源远流长的中华优秀养生文化，继承并将之发扬光大。此后，在李惠森的带领下创造性地发展了落地可行的三个行为要素，并在管理模式上创新发展了一整套"自动波领导模式"，传承和发扬"永远创业"的企业精神，通过"领导、系统、媒体"三个维度和"学、做、教"的三大循环作为推动企业文化落实的两大驱动轮，使独特的企业文化成为企业的集体人格和集体认知，使文化的力量成为企业高歌猛进的动力源。

在产品研发上，公司联合多个科研机构，形成全产业链支撑开发精品的模式。据了解，无限极的研发团队由多领域、多学科的博士、硕士及专业技术人员组成，每年投入上亿元用于产品研发与技术提升，与国内外多家权威科研机构、知名学府紧密合作，拥有多项自主科研技术及知识产权，在复合多糖技术领域一直处于领先地位。

虽然无限极已经成为一家集中草药健康产品研发、生产、销售及服务于一体的大型企业，但创业艰难，无限极的发展过程也是伴随着一个个挑战和难关。

"创业之初，由于消费者不了解我们的产品和品牌，产品很长时间都卖不出去，为此，我还亲自去站柜台销售。"李惠森回忆道。无限极创立初期，保健品市场竞争已经十分激烈，为打开市场，他带领公司上下积极探索，转变营销模式，开始以直销这种全新的销售方式来经营产品和事业。经过不断摸索探讨，业绩开始稳步提升。

但市场环境瞬息万变，1998 年 4~7 月，国家相继出台相关政策，对直销企业的经营做出了明确规定和规范，其中包括停止所有直销企业的经营活动等。受此影响，无限极陷入了一段艰难的低谷时期，业绩持续低迷，直至 2000 年才迎来转机。

当时，李惠森偶然发现一本书《大雁的力量——信任创造绩效》，书中讲述了"信任"对于一个组织的运作和发展的重要性，并阐述了如何通过信任产生绩效的具体步骤和方法。他将这本书在公司内部进行了推广，全体员工花了几个月的时间共同学习，对信任及信任对企业的作用有了深刻的认知。最后，公司上下将"高信氛围"融入企业文化，并将其付诸于企业实践。在同一年，公司发动全体员工和 3000 多位经销商，前后开会 200 多次，整理出来的文字意见有一万多条。随后，李惠森带领无限极制订了企业的第一个"五年计划"，并提出了三个专心：专心做中国市场、专心做中草药健康产品、专心做无限极事业。

通过制订"一五"计划，无限极不仅重新把员工和经销商再次集结起来，而且也通过一套详尽的目标体系明确了各自的任务和未来的发展战略，凝聚了人心，鼓舞了士气，吹响了再次冲锋的号角，使企业迈向高速发展的新时期。

此后，无限极分别于 2005 年、2009 年和 2015 年连续实施了"二五""三五"和"四五"计划，稳扎稳打、稳中求进，新产品、新品牌、新形象、新基地、新媒体不断涌现，在市场、品牌、平台等多个方面实现了跨越式的发展。

随着经济的发展以及收入水平的提升，消费者对健康和保健越来越重视，对产品的需求也愈加多样化。在李惠森看来，要满足消费者多样化的需求就必须从顾客角度出发，理解和尊重顾客，提供顾客真正满意的产品和服务。

"要充分了解自己的消费者，如年龄、喜好、消费习惯以及存在的未被满足的需求等，我们对消费者了解得越多，就越能有针对性地为他们提供产品和服务。"李惠森说道。当前市场的竞争已经不是大鱼吃小鱼，而是快鱼吃慢鱼，无限极真正的竞争对手可能不是同行，而是那些突然出现的跨界竞争者，甚至技术、需求的巨大变化。

作为一名创业者，李惠森将成功的关键归结为把握好前进的脚步与时机，永远比别人多想半步、行动快半步，而不是被动等待。"无论我们推出新产品、运用新技术、拓展新市场还是沟通新顾客，既要走在前面，又不能太快，快半步就好。"

回馈

"思利及人"是李文达的座右铭，也是当前李锦记集团秉承的宗旨。这四个字出自唐代颜真卿书帖中的诗句："修身岂为名传世，作事惟思利及人。"李文达早年收到朋友赠送的一幅书法，对此诗句深以为然，遂取"思利及人"四字以治企业。这或许能解释李文达全面接管李锦记集团后，为何在内地大量投资建厂，并且常年投入巨资从事公益慈善事业。

无论市场如何扩展，李文达领导下的李锦记集团始终关注中国内地发展。1978 年中国改革开放，李文达带领集团发力内地市场。从 1980 年开始，集团先后在福州、广州等地投资建厂。1995 年，李锦记集团回到家乡广东新会开始建设新的生产基地，并将之作为全球的枢纽，掀起集团发展新高峰，同时极大地促进了当地经济的发展和人民生活水平的提高。

"思利及人"也是李惠森在领导无限极发展过程中致力于达成的目标。为践行这一目标，无限极在中国内地捐款建设 21 所无限极小学，开展"无限极行走日""养生文化进万家"等公益活动，积极践行企业社会责任；捐赠 2000 万元人民币设立"思利及人公益基金会"，开展"思利及人助学圆梦"等多个项目。截至目前，无限极（中国）已累计向社会捐款捐物价值超过 2 亿元人民币。

同时，无限极还致力于以可持续的方式回馈社会，并为此打造出"五个一"特色社会责任体系。在公司核心价值观的引领下，依托思利及人公益基金会和无限极志愿者协会两大平台，公司深入开展慈善公益活动和志愿服务，并通过社会责任报告与外界沟通履责进展，以期通过内外部力量的联动，开拓回馈社会的新路径。

"在新时代背景下，企业践行社会责任已经不仅仅局限于公益扶贫等内容，还包括品牌打造、产品质量把控、供应链管理等多个方面。"李惠森说，社会责任已经从公益扶贫变成企业战略的一部分，企业向社会提供高品质产品，构建和谐消费者关系也是在践行社会责任。

随着改革开放的持续推进，中国经济面貌发生翻天覆地的变化。消费者已经不单单满足基本的购买需求，对产品品质要求也越来越高。

对于李锦记集团来讲，为消费者提供高品质产品是企业始终致力追求的目标。"100−1＝0"是集团品质管理的理念。在产品生产的每个环节中，即使做对了一百个步骤，只要其中一个出了问题，所有的努力都会付诸东流。作为李锦记集团旗下的无限极，在创立之初坚守"100−1＝0"的质量管理理念，建立了全产业链质量管理体系，每一批次的无限极中草药健康产品至少要经过上百次的检测，仅增健口服液就需要2576次检测。这种做法确保了产品从种植源头到生产、配送到顾客手中等各个环节的质量和安全。

在质量管理方面，无限极建立并推行"卓越管理供应链模式"，成功通过ISO 9001：2015、FSSC 22000：V3、HACCP、ISO22716：2007（E）/GMPC（US）2008等多项认证，并获得"国家高新技术企业"认定。公司累计有43类、118款产品被认定为"广东省高新技术产品"，连续十五年在中国食品安全年会上获得多项表彰。无限极新会生产基地产品检测中心、营口生产基地技术中心都已通过中国合格评定国家认可委员会（CNAS）认证，获得"国家认可实验室"称号，新会生产基地产品检测中心还通过了英国FAPAS重金属水平能力测试。

在产业链上游管理方面，无限极创造出了中草药种植管理模式，建立健全链条产业化管理模式，在帮助公司把控原材料安全与品质的同时，也带动了药材种植地区经济的发展和人均收入水平。

"无限极在全国各大中草药原材料产区建立了种植基地，通过现代化、规范化和标准化的中药材种植与管理，实现全程可管控、可追溯，形成独特的中草药种植管理模式。"无限极相关负责人介绍道。该模式由"5+4+3"组成："5"即操作层面的"五统一"，包括统一品种、统一生产资料、统一田间管理、统一技术服务、统一产品回购及加工；"4"即作为根基的四个创新，包括科技创新、流程创新、组织创新与机制创新，其中通过科技创新降低生产成本，使产品更有竞争力，模式更具生命力；"3"即核心的三位一体，包括标准体系、质量监控体系与生产运作体系三大体系的协同增效。同时，中药材种植管理模式独创的"天眼"追溯系统，通过扫描二维码，让客户与消费者可以轻松回溯整个种植加工的全过程，了解模式运作的每一个细节。

2016 年，国家颁布《"健康中国 2030"规划纲要》，全面推进健康中国建设，对于我国全面建成小康社会、加快推进社会主义现代化建设具有重大意义。该规划纲要的颁布，也为健康产业的发展带来了政策红利。

在李惠森看来，健康是生命的支柱，没有健康这个"1"，其他都是"0"。有了健康，我们才能正常工作和学习，有精力做自己喜欢的事情，有能力照顾家庭，做到健康、家庭、事业"三平衡"，更有机会服务他人和社会，实现自我价值。只有获得健康，生活才能自由，生命也才能自由。

正是基于这样的思考，李惠森在无限极创立和发展的 26 年间，始终坚持用高品质的中草药健康产品来改善大众的健康状况；通过传播独特的健康理念，普及养生知识，倡导"四合理"的健康生活方式，提升人们的健康素养，帮助人们赢得人生最首要的自由，享受平衡、富足、和谐的健康人生。

"未来，无限极将始终保持敏锐的市场洞察力，深入研究消费者需求动态，持续专注于中草药健康产品领域，推出更多能满足顾客对健康、快乐等需求的优质产品。并且在这一过程中大力推广健康理念，弘扬中华优秀养生文化，帮助更多的人树立'治未病'的观念，养成健康的生活习惯和方式，提升健康水平，拥有健康人生。"李惠森说。

刘香成：从『异邦人』到『局内人』

文／谭洪安

再次见到刘香成，是在一个有点特别的日子里：2018 年 8 月 8 日，北京奥运会开幕十周年。

十年前，距北京奥运会开幕只有 1 个月时，这位在国际传媒界早已功成名就的华人新闻摄影家，编辑出版了一部影集《中国：一个国家的肖像》（China：Portrait of a Country），收入 88 名中国摄影师数十年来有关中国的纪实作品，以 6 种不同语言（不包括中文）全球同步发行。

再往前 7 年，即 2001 年 7 月 13 日，北京申奥成功的那个晚上，刘香成正好住在天安门东侧的贵宾楼饭店。遥望广场上肆意庆祝的人群，他不禁心生感慨：国际社会以及中国人自己，尤其是年青一代，能不能从视觉方面理解中国近半个世纪以来走过的这一段路？

时光的镜头推移到距今四十余年前，初回故土的刘香成，是美媒派驻中国的一名年轻摄影记者，头发蓬松，留着小胡子，年方 26 岁。他用手中的相机在不经意间见证并记录了当代中国调整航向的那一个重大时刻。

"眼光向下"的开放

"我的前同事点出了中国记者一个很大的毛病，他们习惯于以在中国形成的'官本位'思维去看待美国。"

记者初次认识和采访刘香成，也将近是十年前的事了。他的人生阅历和职业成就在后生晚辈心目中，只能用"景仰"二字形容，但多年来他留给记者的印象，是一如既往的低调、平和、亲切。2018 年 8 月 8 日下午 1 时许，在他 3 年前创办的上海艺术摄影中心展厅内的休息区，刘香成与记者稍事寒暄后，随即进入正题。他先提到了美联社的老同事潘文（英文名 John Pomfret）。

20 世纪 80 年代初，在斯坦福大学学习的潘文，以交换留学生身份到南京大学历史系学习，他是改革开放后第一批踏足中国大陆的美国大学生。1986 年起，他成为美联社驻华记者，1998 年升任《华盛顿邮报》北京分社社长兼首席记者，现在是华盛顿邮报洛杉矶分社社长。2006 年，他用英文出版了《中国教训：五位同学及新中国的故事》一书，讲述当年南大历史系八二级同学的个人经历，通过他们迥然不同的命运，见证中国社会的变化。他本人还娶了一位中国太太。

不久前，中国国内颇有影响的财新传媒的一位专栏作者约访了潘文。潘文在访谈中说，他注意到一个现象，中国媒体派到美国的记者，通常会待在纽约，他们很喜欢往各种研究中心和智库跑，经常跟专家、学者交流，却较少有人对美国普通百姓怎么想感兴趣。

刘香成认为，毫无疑问，美国的智囊精英对中国问题或其他许多问题都有发言权和影响力，他们要不就是得到共和、民主两党的支持，要不就是背后有各大银行、高科技集团的撑腰，美国的模式是让不同观点自由竞争，谁上台执政，谁的智库意见便占据重要位置，中国主流媒体的记者对他们格外重视，也是可以理解的。

"但我觉得，我的前同事点出了中国记者一个很大的毛病，他们习惯于以在中国形成的'官本位'思维去看待美国。"刘香成说，"中国记者对美国老百姓的关注非常缺乏，都在各种高端座谈会上穿梭，对美国政府决策者和政治精英们的报道，往往超出正常应有的比例。"

他说，来到中国的西方记者，则多能两者兼顾，特别是早期中国刚对外开放的时候，驻华记者们与官方沟通渠道不是特别畅通，而对普通民众的日常生活反而有更多观察。而近年来渐渐为中国读者所熟知的，有曾任《华尔街日报》及《波士顿环球报》驻北京记者，也为美国《国家地理》杂志撰稿的彼得·海斯勒（Peter Hessler，中文名何伟），他以自己在中国四川等地基层工作和游历的体验，写成《江城》《寻路中国》《奇石》"中国三部曲"，并均译成中文在国内出版。

何伟在华时的女友（现在已是夫人）张彤禾（Lesley Chang），同为《华尔街日报》驻华记者，她把关注目光放在中国改革开放最前沿——深圳和东莞——成千上万的普通打工女孩身上，写了一本书叫《工厂妹》（Factory Girls）。

1982年，邓小平与美国资本家阿莫德·哈默。中国人称见过列宁的哈默为"红色资本家"，他签署了一项合资协议，开发位于山西的全球最大露天煤矿。图片选自《毛以后的中国：1976~1983》（世界图书出版公司2010年3月版）

其实，翻开刘香成那本堪称经典的纪实影集《毛以后的中国：1976~1983》（1983年英国企鹅出版社英文初版，2010年首个中文版在中国内地发行），细细品味书里的将近 200 帧照片，会发现那也是改革开放初期，经历着天翻地覆巨变的中国人看似平淡的日子的视觉记录。

"刘香成的镜头抓住了社会变革的初现，许多来自日常生活中幽默与感人的画面，体现了时尚与保守、舶来品与原生态并存的情景。政界领导人、知识分子、文艺界的个体影像，普通老百姓的特写，也被一一定格在画面中"，该影集的书前推介中点评道，"这短短 8 年时间拍摄的照片合在一起，展现了当时的中国所走过的、从'文革'后的困境中解脱的复兴之路。"

20 世纪 50 年代出生于香港，自小在家乡福州接受启蒙教育，后来辗转赴美国纽约学习国际政治并接触新闻摄影的刘香成，在 1976 年那个多事之秋，作为刚刚出道的"美籍华人摄影师"重返中国大陆，先后担任《时代》周刊和美联社的驻华记者，亲历了中国走出混乱、摸索前行的最初一段岁月。而他心心念念的"平民视角"，也许正是后来取得过人业绩的"独门秘笈"吧。

"人均收入 1000 美元以后……"

接下来的话题，几乎不可避免地要涉及当前的中美贸易摩擦，以及让人看不透又不得不说的特朗普。

刘香成说，《华盛顿邮报》记者曾经有种半开玩笑的讲法，美国是由九个"国家"组成的，其中一个是"锈带"。所谓"锈带"，即指以制造业为经济支柱的美国东北部地区，包括底特律、匹兹堡、克利夫兰和芝加哥等大工业城市，20 世纪七八十年代美国制造业急剧衰落，导致这一带工厂大量倒闭、失业率增加，闲置设备锈迹斑斑，故有此称。据说很多产业工人的工资水平，40 年来实际上没有什么提升。他们痛感受到损害，自然成了特朗普"让美国再次伟大"（make America great again）号召的铁杆粉丝。

"但我个人并不赞同因此而对中国作过分片面的指责，"刘香成说，"沃尔玛超市也把大量中国生产的廉价电器送到美国工薪阶层的面前，对他们同样有明显的好处。"

他认为，在中国改革开放过程中，不少把握时机来华投资的美国企业和商人，是赚了大钱的，赚钱的时候他们当然不会多说什么。到后来市场环境变化了，中国厂商竞争力越来越强，美商遇到经营上的困难，难免会有所抱怨。那些和他们走得很近，比较激进的政客及智囊，就忍不住要借用"人权""民主"之类的话题，来给中国施加压力。

刘香成又举了一个例子：2004 年撰写了有名的《北京共识》研究报告的美国著名中国问题专家乔舒亚·库珀·雷默（Joshua Cooper Ramo），当时作为约翰·桑顿（曾任高盛公司总裁）办公室主管合伙人、高盛公司高级顾问和清华大学教授，他早年加入《时代周刊》，并很快成为最年轻的国际版面编辑，特别受到亨利·基辛格的赏识，现任基辛格咨询公司的常务董事。在译成中文长达 3 万字的《北京共识》的结尾，雷默断言"北京共识"给世界带来了希望，因为许多年来，过于依赖发达国家提供援助的发展模式以失败告终，从发展中国家的角度来看，中国所发生的一切，包括创新、不对称性、关注平等、对有关公民权利与义务新思想的探索等，都有着极大的吸引力。雷默还写道，当 1978 年邓小平首次"打开"中国大门时，邓小平说他的愿望是，中国在实现人均收入 1000 美元后，能够最终将注意力转移到帮助其他国家上，利用中国的影响力重塑这个世界，使它变得更加安全、平等。2003 年，中国的城镇人均收入超过了 1000 美元大关，而如今这个国家发现自己不仅拥有一些经济手段来帮助这个世界，还拥有另外一个手段，那就是它的典范作用，也许这正是邓小平当年所设想的。

但到了 2010 年，雷默积极乐观的口风有所转变，他警告道：一旦在华美国商人抱怨声加大，事情就会失控，中美的各方面摩擦将一路加剧。事后看来，他可谓不幸而言中。而更深层次的背景是，雷默离开新闻界转到基辛格公司，个人身份变了，所处位置不同了，他要替美国的跨国公司游说中国政府，他的这一反应，可以说代表着美国政商两界精英目前对华的一般感受。

"我所理解的'中国梦'"

一面是一个有着悠久历史和辉煌过去的东方大国"和平崛起"，另一面是大半个世纪以来称霸的超级大国如今有些力不从心，加上外界眼中，中国近年在国际上日益主动的表现，刘香成觉得，有一些冲突和摩擦不可避免。

他说，2001 年之前，美国的民主、共和两党达成共识，支持中国加入 WTO，以促进其经济发展，尽快融入世界秩序。而此后的十多年来，两党在对华态度和策略上，都产生了疑虑，责难也越来越频繁。有人甚至抱怨，以美国为首的西方国家帮助中国发展经济，只是一厢情愿，中国方面日益强烈的"复兴"声浪，更让他们感到不适。

2013 年 10 月，刘香成出版新影集，书名简洁而直接，就叫《刘香成中国梦》。他说，我所理解的"中国梦"，是中国人把自己的事情做好，经济发达、体制健全，让西方人由衷羡慕，但那些赞美的话，还是应该由别人去说。

1980 年，北京，中国第一位百万富翁李晓华躺在他的新奔驰轿车上。李晓华曾是一名红卫兵，"文革"期间上山下乡，改革开放期间经商致富。图片选自《刘香成中国梦》（世界图书出版公司 2013 年 10 月版）

他举例说，"二战"结束后，世界上很多国家的人，包括一向自视甚高的欧洲人，对美国都是普遍尊敬的，一切唯美国马首是瞻。而目前的中国，经济已有长足进步，但很多方面还没有达到追上甚至取代美国的程度，美国的全方位优势，特别是产业上的优势，建立在两百多年以来英国工业革命留下的极为雄厚的基础上，我们不能看到美国或欧洲内部一天到晚在闹，就断言西方在衰落。有些人那么说或那么写，只能显示其无知。

"当然我从来没有说过美国是一个'模范社会'，

英、德、法等主要欧洲国家，也并不觉得美国就是'模范社会'，现实中种种矛盾太复杂，凡事不能简单下判断。"刘香成强调。

在"中国梦"影集的前言部分，收入了刘香成的长期合作伙伴、摄影艺术家凯伦·史密斯对他的长篇访谈。在访谈中，他说：基本上我认为中国人还在为一些现代问题纠结着。这些都来得太突然了。每个中国人都会承认，他们大大低估了经济发展的速度。如果你不去研究中华人民共和国的前三十年，你就永远不明白，为什么中国人想要赶紧夺回时间，想要弥补这"失去的几十年"。四十年持续的经济改革是中国专注弥补"失去的几十年"的一种方式。中国在与传统彻底割裂的过程中经受了苦难，重新回到"真实的本质"需要时间。

他还说，今天，大量中国人走出国门，他们的某些不当社会行为让其他国家尤其是西方发达国家的人民侧目，后者所经历的现代化是一个缓慢的过程，一步接着一步，而中国经历的现代化，就像是高速前进的二手车。

英国《金融时报》前记者詹姆斯·金奇写了本名为《中国震撼世界》的书，英国左翼学者马丁·雅克也写了一本《中国统治世界时：西方世界的尽头与新全球秩序的诞生》。仅从以上标题便可以看出，当西方学者写这些著作时，对中国近三四十年的巨变满怀诧异，而刘香成说，他们可能还未曾意识到，中国人自己对于中国的发展速度，也一样十分震惊。

四十年的"局内人"

童年的刘香成在内地接受小学教育，后来回到出生地香港接受英国殖民教育，又远赴纽约接受了西方教育。当他开始做摄影记者时，和美国同事一起工作，他们中很多人都会中文，但他很快察觉到：在西方新闻界，报道是以"自由民主"的世界观为中心的，中国人永远不会看到自己被西方人描述成什么样。

"早年间我在大陆长大，即便这是一段痛苦的经历，但仍为我扎下了中国的根。"刘香成在回应凯伦·史密斯的提问时说，"虽然这种二元论的观点造成了进退两难的困境，但它也给质疑和自省提供了空间。"

在为《毛以后的中国：1976～1983》所写的序言《伟大的照片是思想的呈现》里，帝奇亚诺·坦尚尼（德国《明镜》周刊20世纪80年代初驻北京分社社长）评论道："对刘（香成）来说，中国不只是一个值得发现的真相，更是一种尚待阐明的爱，因为一个中国人无论生在何方，都能在那些天空、沙漠、河流中感觉到，中国大地就是赐予他这一切的母亲。"

中国改革开放刚刚起步的那段时光里，坦尚尼曾与刘香成在华"并肩作战"。他觉得，刘香成生活在中国一个特殊时期，古老的中国已经厌倦了革命和与世隔绝，正在向世界开放，用困惑和好奇的眼光环顾四周，充满着不确定和希望。只有了解中国的历史，才能体会旧的气氛，并感受到人们面对新事物时的震颤。坦尚尼感叹道："在这样的环境中，刘如鱼得水。"

在他看来，"后毛泽东时代"获准驻京的一小群西方记者的新闻报道中，刘香成的见证始终是最深刻的。他的视觉叙事中包含了所有的东西：日常中国的气味和氛围。在此之上，中国人开始享受到一些"重建"的自由，这是私人空间和个体重新发现的快乐，虽然被忽视、断裂且有些过时，但仍是伟大的、真实的中国。

1979年，北京，解放军列队欢迎美国国防部部长哈罗德·布朗访华的仪式上，工作中的刘香成。图片选自《毛以后的中国：1976～1983》（世界图书出版公司2010年3月版）

而四十年后的今天，刘香成自己仍然秉持着那种时时"质疑和自省"的习惯和精神。他非常欣赏瑞士籍摄影师罗伯特·弗兰克拍摄的影集《美国人》中对美国的独特观察方式。

1955~1956 年的两年里，弗兰克这个"异邦人"驾驶一辆破旧的二手车遍游美国大地，对美国特别是纽约、洛杉矶、底特律、芝加哥等大都市进行"通过视觉的文明研究"。他在给家人的信中写道："我努力工作并不是仅仅为了拍照，而是为了在我的美国照片中给出一种观点——美国是一个有趣的国家，但这里有许多我不喜欢并且绝对不会接受的事物，我也试着在照片中展示这些。"

刘香成说，弗兰克有着欧洲基督教的世界观，他拍摄的照片，传达了他在辽阔的美国感受到的疏离感，与大多数初来乍到的摄影师不同，他不认为美国光怪陆离，虽然最初美国人感觉被冒犯，但他们最终还是接受了弗兰克以及他那本后来享誉世界的《美国人》。

不知道中国的读者至此会不会联想起，刘香成本人在 1976 年以"异邦人"身份重回故土时所激发的创作热情，以及悠长的四十年来，他一定程度上作为一个"局内人"所抱有的复杂心绪？

余音

采访当天，正值酷暑，上海午后的室外气温高达三十六七度，刘香成拿出两瓶冰凉的饮料，瓶身上的商标以俄文字母印刷。他解释说，这原来是一种俄罗斯品牌的饮料，近年来由中国厂商进口销售。

对刘香成的经历稍有了解者都清楚，苏联及俄罗斯对他的特殊意义。他职业生涯的巅峰之作，就是 1991 年底任美联社驻莫斯科分社首席摄影记者时，独家拍摄苏联总统戈尔巴乔夫签署苏联解体文件的那一个历史性瞬间，他因此与同事一起荣获第二年的普利策"现场新闻摄影奖"。

刘香成透露，目前他正在筹备编辑一本主题为近现代中俄关系史的影集，计划明年（2019 年）上半年公开出版。

他有幸见证了四十年前中国改革开放的波澜初起，也机缘巧合地捕捉到曾经的超级大国之一的轰然坍塌。时光流逝，烟尘散退。迄今为止，至少从经济改革的实际成果来说，中俄两国之间走势高下分明，那瓶喝起来说不清是何滋味的俄罗斯饮料，也许是某种具体而微的象征。个中甘苦，识者自知。

后 记

难描难画四十年

　　从 1978 年到 2018 年这 40 年里，中国进行了一场伟大的变革运动，其对社会、经济、文化、思潮的影响之巨，恐怕在中国历史上任何一个时段，都很难找到可以比照的节点。也正是在这 40 年里，中国完成了从一个封闭、传统的社会形态向开放、现代的社会形态的巨大蜕变。

　　在这场变革运动中，应该说中国的各个社会阶层都深度参与其中。但不可回避的是，在这个恢宏的历史舞台上，中国新生的企业家阶层扮演了极其重要的角色。作为社会进步的推动力量，中国的企业家们从未像今天表现出的这样：举足轻重、引领潮流。

　　另外，在这场改革大潮中，企业家阶层又承担着比其他阶层更大的压力和风险。在这场"摸着石头过河"的改革中，别人都可以摸错、都有返身重来的机会，只有企业家阶层，他们一步踏空，就是万丈深渊，根本没有试错的机会。所以，能够挺到今天的企业家，真正是大浪淘沙后的金子！

　　《中国经营报》创刊于 1985 年，即被称作中国"公司元年"的第二年，几乎全程见证了中国企业在改革开放大潮中的激流勇进和跌宕起伏。我们和张瑞敏探讨过"长三只眼和吃休克鱼"，听柳传志讲解过"企业转大弯"，见过姬长空"一夜标王天下知"的春风得意，也看过张朝阳"华尔街孤儿"的郁郁寡欢。

　　我们有幸能用我们的报道，和这个伟大的时代、伟大的人群同步成长，用文字、图片、影像记录下那些平凡却又非凡的每一天、每一人、每一事。正是这些平凡而又非凡的点点滴滴在改变历史，在启动未来。

所以当历史走进改革开放 40 年这个关口时，我们着实有些紧张。40 年沧海桑田，作为一家有着 33 年历史的财经媒体，我们用什么来对历史、对读者、对自己做以交代？

这也是《四十年，不凡的变革者》出版的初衷。本书收录了 32 位企业家，他们和他们的企业也都一直是我们关注和报道的对象。这些企业家在不同时代、不同领域都产生过不同的推动力量，所以我们把他们称作"非凡的变革者"。在 40 年这个节点上，他们或者回望来路，或者启看未来，而他们今天的所思所想、所乐所忧，对于广大读者来说，可以为鼓或为鉴，这也是我们在自己的平台上，能为自己的读者所做的微薄贡献。

在此感谢本书所有的工作人员、感谢所有的被采访者、感谢我们最亲爱的读者！

《中国经营报》副总编辑
中经未来（北京）传媒科技有限责任公司董事长　**于东辉**